U0562832

The Other

理解他者　理解自己

也人
———
The Other

共域世界史
王献华 主编

[英] 保罗·吉尔罗伊 著
沈若然 译

黑色大西洋
现代性 与 双重意识

Paul Gilroy

THE
BLACK
ATLANTIC

Modernity and
Double Consciousness

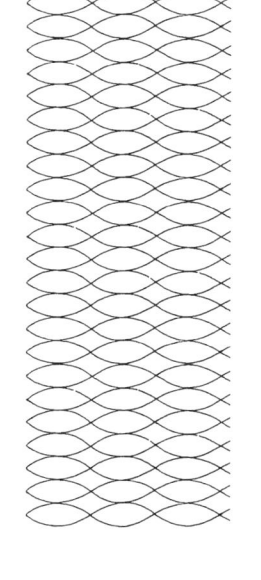

上海书店出版社
SHANGHAI BOOKSTORE PUBLISHING HOUSE

献给科拉·哈特谢普苏特和我的母亲

中文版序

在本书面世三十年的日子即将到来之际,我们有权对它的接受、传播和流转进行反思。这提供了回应批评甚至凭借后见之明塑造对本书的阐释的机会。对《黑色大西洋》而言,那些传统的做法是不合适的。我对这项很快变成了集体性、"开源性"的计划不具备所有权。我对本书的最初期望,因它意外的成功及复合、多语种的译本迅速提升,包括法文、葡萄牙文、西班牙文、意大利文、德文、日文和如今的中文译本。

本书的核心论点在今天的意义,与其最初出版时非常不同。这些论点在新的政治背景下更难被理解,后者被遥远但持续的战争定义,被南北半球的区分主导,而不是被20世纪(常常掩盖了尚未完成的去殖民斗争)的横向冲突主导。

非裔美国文化在"软实力"和文化武装的新兴、文明化的构造中获得了新的意义。它在争夺人心的全球性斗争中,成了一项外交和军事资产。它被大量内在和外在的因素改变,常常是以常识性修辞——适应市场机制,拥抱创业热情、私有化、军事化和金融化——进行的新自由主义话语传播中的关键部分。这些倾向在以"黑人面貌"呈现时,在与公司式的多元文化主义(corporate multiculturalism)或我更愿意称作的"麦肯锡式的多元文化主义"(McKinsey multiculturalism)

合作时是不受质疑的。

我的母亲从加勒比地区移民到英国，但我就出生于英国。我在伦敦的生活很大程度上是被欧洲后殖民时期的情形塑造的。我成长于多种文化并存的环境，在其中海洋即历史，德里克·沃尔科特（Derek Walcott）关于海洋的诗歌得到尽情欣赏，威尔逊·哈里斯（Wilson Harris）"分裂的大海"（schizophrenic sea）是日常生活的克里奥尔化实质的一部分——即便在20世纪50年代和60年代，它也是一项不可逆转的国际性问题。我儿时的玩伴既有英国人，也有移民，包括阿尔及利亚人、印度人、犹太人、塞浦路斯人、锡克人、马耳他人、意大利人、中国人、非洲人及来自加勒比各个地方的人。当我还是个孩子时，我阅读蕾切尔·卡森（Rachel Carson）的《周围的大海》（*The Sea Around Us*），并被它展示的大西洋海流深深吸引。在学校里，因为老师不能理解我对种族差异的合理兴趣，我很快就感到沮丧。种族和种族主义的历史对我而言是极其重要的，因为在往返于家和学校之间的简单旅途中，我已经习惯用奔跑来避免光头党（Skinheads）与其他后殖民时期英国暴力的本土主义者和民粹主义者的追逐。

我受到W.E.B.杜波依斯著作的启发和滋养，在我看来他是黑人知识分子这一似乎不可能的形象的化身。当时的英国受到了美国黑人运动的影响，但首要的，我们这个反叛的世代受到了通俗的埃塞俄比亚主义的教育，当时它在牙买加流行文化和政治文化的全球流转中如此突出。这里我想到的不仅是我曾在1972年短暂见过的鲍勃·马利，还有其他与我年龄更相近的国际化的雷鬼乐表演者：丹尼斯·布朗（Dennis Brown）、弗雷迪·麦格雷戈（Freddie McGregor）等。我在1976年发现了林顿·奎西·约翰逊（Linton Kwesi Johnson）的反叛诗歌，他通过唤起我们独特的日常经验，并挑衅性地赋予其政治和美学价值，为所有英国黑人发言。

我做这些描述是为了指出《黑色大西洋》从不是一项学术性的计划。它被大西洋奴隶制的历史塑造，这一历史因拉斯特法里[1]的传播而被我们掌握。拉斯特法里运动包含了对资本主义的批判，并试图对黑人生活重新进行历史叙述——作为黑人在现代欧洲世界整个反叛历史的文化斗争的一部分。

由于《黑色大西洋》很快成了一项"开源性"的计划，在反思时有必要继续调整它的形态，并控制它的发展态势。想要本书提出的模式和方法依然有用，就必须延伸和扩展它们，它们应当要适应当代的发展。比如，20世纪的图式应当能够包括美国在加勒比地区的古巴关塔那摩湾军事基地维持的拘留设施。

当我得知弗雷德里克·道格拉斯的《弗雷德里克·道格拉斯：一个美国奴隶的生平叙述》(Narrative of the Life of Frederick Douglass, an American Slave)出现在美国当局的军事基地禁读书单上时，我对这一特定历史象征的重要性的信念得到确认。《叙述》是道格拉斯著名

---

[1] 拉斯特法里（Rastafari），指拉斯特法里教或拉斯特法里运动，是20世纪30年代兴起于牙买加的一个黑人基督教运动。雷鬼乐的发展深受其影响（本书脚注均为译注，原注见书末）。

的自传性三部曲的第一部，自其1845年出版以来被广泛阅读和翻译。它已经成为追求人权的全球斗争中的一个政治和道德里程碑。除了这一荣誉，道格拉斯的书还持续被认作是对奴隶悲惨处境的重要文学和哲学陈述——书中将其与奴隶拥有不可剥夺的公民权和人的尊严这一不可想象的可能性联系起来思考。《叙述》被禁止在21世纪美国的加勒比监狱阅读的事实，表明至少从政府和军方的观点来看，这本黑色大西洋激进传统中的奠基性著作仍保有其旧的反叛潜力。道格拉斯所阐述的自由、自治和反抗的概念，尽管源自反对种族奴隶制的直接抗争，但或许在今天不仅是可理解的，而且（在某些不可定义的方面）还是有风险、有关联和有威胁的？

为了能以一种批判性和历史性的方法应对种族观念及其对理解人类造成的腐蚀性后果，许多问题由此产生，而道格拉斯的书如今仍被认为能够处理大量这样的问题。黑色大西洋内更广泛的文献仍然能够极大地有助于实现这些目标。今天，这些工作不仅是为了种族主义的受害者。[1] 海上"灰茫茫的穹隆"（grey vault）[2] 正在扩大，更小的船只运送非洲人向北进入设有防线的欧洲国家，而不是向西进入种族概念所确保的种植园奴隶制的殖民防线。

---

[1] "对于第三世界，问题在于重新开始人的历史，这一历史既要考虑到欧洲提出的那些宏大议题，也不能忘记欧洲的罪行，其中最可憎的是由人心所犯下，造成功能的分裂和**统一性的瓦解**……同志们，为了欧洲，为了我们自己，为了全人类，我们必须脱胎换骨，发展新的思想，创造全新的人"。Frantz Fanon, *The Wretched of The Earth*, trans. Constance Farrington, New York: Grove Press, 1965, p. 315.

[2] Derek Walcott, "The Sea Is History" in *The Star-Apple Kingdom*, London: Cape, 1980.

《黑色大西洋》开启的方法，使得我们有必要对历史视角进行深刻的调整。它要求我们对人类残酷的市场活动进行彻底的再思考，这些活动使得咖啡、糖、巧克力和茶（更不用说新的银行和保险形式）成为常见的欧洲惯习中熟悉甚至必要的部分。这种简单的重新导向，其意义或许可以通过明确承认以下这点带来的长期益处得到证实，即种族奴隶制和非洲人影响了欧洲的自我意识，但它被证明是极其难以落实的。承认这种影响带来的文化多元性是不可逆转的，会有助于深化欧洲的民主。与这些补偿性行为有关的对种族主义和种族秩序的批判，有助于形成有关公民权和权利的更丰富的概念，它们甚至可以抵抗非正式的种族符码和排斥。

面对极端民族主义和新法西斯主义运动发展带来的压力，欧洲各地的政府都让步了——无论他们有没有紧迫的选举目标。欧盟边境管理局（Frontex）和《申根协议》给欧洲不断加强的边界带来的变化，与新兴的种族主义和民族主义为其被争夺的内部文化空间带来的变化一样。新技术加快了种族主义动员的速度，促进了各地不断扩大的新法西斯主义力量之间更紧密的联系。[1]

绝对的文化和族群差异的概念取代了之前生物等级区分的更简单的概念，种族主义形式也得到了发展。它们因文明间的冲突正在进行当中这一观念而增强。全球性的"反恐战争"，在冷战二元对立的结构之外确定了新的敌人，并促进了同样决定性的文化转向。这造成了

---

[1] P.W. Singer and Emerson T. Brooking, *Like War: The Weaponization of Social Media*, Houghton Mifflin Harcourt, 2018.

恶性循环。全球性的镇压反叛（counterinsurgency）使得难民流离失所，他们在不友好的地方——他们在这里的存在不仅被认为是格格不入的，而且被认为是侵入性的——渴望被热情对待。欧洲的外来者及其在当地出生的后代，很快成了"内部的敌人"，一直以来他们在当地人眼中都是如此。为了回应这些想象中的危险，安全保障逐渐成为政府职能中最重要的一项。

最近有超过一百万的难民抵达欧洲，成千上万的人在途中遇难。他们的海上逃亡突出了赋予不同生命群体的不同价值，从而呼应了非洲人被迫迁移的过程——他们被物化为遭奴役的黑人和促进了欧洲资本主义现代经济奇迹（伊比利亚半岛、荷兰和英国）的长期被遗忘的人类燃料。

在这一历史弧线的另一端，利比亚人和其他非洲人、阿富汗人、伊拉克人、叙利亚人如今被认为是废人和人类垃圾，他们居住在衰落了的中间通道里——被困在民族国家内的**例外空间**中，但有时又超越了民族国家的范围。考虑到这些无望的处境，（至少一开始）回到源自黑色大西洋文献的世界历史和世界公民权的概念或许是有益的。

上述的许多内容已经被杜波依斯这样的知识分子先驱阐释过了。杜波依斯有洞察力地建构出理论，这些理论在20世纪被社会科学家和政治活动分子用于反对种族主义和殖民统治的斗争。比如伊曼纽尔·沃勒斯坦（他曾受到法农的指引）完成的工作，以及冷战时期——在此时少数群体/多数群体关系的背景下，有关非洲在世界的位置的新描述作为对殖民主义、资本主义和军事主义的控诉而被清晰阐释——产生的革命性、反种族主义的人道主义。

追踪杜波依斯远离康德和黑格尔的无畏路径，要求我们把世界看作是一个整体。杜波依斯的同辈和后继者的著作，也鼓励我们对当代发展的根本关联性保持开放的心态。这种立场及其基于的全球尺度（the planetary scale），显示出现代性的核心力量不仅与欧洲的暴力扩张和剥削性的国家建构有关，而且与文化问题有关——当它以流动和远洋的形式而非固定和领土的形式呈现时，会被以不同的方式思考。这种转变要求我们处理殖民统治、殖民管制和去殖民的问题，以及全球性镇压反叛的战争的近期历史。所有这些过程形塑了我们如今所处的经济、社会和文化关系。

杜波依斯持有的唯物主义历史观，与地方性的规则和民族国家的规定相悖。他不被社会科学默认的方法论上的民族主义所限制。美国政府扣押杜波依斯的护照长达八年，其间他不能旅行。杜波依斯在马歇尔计划、北约和大量其他议题上向美国政府抗争。众所周知的是，杜波依斯最后宣布放弃美国公民的身份，在加纳结束了其漫长的一生。杜波依斯的共产主义，如其受到的教育一样，使得他是一个世界公民。

在我看来，杜波依斯放弃偏狭的美国政治身份、追求其他"离散的"团结性和计划，这体现了复杂的世界主义渴望，这在当今依然很显著。值得重申的是，我们当前处于一个重要的历史时刻，气候变化和灾难使得有必要回到最近被遗忘的**世界**历史的问题。对杜波依斯而言，独特的自由文化使得非裔美国人有权自称是参与世界历史的人。

他们可以毫不谦虚地坐在文明的贵宾席，为一种不逊色于任何之前被阐释过的人类自由的理念发声。

在这个数字网络的时代——由惊人恐怖的传播和对黑人反抗的主流化编排所助推，我们要非常仔细地讨论非裔美国文化是否维持了那种罕见的历史性特质。如果我们要理解为什么每个人都在听嘻哈音乐，欣赏碧昂丝被资本家的现实主义塑造的专辑《柠檬汁》（*Lemonade*），我们就必须认识到这些的产生不仅是因为公司的指令。即便这种流动的通俗文化实现了杜波依斯曾期望它实现的目标，使得黑色大西洋的自由文化成为一种世界性的现象，其中仍然可能有重要的历史残余。

《黑色大西洋》是特殊情势的产物。它运用的词和概念针对的是塑造了它们的历史和政治讨论，但我希望它的根本思想今天仍能引起反响。这些思想在过去一些年里被重复、融合，我希望它们获得了能够激励和启发人的新力量。如今，即便是最内行的读者可能也要对本书的关键概念和关注点进行转译。本书缺乏对一般性美国身份的网络友好式的讨论，也没有对特权或受害者身份的简单调用。

那些身为被奴役者和被殖民者后代的知识分子们——必须强调我指的不是学者——对他们社会的构成以及种族等级制对民主和平等的危害，有重要且令人信服的陈述，它们以不同语言进行。这种评论有时是浪漫化的，有时是辩护性的，有时是末世论的。几乎在每种情况下，这些干预都是有价值的，即便它们在政治上可能是误导性的。我记起多年前采访 C.L.R. 詹姆斯和詹姆斯·鲍德温这样的著名人物时，曾感到黑人知识分子有必须要了解一切的负担。这种负担今天仍可能是阻碍性的。为了避免惰性和顺从造成的常见风险，我提议我们用**黑色大西洋**传统的概念来更好地理解自身的发展与指引我们到达这一艰难时刻的相互影响和对话的形式。

我希望《黑色大西洋》展现的无畏的反历史和棘手的方法，今天仍能有更大的应用并找到新的读者——如果读者不被本书是有关异国的这样的观念所扰，这会更具可能性。我希望它们能够促进进一步的文化分析和政治评论，即便批判性质疑的术语被生物圈的破坏、战争、离散、迁徙和暴力管制（它自身被资本主义日益从民主制中挣脱出来的方式改变）所改变。

保罗·吉尔罗伊
2022 年 2 月 9 日

前 言

本书首次构思于我在伦敦象堡[1]的南岸大学（South Bank Polytechnic）工作时。它成形于我向一大群不主修社会学的大二学生讲授社会学史的艰难时期。对他们中的许多人而言，远离社会学代表着故意远离精神生活。更糟糕的是，这些课程是在一大早。我在米歇尔·福柯、马歇尔·伯曼（Marshall Berman）、理查德·桑内特、弗雷德里克·詹姆逊（Fredric Jameson）、尤根·哈贝马斯、斯图亚特·霍尔、康奈尔·韦斯特（Cornel West）、简·弗拉克斯（Jane Flax）、贝尔·胡克斯（bell hooks）[2]、唐娜·哈拉维（Donna Haraway）、南希·哈特索克（Nancy Hartsock）、桑德拉·哈丁（Sandra Harding）、珍妮特·沃尔夫（Janet Wolff）、塞拉·本哈比（Seyla Benhabib）、齐格蒙特·鲍曼这些作者以及大量经典作品的帮助下，试着说服学生启蒙运动的历史和遗产是值得理解并讨论的。我努力运用黑人作者支持和反对启蒙运动的评论所产生的灼见，来不时介入这些以欧洲为中心的文献的传播。

---

[1] 象堡（Elephant and Castle）是伦敦市中心的一个地区名称，位于伦敦东南二区。
[2] 葛劳瑞亚·沃特金（Gloria Watkins），美国作家、女权主义者，以笔名贝尔·胡克斯为人所知。出于自身的某些理念，写名字时不按通常规则大写第一个字母。

《黑色大西洋》源自我的一些不连贯的尝试，包括向学生说明黑人的经历是抽象现代性——在他们看来令人费解——的一部分，以及为黑人知识分子——有时是西方的捍卫者，有时是西方最尖锐的批评者——所说的他们根植于现代世界提供证据。

第一章陈述了本书论点（在后面的章节中得到更具体的展开）的维度。这一章展示了思考文化史的不同民族主义范式在面对我称为黑色大西洋的跨文化和跨国的形构时是如何失效的。该章就黑人通俗文化提出了一些政治性和哲学性的观点，并重新审视了黑人民族主义思想的历史——它必须压制自身对从非洲流亡的矛盾情绪。

第二章的写作动力来自大多数有关现代性的当代著作缺乏对"种族"或族群[1]的关注这一现实。这一章提出种族奴隶制是西方文明不可缺少的一部分，并具体审视了男主人/女主人/奴隶的关系——它是黑人对现代性的批判和肯定的基础。该章认为黑色大西洋的文学和哲学现代主义源自对以下二者共谋的充分意识：种族化的理性和白人至上主义的恐怖。

第三章以对黑人音乐的历史性分析继续探讨这些主题。这一章质疑了族群本真性的观念，它们常常通过对黑人音乐及其所赞美的性别身份的讨论、对"种族"作为家庭意象（这点在创作和阐释黑人音乐中很重要）的讨论而被建构。该章试图说明为何有关黑人身份认同的本质主义和反本质主义理论的两极分化是无意义的，并提出分析黑色

---

[1] 本书把 race 译为种族，ethnicity 译为族群，前者指基于生物差异区分的群体，后者指基于文化差异区分的群体。

大西洋音乐的历史可能会有助于建构一系列更令人满意的反—反本质主义的论点。

第四章考察了 W.E.B. 杜波依斯作品的一小部分，杜波依斯引人思考的"双重意识"理论是本书核心的结构性主题之一。该章质疑了杜波依斯的作品在非裔美国文化史的新兴正典中的位置，并研究了杜波依斯的泛非主义和反帝国主义对其思想中某些部分的影响，后者以信仰非裔美国人例外主义为特征。这一章试图展示黑色大西洋政治文化是如何随着其走出早期阶段——其主导特征是试图逃离奴隶制及在解放后的社会中获得实质性的公民权——而改变的。我认为杜波依斯在欧洲的旅行和学习改变了他对"种族"及其在现代世界的位置的理解。

第五章通过对理查德·赖特的作品及对其作品的批判性回应的讨论，继续对这些主题进行探究。在赖特这个例子中，我在欧洲法西斯主义的背景和非洲及其他地方后殖民、独立国家建立的背景下重新考察了黑色大西洋政治。该章反对非裔美国文学批评家提出的以下观点，即赖特定居欧洲期间写的作品与他被认为有本真性的早期作品相比是无价值的；赞扬赖特将美国黑人的困境与其他殖民地人民的经历相联结，建构一种包含心理学的种族压迫理论的尝试。

本书以对非洲中心主义及其将传统理解为不变的重复，而不是通往创新和变化的促进因素的批判性讨论结尾。第六章包含了对离散概念的思考，它是从犹太文化进入泛非政治和黑人历史的，这一点未被公开承认。我认为这个概念应当被珍视，因其能展现族群之间的相似和差异的关系——一种**变化的**同一。我还认为黑人和犹太人的交流对黑色大西洋文化政治的历史和未来是重要的。

有必要强调本书并不是无可置疑的。黑色大西洋文化是如此广博，它的历史是如此不为人知，以至于我所做的不过是为未来更详尽的研究做一些初步的标记。我的观点是探索性的，结论完全是暂时性的。还有很多明显的疏漏，比如我几乎没有谈论弗朗兹·法农和C.L.R.詹姆斯这两个最有名的黑色大西洋思想家的生平、理论和政治活动，他们的一生完全符合我所描述的移动、变化和迁徙的模式。但他们已经是众所周知的（即便还未被广泛阅读），而且其他人已经开始了把他们的著作引入当代批判理论的工作。

我希望阅读本书就像是踏上海上航程，在读者登船之前，我还有两点希望要与你们分享。这两点都不受限于我用来赋予其实质的种族化的例子。第一点是我希望贯穿本书的是对迷恋"种族"纯洁性的危险行为的否定，这种迷恋如今在黑人政治内部和外部传播。本书归根到底是关于思想不可避免的杂交性和混合性的。第二点是我希望本书对我们在政治生活中所用概念的封闭性的反对不会被忽视。黑色大西洋的历史带给我们一系列有关身份的不稳定性和易变性的教益，它们总是未完成的，总是在重新生成中。

目 录

中文版序 ……1

前言 ……1

第一章
作为一种现代性的反文化的黑色大西洋 ……1

第二章
男主人、女主人、奴隶和现代性的二律背反 ……59

第三章
"奴役中诞生的珍珠":
黑人音乐和本真性的政治 ……101

第四章
"鼓舞疲惫的旅客":
W. E. B. 杜波依斯、德国和(非)定居的政治 ……157

第五章

"没有眼泪的慰藉"：

理查德·赖特、法国以及共同体的矛盾 ⋯⋯209

第六章

"不是一个能传下去的故事"：

鲜活记忆与奴隶崇高 ⋯⋯265

注释 ⋯⋯317

致谢 ⋯⋯349

索引 ⋯⋯352

译者后记 ⋯⋯368

对辩证论者来说,重要的是乘世界历史之风而升起船帆。思考在他那里就是扬帆,重要的是如何扬帆。词语是他的帆,而要成为概念,则要看如何扬帆。

——瓦尔特·本雅明

我们离开陆地并上船了。我们已经烧毁了身后的桥梁——的确,我们已经走得更远并破坏了身后的土地。现在,小船,留意!在你周遭是大海,无疑,它并不总是翻涌,有时它像丝绸、黄金和幻想中的恩典一样柔和。但是总有一刻你会意识到大海是无限的,并且没有什么比无限更令人敬畏。哦,曾感到自由的可怜的鸟如今撞击着笼壁!唉,当你想念陆地,就好像它曾提供了更多**自由**时,就不再有任何"陆地"了。

——尼采

在服饰方面我按照水手的风格装扮。我穿着红衬衫、戴着防水帽、脖子上的黑色领巾以水手中流行的方式宽松地系着。我对船的了解以及水手般的言谈帮了我很大的忙,因为我彻底了解一艘船,并且能够像老水手一样说话。

——弗雷德里克·道格拉斯

第一章

作为一种现代性的反文化的黑色大西洋

我们这些无家可归的人——如今不少欧洲人在一种独特且值得尊敬的意义上称自己无家可归……我们是未来之子，怎么能今天就感到舒适自在呢？即便在如今这种脆弱、破碎的变化阶段，我们也不赞成所有可能让人感到自在的理想；至于"现实"，我们不相信它会持续。现在仍然支撑着人们的冰层已经变得很薄，使之消融的风正在吹拂，我们这些无家可归的人构成了一股打破薄冰和其他一样脆弱的"现实"的力量。

——尼采

关于现代性的概念。这是一个难题。难道每个时代相对之前的时代不都是"现代"的吗？"我们的"现代性的组成部分之一似乎至少是我们对现代性的意识的传播。而对这种意识的意识（双重的，第二层的）是我们的力量和痛苦的来源。

——爱德华·格里桑（Edouard Glissant）

一个人要同时是欧洲人和黑人必须得有某些特殊的双重意识。我这么说不是在暗示接受这两种未完成身份中的一种或全部必然会耗尽个体的主体资源。但是，在种族主义、民族主义或族群绝对主义的话语引导政治关系，使得这两种身份似乎相互排斥的地方，占据这两种身份之间的空间或试图展现它们的延续性被视为是一种挑衅性甚至对抗性的政治不服从行为。

当代英国黑人像早先的英裔非洲人甚至所有在西方的黑人一样，处在（至少）两个大的文化集合体之间，二者都在塑造出它们自身的现代世界的发展进程中衍变并获得了新的形构。如今，这两种文化依然共生共存般地被固定在一种以肤色的象征主义为特征的对立关系中，肤色的象征主义增强了它们核心二元动态——黑色和白色——显著的文化力量。这些肤色支持一种与民族、国家归属感以及"种族"和族群身份的话语有关的特殊修辞。

尽管近来关于现代性及其不满的讨论很大程度上忽视了关于民族、族群、本真性和文化完整性的观念，但这些观念是典型的现代现象，对文化批评和文化史有深远的影响。这些观念随着西方在18世纪末和19世纪初的革命性变化而形成，并包含了新的类型学（typologies）和身份认同模式。任何后现代的转向都不意味着这些现代主体和它们接合的运动的显著力量已经被抛弃了；相反这些力量增加了，并且作为一种政治化的理解世界的方式普遍存在，曾经似乎超越了它们的阶级话语和社会主义话语的力量目前无法与之相比。在这里我关注的不是解释这些观念持续的时间和持久的吸引力，而是考察民族和文化概念的关键接合产生的特殊政治问题，以及把西方黑人和养育他们的文化之一——自启蒙运动以来西方的思想遗产——联系起来的因素。我对连续几代黑人知识分子如何理解这种联系，以及他们如何把这种联系反映在追求自由、公民权、社会和政治自治权的写作和演说中深感兴趣。

如果上述论述似乎不过是以一种迂回的方式说：欧洲殖民者与他们奴役的非洲人、屠杀的"印第安人"以及以条约约束（indenture）的亚洲人的自反性文化和意识，即便在最野蛮的情况下也不是彼此隔绝的，那就这样吧。这似乎应该是个显而易见且不言而喻的观点，但它的鲜明性却被持有各种政治立场的评论者系统性地掩盖了。无论这些人是右派、左派还是中间派，他们都依赖于文化民族主义的观念和统一的文化概念，而它们将不变的族群差异呈现为"黑色"和"白色"人种的历史和经历的绝对割裂。与此相对的是另一个更困难的选择：对克里奥尔化（creolisation）、混种生殖（métissage）、种族混合（mestizaje）和混杂性（hybridity）的理论化。从族群绝对主义的观点来看，这是一连串的污染和不纯。这些术语是对超出种族话语、不能被话语施行者把握的文化变化和始终进行的（不）延续性过程的命名方式，令人相当不满意。

本书处理的是这种历史性的连接的重大后果中的一个小领域——源自在我试着称为黑色大西洋世界的感觉、生产、沟通和记忆的结构中被迫分散的黑人,但不再是他们所独有的双声道(stereophonic)、双语(bilingual)或双重焦点(bifocal)的文化形式。本章因此植根于试图同时面对(至少)两个方面所带来的特殊压力并被它引导。

目前我的关注主要是概念性的:我已经试着处理黑人和白人创作的文化批评中持续的族群绝对主义的问题。本章尤其想要探究"种族"、文化、民族和族群之间的对英国黑人公民的历史和政治文化有影响的特殊关系。我在其他作品中曾说明英国黑人的文化是在一种融合的模式中产生的,加勒比、美国和非洲的文化风格和形式在现代英国的地区和阶级冲突的新背景下被重新调用和刻写。这里我不想关注这些混杂的文化形式激动人心的变化,而想要考察关于族群身份的更广义的问题——它们促成了英国黑人定居者的学术作品和政治策略的产生,以及(常常与他们的自我认知相反的)英国是一个有凝聚力的文化共同体的潜在意识的产生。这里国家、民族、国家归属和民族主义的观念是首要的,它们得到了一种可被称作"文化内部主义"(cultural insiderism)的修辞策略的广泛支持[1]。文化内部主义的关键特征及促成其流行的关键,是对族群差异的绝对意识。这种意识被最大化以把人们区分开来,并同时获得一种不可置疑的优先性,这种优先性超出人们的社会和历史的经验、文化和身份认同的所有其他层面。十分典型地,这些主张是与国家归属的观念、对民族的渴望以及其他更地方性但同等重要的文化上的密切关系联系在一起的。这些观念在英国文化生活中的存在范围和复杂性，不是简单的总结或阐述能说清楚的。但是，它们认可的文化内部主义通常将国家建构为单一族群，并在对国家独特的文化内容的阐释过程中再次调用族群的概念。

这里可以指出，英国文化研究通过社会史和文学批评领域中的创新工作将自身置于思想裂缝处。马克思主义分析的国家主义模式——它把物质生产和政治统治的模式看作是纯粹**国家性的**——只是这个问题的一个源头。另一个更隐蔽但因其无形的普遍存在而强有力的因素，是贯穿在某些激进思想家的作品中的一种静默的文化民族主义。这种对民族主义的秘密支持（crypto-nationalism）意味着这些思想家常常不愿意思考种族政治的刺激作用或横向动态在英国民族身份的形成和再生产的过程中起到的重要作用，这些民族身份的形构被认为好像完全是自发形成的。

双重性和文化混合使得当代欧洲的英国黑人的经验独树一帜，为了找到理解这一点的方式，我不得不从其他源头寻找灵感，并且实际上做了一次跨越大西洋的思想之旅。在美国黑人的文化、政治讨论和组织的历史中，我找到了另一个（即第二个）能确定我自己立场的角度，这里族群绝对主义和民族主义的诱惑同样带来了始终存在的危险。但这种只对本民族的东西满意的狭隘视角，也被黑人群体中那些准备好否定非裔美国人例外主义的简单诉求、支持一种全球化和联合性的政治（其中反帝国主义和反种族主义可以被看作是互相影响甚至融合的）的思想家挑战。其中一些思想家的作品在之后的章节中会得到考察。

本章还提出了一些新的时空体（chronotopes）[2]，它们适应一种比已有的英国或非裔美国文化研究更不畏惧和不尊重现代民族国家边界和完整性的理论。我选定在欧洲、美洲、非洲和加勒比地区之间航行的船的意象，作为这项工作的核心结构象征和出发点。因为历史和理论的原因，船作为一个移动中的鲜活的、微观文化和微观政治体系的意象，是非常重要的，我希望这些原因在下文中会变得更清晰。船会让我们立刻关注中间通道（middle passage）[1]、救赎性的返回非洲家园的不同计划、对理念和活动家思想的传播以及关键的文化和政治载体的流动，如小册子、书、唱片和合唱团。

本章的其余内容分为三部分。第一部分处理英国和非裔美国的文化研究中一些常见的概念问题，我认为这些文化研究共有一种民族主义的焦点，与我称为黑色大西洋的跨文化、国际化形构的根茎状（rhizomorphic）、分形（fractal）[2]结构相对立。第二部分用马丁·罗宾逊·德拉尼（Martin Robison Delany）——他是黑人民族主义运动的早期缔造者，其影响仍体现在当代政治运动中——的生平和著作来激活黑色大西洋，并通过引入许多关键主题来扩展一般化的论点，这些主题会被用来描述后来的思想家对现代性的承诺和失败的回应。最后一部分探讨黑人知识分子创造的具体的现代性的反文化，并对黑人内在

---

[1] 从非洲西海岸到美洲大陆东海岸之间的跨大西洋航程，一般被称为"中间通道"，因为这是许多运送奴隶的船只的航线的中间一段。第一段（向外通道）是从欧洲到非洲，第三段（返回通道）是从美洲到欧洲。

[2] 分形指一个几何形状，它可以分成数个部分，且每一部分都（至少近似地）是整体缩小后的形状，即具有自相似的性质。

于西方这一点作出初步描述。它引入了反对目前主导黑人政治文化的族群绝对主义的争论，这在本书其余部分得到延续。

书面的文化研究

文化研究作为一项学术计划近来取得了惊人发展，任何由此产生的满足，都不应该掩盖它明显的种族中心主义和民族主义的问题。理解这些问题可以从批判性地评价对族群概念的运用开始，它们或是（常常是默认而非有意）作为文化研究独特的阐释学的一部分，或是伴随着无须思考的预设——文化总是遵循本质上同质性的民族国家的模式——而被运用。文化研究走向市场化并不可避免地具体化为一门独立的学科，还有所谓的次要伦理层面。文化研究的计划因其显示出的伦理优势而成为体制化的合宜对象。因此谁的文化在被研究是个重要的问题，就如使得研究成为可能的工具来自哪里的问题一样重要。在这样的背景下，很难不去思考最近对文化研究的国际性热情多大程度上是因为它与英格兰和英国性观念的深刻联系而产生的。可以将这种可能性作为思考文化研究自身话语的人种史学特殊性的切入点。

从人种史学的角度思考文化研究，要求我们不仅注意到它与英国文学、历史和新左派政治的联系，还要描述英国文化研究的创建者对更宽广的现代欧洲文化思考传统的借鉴，并在每个阶段审视这些文化视角为（那些作为知识、权力和文化批评的对象的）种族化（racialised）[3]的他者形象提供的位置。尽管很困难，但必须要把这些问题与让黑人文化的表达、分析和历史在学术界得到严肃对待的紧迫需求结合起来思考，而不是将后者留给社会学中的"种族关系"，因而也就等同于等待棘手的政策议题"寿终正寝"。这两种重要的对话指向不同的方向，有时彼此抵消，但对我而言试图让黑人被理解为能动者、有认知能力甚至有思想史的人——这些是被现代种族主义否认的——是写这本书的首要原因。这个动机确保了对族群概念在有关文化理论和历史的英国习语中、在美国黑人的学术生产中被运用的方式的质疑是有价值的。理解英国黑人的政治文化要求我们密切关注这两种传统。本书处在它们的交点上。

文化研究的历史很少承认在其最好的学术作品中体现的政治上激进和公开干预的渴望如何已经接合了黑人的文化史和文化理论。这些联系很少被看到或被赋予任何意义。在英国，像C.L.R.詹姆斯和斯图亚特·霍尔这样的人的作品，为这些批判性的政治计划之间的实际联系提供了许多象征性和具体的证明。在美国，像贝尔·胡克斯和康奈尔·韦斯特以及亨利·路易斯·盖茨（Henry Louis Gates, Jr.）、休斯顿·阿尔弗雷德·贝克（Houston A. Barker, Jr.）、夸梅·安东尼·阿皮亚（Kwame Anthony Appiah）、黑兹尔·卡比（Hazel Carby）这样的干涉主义学者的作品指出了类似的交叠。这些在文化和历史之间的"沟通区"（contact zones）[4]的思想家的立场并不像初看上去那么例外。下面我们会看到几代黑人知识分子（特别是像詹姆斯这样多次往返于大西洋的）在进行独特的文化和政治批评前，已经注意到不同文化间的关系结构，并赋予它特殊的重要性。他们常常因受到残酷且荒谬的种族分等行为的刺激而工作，这些行为源自并赞扬了有种族排他性的民族身份的概念——它们将黑人作为非人类或非公民排斥在外。我将试着说明他们边缘性的努力指向了一些新的分析可能性，并有远远超出黑人特殊性的一般意义。比如，他们的作品提出了介于地方和全球之间的中间概念，由于这些概念是对主导文化批评的民族主义概念的替代，因而它们在文化史和政治中有更广泛的应用。这些中间概念（特别是第六章中考察的未被充分理论化的离散概念）是有价值的，因为它们打破了对单个**国家**的动态的武断关注——这是大量现代欧美文化思想的特征。

还有两个其他原因使得超越这些国家和民族主义的视角成为关键。第一是重新评价现代民族国家作为政治、经济和文化单位的意义的紧迫义务。目前主导性的政治、经济结构都超出了国家的边界。这在新的政治和经济关系似乎每天都在被创造出来的当代欧洲有特殊的意义，它也是一个对信息政治和资本积累实践之间的关系有重要影响的世界性现象。它促成了更明显的政治变化，如重要性不断增加的跨国生态运动，这些运动坚持可持续性和正义之间的联系，极大地改变了政治和伦理的现代分离所建基的道德和科学的观点。第二是文化整体性、纯粹性的观点的悲剧性流行，这涉及民族和族群之间的关系。这如今在欧洲也特别有影响，它直接反映在英国黑人定居者的后殖民历史与复杂、跨文化的政治轨迹中。

或许可以称为英国黑人的独特性的内容，要求我们关注许多不同文化形式的混合。曾经分离的政治和思想传统汇合，并在此过程中多元化地决定了英国黑人的社会和历史的形构。如果用简单的族群术语来理解这种混合就会误解它,但右派和左派、种族主义者和反种族主义者、黑人和白人都心照不宣地共有一种观点:这种混合不过是完全成型且排斥他者的两个文化群体之间的冲突。这在理解黑人历史和文化时成了主导性观点,黑人历史和文化就像黑人定居者一样被看作是对真正的英国国家生活的非法入侵,而这种生活在他们到来之前是稳定、和平和无族群区分的。思考这段历史涉及权力和知识的问题,这些超出了本书的范围。但是,尽管当代英国的种族主义产生于当下而不是过去的情形,它在许多方面仍带有过去的痕迹。构成了如今种族政治实质的极其粗糙和化约性(reductive)的文化概念,明显与旧的关于种族和族群差异的话语紧密相关,后者在现代西方文化观念的历史中无处不在。自从关于多元文化主义、文化多元主义的讨论以及有时被贬称为"政治正确"的对此的回应——它们意图质疑当前欧洲特殊主义被转化为评价人的成就、规范和抱负的绝对、普遍标准的容易程度和速度——出现之后,现代西方文化观念的历史自身变得极其有争议。

在19世纪的科学种族主义固化之前[5],"种族"这个词的使用方式很大程度上和今天"文化"一词的使用方式一样,这个事实是很重要的。但是在试图区分真、善、美的过程中——这种区分是资本主义、工业化和政治民主的接合点的特征并赋予了西方现代性话语实质——意识到黑人的形象、新出现的基于生物学的种族差异的概念并不只是科学家创造出来的,这一点也是重要的。就文化研究的未来而言,认识到黑人的形象与基于生物学的种族差异的概念在欧洲思考美、品位和审美判断的尝试——它们是当代文化批评的前身——中被作为关键来使用应该是同等重要的。

追踪建构文化价值话语的种族符号及它们与欧洲美学、哲学和科学相关的存在条件，整体而言可以极大地促进对西方现代性追求的人种史学解读，尤其可以促进对启蒙运动的假定的批判。关于"种族"、族群和民族的观念无疑构成了连接英国文化研究和它的思想源泉之一——持续被对民族和种族特殊性的诉诸而塑造的现代欧洲美学——的重要连续层[6]。

此处我无法深入讨论这种思想继承的更广维度。桑德尔·吉尔曼（Sander Gilman）[7]、亨利·路易斯·盖茨[8]和其他人已经对黑人形象在建立现代文化价值论中的作用和历史进行了有价值的分析。吉尔曼有益地指出黑人形象在黑格尔、叔本华、尼采以及其他人的美学中——作为文化相对主义出场的标志并支持了被假定为有普遍性的审美判断的产生，这种审美判断可以区分本真的音乐和"最可憎的噪音"（黑格尔语）——以不同的形式出现。盖茨强调一种复杂的系谱，其中孟德斯鸠对奴隶制的讨论的模糊性促成了休谟的回应，这种回应又可以与伯克、康德作品中对美和崇高的性质的哲学讨论联系在一起。对黑人性（blackness）再现的批判性考察，还可以与种族主义、反犹主义在启蒙思想家康德、伏尔泰等人作品中的作用的争议联系在一起[9]。这些问题值得进一步讨论，这里无法进行。就本章的目的而言最重要的是，这种讨论不应当结束于简单否定那些提出棘手或令人为难的问题的人，将他们看作是旨在合法化自身政治立场的极权主义力量，对种族化的理性和不理性的种族主义二者接近程度的质疑也不应被看作是小问题。这些问题构成了有关什么是西方文明正典的组成部分以及这份珍贵的遗产应当如何被教授的当代讨论的核心。

在这些问题重重的背景下，有关"种族"和再现的问题经常被从西方审美判断、品位和文化价值的正统历史中剔除出去，这是令人遗憾的[10]。这种情形要求我们更进一步地探究关于"种族"、美、族群和文化的讨论是如何促进了批判性思考，后者最终催生了文化研究。马克思主义和精神分析中拜物教（fetishism）概念的使用是进入这个问题的一个明显途径[11]。（文化及其他）生产模式的概念被赋予的突出的民族特征是另一个关键问题，它显示了分析文化政治、社会运动和对立性意识的主导方法在人种史学上的特定性。

这些一般性问题以具体形式出现在有关文化反思的独特的英国习语中。这里关于奴隶制的道德和政治问题也日益突出，不仅因为它曾被认为**内在于**西方文明的结构中，还因为它在关于现代英国文化独特性的新兴话语中作为一个核心的政治和哲学概念出现[12]。在前现代对"族群"差异的理解中不可或缺的关于原始和文明的观念，在形成一系列主体位置（其中英国性、基督教徒及其他族群和种族化的特质最终被使人眼花缭乱的"白人性"取代）的过程中成为基本的认知和美学标志[13]。埃德蒙·伯克（Edmund Burke）对崇高的讨论是个可以体现这种观点的微小但有说服力的例子，它最近开始为人所知。伯克充分利用了黑暗和黑人性之间的联系，把它们和一位真实存在的黑人女性的皮肤联系起来。一个通过手术恢复视力的小男孩因为看见她产生了极端的惊恐感。

  也许研究会发现，黑色和黑暗某种程度上会自然让人痛苦，与任何其他的联系无关。我必须说黑人性和黑暗的概念很大程度上是一样的，它们的区别只在于黑人性是一个更狭隘的概念。

  切斯尔登先生给我们讲述了一个天生失明的男孩的奇特故事，这个男孩一直到他十三或十四岁都是看不见的，此时他通过白内障手术获得了视力……切斯尔登告诉我们这个男孩第一次看见黑色的物体时，感到很不安；一段时间之后，在偶然看到一位黑人女性时，他感到极其恐怖[14]。

反对奴隶制并支持逐步废除它的伯克，是雷蒙·威廉斯（Raymond Williams）刻画的"文化与社会"传统中的首个人物，这一传统很大程度上也是英国文化研究得以建立起来的基础。这种起源部分解释了为何文化研究传统的某些当代继承人会陷入"对英格兰和英国性的病态赞美"。在见证了来自英国殖民地的黑人定居者获得英国公民权的后帝国时期的历史中，这些主体性和身份认同的模式有了新的政治意义。黑人进入英国国家生活是促成文化研究和新左派政治形成的强有力因素，它折射出20世纪50年代英国社会和文化生活的深刻变化，并且是对二战后不再可能实现的一种更人性化的社会生活的挽歌的核心（这一点常常不被承认）。

无须复述黑人定居英国的复杂历史,它最近的一个片段——关于萨尔曼·鲁西迪(Salman Rushdie)的《撒旦诗篇》(The Satanic Verses)的争议,就足以显示关于英国文化的意义的种族化冲突仍然存在,并且这些对立又陷入了另一系列的斗争中——其中启蒙运动关于文化、文化价值和美学的假设继续被那些不认为它们是普世道德标准的人质疑。在某种意义上,这些冲突是独特历史阶段的产物,这一阶段中形成了新的族群绝对主义和文化种族主义。这种新种族主义把在英国街道上烧书解释为不可化约的文化差异的表现,它预示了国内的种族灾难。这种新种族主义部分是因为朝向这样一种政治话语的发展而产生的:它把"种族"和国家归属感的观念紧密结合,强调复杂的文化差异而不是简单的生物学上的等级。这些奇怪的冲突产生于一定背景下,其中黑人性和英国性忽然成了互相排斥的属性,它们之间的明显对立出现在文化领域而不是政治领域。无论我们对鲁西迪有什么样的看法,他的命运是另一个微小但重要的征兆,说明在多大程度上英格兰和英国性的几乎形而上学的价值正因为它们与"种族"、族群的联系而被争夺。他的经历也是一个提醒,提醒我们在建立一种更加多元、后殖民意义上的英国文化和国家身份的过程中包含的困难。在这种背景下,定位和回应民族主义(如果不是英国文化研究的种族主义和种族中心主义的话)自身成了一项直接的政治性议题。

　　一些关键人物为雷蒙·威廉斯批判性重建英国智识生活提供了思想资源,回到这些人物是有益的。伯克、托马斯·卡莱尔(Thomas Carlyle)、约翰·罗斯金(John Ruskin)、查尔斯·金斯利(Charles Kingsley)

和威廉斯名单上的其他人物，在使得文化研究走出其顽固的种族中心主义的过程中，以及在通过重新阐释真正的国家生活的文化核心以实现更有野心且更有意义的积极重塑当代英国的任务中可以是有价值的。在改变英国和英国性的任务所要求的重新阐释和建构、重新刻写和定位的工作中，讨论维多利亚时代的知识分子对埃尔总督处理1865年牙买加莫兰特湾叛乱[1]的态度分歧或许是重要的[15]。如珍妮·夏普（Jenny Sharpe）考察的英国对1857年印度起义的回应那样[16]，莫兰特湾事件的意义可能比目前我们理解的要大得多。莫兰特湾事件有双重的重要性，因为它是一个大城市的例子，其内部冲突直接源自外来殖民经历。帝国力量中的这些危机显示出延续性。在我看来，这种内部/外部的关系应当被认作是我们辉煌国家的历史、社会和文化记忆中更重要、复杂和有争议性的部分。

我认为即便是被威廉斯审视、被E. P. 汤普森和其他人赞美的英国文化感性中值得赞赏的激进类型，也不是从英国内部和内在的动态中自发产生的。关于英国性的某些最强有力的概念是被像卡莱尔、斯威夫特、司各特和艾略特这样异国的外来者建构的事实应该能够增强我的论点。最果敢、底层的英国民族主义和反主流文化的爱国主义，可能最好被理解为产自与超国家和帝国主义世界对立的复杂模式中，"种族"、民族和国家文化的观念为其提供基本（尽管不是唯一

---

[1] 1865年10月，在英帝国的殖民地牙买加，殖民者以镇压反叛为由大肆屠杀本地黑人，即所谓"莫兰特湾叛乱"（Morant Bay Uprising）。其后，围绕是否要审判该事件的主要责任人——时任牙买加总督爱德华·埃尔（Edward Eyre），英国朝野上下论战数年。知识界则分化撕裂，形成反对埃尔与支持埃尔两大阵营。

的）指标。这种思考方式无疑会让我们从与正统文化史相当不同的视角看待威廉·布莱克的作品，并且如彼得·莱尼博（Peter Linebaugh）指出的，对长期以来遭到忽视的黑人奴隶和他们的后代在英国的激进历史中（尤其是工人阶级运动中）参与程度的描述，可以补充这种迟来的重估[17]。奥拉达·艾奎亚诺（Olaudah Equiano），在有组织的工人阶级政治活动初期的参与现在得到了广泛认可；罗伯特·韦德伯恩（Robert Wedderburn），无政府主义者、雅各宾分子、极端激进分子和卫理公会派异教徒；威廉·戴维森（William Davidson），牙买加司法部部长的儿子，1819年因为参与试图杀害英国内阁大臣的卡托街密谋（Cato Street Conspiracy）而被处以绞刑[18]；宪章主义者威廉·卡菲（William Cuffay）——这些人只是我们今天复原历史可用的最紧迫、突出的候选对象。通过"种族"的话语和意象进行的思考要如何出现在英国政治生活的核心而非边缘，他们的生命提供了审视这一点的宝贵方式。比如，威廉·戴维森被斩首前在绞刑台上的发言，是对持不同政见的生而自由的英国人权利的感人运用，但它今天不被广泛理解。

在奥拉达·艾奎亚诺、罗伯特·韦德伯恩和威廉·戴维森这三个声名狼藉的人中，韦德伯恩可能是最为人所知的，这多亏了彼得·莱尼博和伊恩·麦克考曼（Iain McCalman）的努力[19]。罗伯特·韦德伯恩是奴隶贩子詹姆斯·韦德伯恩和一个女奴的孩子，他被金斯敦一个身为走私者代理人的巫女抚养长大。韦德伯恩在1778年17岁时到了伦敦，他在出版了许多声名狼藉的极端激进小册子来宣传其颠覆性的政治理念后，于干草市场附近的霍普金斯大街的小教堂中将自己呈现为奴隶制的恐怖的鲜活化身——他基于托马斯·斯宾塞（Thomas Spence）的教义并加以明确的渎神之语，宣传一种空想无政府主义。在"200个最底层的人待着的破烂不堪的干草棚"里举行的一场辩论中，韦德伯恩捍卫了加勒比地区的奴隶杀死主人的固有权利，承诺给家乡的人写信并"告诉他们尽快谋杀主人"。随后韦德伯恩被指控亵渎神灵，但在他说服陪审团自己并没有发表煽动性言论而只是施展"真正的预言天赋"后，他被判无罪[20]。

对我的整个论点而言，有必要关注韦德伯恩和他一段时期内的同伴戴维森都曾是船员的事实，他们曾在国家间来回移动、乘坐船只（它们自身即是体现语言和政治混杂性的微观体系）跨越边界。他们和海洋的关系对发展黑色大西洋世界（我希望以此与大量英国史学体现出的狭隘的民族主义抗衡）的早期政治和诗学可能是特别重要的。韦德伯恩曾在皇家海军服役，也曾是私掠船船员[1]。选择去海上而不是学习法律的戴维森接连两次被迫为英国海军服务。戴维森和韦德伯恩一样拥抱了极端激进的亚文化，他曾是彼得卢屠杀[2]后建于1819年的激进团体马里波恩阅读协会（Marylebone Reading Society）的积极参与者。戴维森因同一年晚些时候在史密斯菲尔德的露天会议中担

---

[1] 私掠船船员，是指那些依照政府或公司签署的命令和委托文件执行特殊任务的武装民船的船员。
[2] 彼得卢屠杀，指1819年8月16日发生在英国曼彻斯特圣彼得广场的镇压示威事件。镇压这次集会的军队中有成员曾参加过四年前的滑铁卢战役，因此这次流血惨案被讥讽为彼得卢屠杀。

任马里波恩阅读协会黑旗的保管人而知名,这面旗帜是骷髅旗,刻有"让我们像人一样死去而不要像奴隶一样被卖"的文字[21]。激进的意识形态是如何将工厂制度建立前的伦敦穷人文化与海盗不屈的海上文化,以及世界前工业化时代的劳动者相接合的精确细节,仍需彼得·莱尼博和马库斯·雷迪克(Marcus Rediker)的创新工作来揭示[22]。据估计,在18世纪末英国海军的四分之一是非洲人,对这些人而言奴隶制的体验是促成他们接受自由和正义意识形态的有力因素。在大西洋网络的另一边寻找相似的模式时,我们可以找到"由粗鲁男孩、黑人、混血儿、爱尔兰人和古怪的水手组成的乌合之众"[23]的领袖克里斯普斯·阿塔克斯(Crispus Attucks),并且可以追踪到在加勒比海上航行并受到海地革命故事启发的丹麦·维西(Denmark Vesey)(维西的一个同谋者证实他曾说过他们"不会让一个白皮肤的人活着,因为这是革命者在圣多明各追求的计划")[24]。此外,还有弗雷德里克·道格拉斯这个知名的例子,他的自传揭示出他是在美国北方的巴尔的摩作为一艘船的敛缝工人工作时从爱尔兰水手那里学会了自由的意义。道格拉斯较少谈论这一令人尴尬的事实——为其出海做准备的"巴尔的摩快船"是一艘贩奴船,它是当时世界上最快的船且是唯一能够越过英国封锁线的船。在英国反奴隶制活动中被忽视了作用的道格拉斯,伪装成水手逃离了奴隶制的束缚,他把这种成功归于他"能像老水手一样说话"的能力[25]。这些只是19世纪的例子中的几个。马库斯·加维(Marcus Garvey)、乔治·帕德莫尔(George Padmore)、克劳德·麦凯伊(Claude McKay)和兰斯顿·休斯(Langston Hughes)在船上做海员的经历，支持了莱尼博有预见性的观点："在密纹唱片出现之前，船可能是联系非洲各个地方最重要的渠道。"[26]

在威廉·特纳（J.M.W. Turner）的作品中，船和其他海上的场景有特殊的地位。特纳的画在许多当代批评家看来代表了英国画派成就的顶峰。任何去伦敦的游客都能证实克罗尔画廊作为国家机构的重要性以及特纳艺术画作的重要地位，这些画作经久不衰，展现了英国文明的精髓。约翰·罗斯金确认了特纳至高的文化价值，而罗斯金在威廉斯列出的伟大的英国人群体中占有特殊的位置。特纳备受赞誉的画作《奴隶船》[27]刻画了一艘船上的奴隶贩子在风暴来临时把死者和濒死的人扔入海中的场景，这幅画1840年在英国皇家学院展出，同年世界反奴隶制大会在伦敦举办。罗斯金持有这幅画二十八年，它远不止是特纳对委托他画下他们壮观的乡村别墅的加勒比种植园主的回应[1]，如帕特里克·怀特（Patrick Wright）有力地证明的，这些乡村别墅已经成为寄托当代英国人的田园情结的重要载体[28]。《奴隶船》是对英国政治方向和道德基调的强有力的抗议，这清晰地体现在特纳引用的自己的诗中（诗自身也保有一种政治色彩）："希望，希望，虚假的希望，你现在在哪儿？"罗斯金在参与支援埃尔总督三年后[29]，于克里斯蒂拍卖行出售这张《奴隶船》，据说他开始发现与这幅画生活在一起过于痛苦。当时没有人买这幅画，三年后罗斯金把它卖给了一个美国人。此后这幅画一直在美国，它流落到波士顿的历程再次说明了作为文化交流体

---

[1] 一些英国种植园奴隶主曾委托特纳画他们的乡村别墅，而特纳本人反对奴隶制，他的画作委婉地表现出这一点。

系的大西洋的意义。不过更重要的是，要注意罗斯金除了讨论这幅画对水的描绘的美学之外没有谈及其他内容。在《现代画家》第一卷中，他把这艘船是奴隶船的信息放到了脚注中[30]。

尽管有这样的问题，新左派继承了特纳和罗斯金代表的美学和文化传统，通过否认想象的、被发明出的英国性有任何外部指涉，加剧并再生产了这种传统的民族主义和种族中心主义。英格兰不断生成自我的形象，这些形象就像是从不列颠尼亚[1]的脑海中出来的一样。新左派团体的政治立场和文化偏好放大了这些问题，这最明显和强烈地体现在与威廉斯精巧的文学反思形成对应的激进历史学中。尽管有影响力的英国共产党历史学家小组成员[31]对C.L.R.詹姆斯的作品充满热忱，但他们在这方面是应受责备的。小组成员对生而自由的英国人形象的偏好和对一个国家内的社会主义的追求——这些塑造了他们的作品——使得他们在民族主义的问题上有所欠缺。这种令人不安的配对可以追溯到E.P.汤普森和艾瑞克·霍布斯鲍姆的作品中，他们是有眼光的作家，为英国文化研究的坚实基础贡献良多，并共有一种非还原性的处理经济史、社会史和文化史的马克思主义方法（其中国家是首要焦点，国家被理解为反霸权的阶级斗争发生的稳定场域）。在和实际政治结合时，英国文化研究内的这些问题形成了，并体现出它在处理民族主义以及"种族"、族群和国家之间的话语上的滑动（discursive slippage）或隐含的共振方面的更大问题。

---

[1] 不列颠尼亚（Britannia）是身披盔甲、手持三叉戟的女神，大英帝国的拟人化象征。

类似的问题以相当不同的形式出现在非裔美国人的学术中，其中几代激进学者和同样数量的不那么激进的学者的著作共有一种大众化的文化民族主义。下面我们会看到在非裔美国人的学术中，绝对主义文化差异的概念与对"种族"和族群的文化主义的理解联系在一起。

与这些民族主义或族群绝对主义的思考方法相反，我想发展这种观念：文化史学家在对现代世界的讨论中可以把大西洋看作一个独立、复杂的分析单位，并用它来形成一种明确的跨国和跨文化视角[32]。这种思考方法不仅与英国历史学和文学史形成对抗，还挑战了迄今为止对美国黑人文化史和政治史的理解方式。我想说明，非裔美国知识分子声称体现了他们特殊性实质的珍贵智识遗产的很大部分，实际上只是部分地绝对属于他们的族群。与英国新左派的例子一样，在非裔美国知识分子的例子中，黑色大西洋的概念可以被用来说明：存在其他关于这些遗产所有权的主张，它们基于非洲离散群体进入西半球的结构。经济和历史的发展结构要求黑人历史学和思想史关注作为一个文化和政治体系的大西洋，在这种发展结构中种植园奴隶制——"赤裸裸的资本主义"——是一个特殊的时刻。我们通过像克里奥尔化和混合（syncretism）这样明显不充分的理论术语试图说明的文化和政治上的交流、变化的分形模式，显示了族群和政治文化如何被重新塑造——这种塑造方式不仅对加勒比地区的人，而且对欧洲人、非洲人（特别是利比里亚人和塞拉利昂人）和美国黑人而言是重要的。

英国黑人定居者群体受到不同源头的影响形成了一种复合文化，这一点值得重申。长期以来，从美国黑人那里传播而来的政治感性和文化表达的因素在英国再次得到强调，它们在更新的黑人通俗文化的新形构中是核心的，但不再是主导性的。新的英国黑人通俗文化不满足于依赖或者只是模仿美国和加勒比的非洲离散文化。Jazzie B[1]和双重灵歌（Soul II Soul）乐队在过去十年的崛起，是这种新的肯定性情绪的有价值的标志。伦敦北部的 Funki Dreds[2]（这个名字自身投射出一种新的混杂身份），把英国黑人的独特文化和生活韵律传达给世界。双重灵歌乐队的歌曲《继续前进》（Keep on Moving）是值得注意的，因为它由来自加勒比的定居者的后代在英国制作，然后由一位非裔美国人泰迪·莱利（Teddy Riley）在美国利用牙买加的 dub[3]形式重新混音。这首歌包括了来自美国的詹姆斯·布朗乐队（the JBs）和来自牙买加的米奇·德瑞德（Mikey Dread）的唱片的音乐片段或采样。这种不同文化元素形式的统一不只是一个强有力的象征，它还体现了跨国的黑色大西洋创造性的突出特征——嬉戏、离散的亲密性。唱片和它无与伦比的流行性充当了连接起新世界黑人定居者不延续的历史的联系和情感纽带。"继续前进"的基础指令也表现了使得离散文化有活力的不安分精神。这首歌发行时，当代黑人艺术运动正在电影、视觉艺术、戏剧和音乐的领域展开，这一运动创造了关于忠诚和身份认同的新形构——其中民族国家的结构和假设被放弃，因为它们被认为

---

[1] Jazzie B（1963— ），本名特雷弗·贝雷斯福德·罗密欧（Trevor Beresford Romeo），英国著名黑人音乐人，双重灵歌乐队的建立者。
[2] 以双重灵歌乐队成员为核心的文艺小圈子。Jazzie B 别名为 The Funki Dred。
[3] 一种黑人音乐形式。

已经过时了。记住这一点是重要的：黑色大西洋现象可能不如伦敦北部双重灵歌乐队的跨国电子编曲显示的那样新奇。哥伦布的领航员佩罗·尼诺（Pedro Nino）就是个非洲人。自从哥伦布航行开始，黑色大西洋的历史持续被黑人的移动贯穿——他们不仅是作为商品移动，而且参与到各种追求解放、自治和公民权的斗争中。这段历史提供了一种重新审视民族、定位、身份认同和历史记忆问题的方式。如果我们把英美文化批评的国家、民族主义和族群绝对主义的范式，与那些试图在本质上变得全球化或超越国家化的残存或新兴的隐性表达对比，这些问题都能清晰地从历史中浮现。这些传统促成了现代性的反文化——它们影响了工人运动但不能被化约为它，提供了工人运动得以建立的重要基础。

特纳的杰作《奴隶船》仍是有用的意象，这不仅是因为它自觉的道德力量以及它在启用种族恐怖、商业和英格兰族群—政治的退化等主题时直接以崇高为目标的突出方式。应当强调，船是连接大西洋世界之中各个点的鲜活方式。船是可移动的元素，代表了所连接的固定地点之间的移动空间[33]。因此船需要被理解为文化和政治单位，而不是三角贸易的抽象体现。船还有更多的意义，它既是一种表达政治异议的手段，又是一种独特的文化生产模式。船让我们有机会探究英格兰各个港口的不延续历史之间的联系，以及英格兰和更广阔世界的连接[34]。船也让我们回想起中间通道，回想起已被部分遗忘了的奴隶贸易的微观政治及其与工业化、现代化的关系。如从前一样，上船意味着可以重新概念化现代性和此前历史的正统关系。船提供了一种有关现代性开始于何时的不同理解,这一时刻处于西方与外来者形成基本关系的过程中,后者既建立又调和了一种对西方文明的自觉意识。[35] 由于所有这些原因,船是我通过黑色大西洋、非洲人散居到西半球的历史来重新思考现代性的尝试中预设的第一个新的时空体。

本着詹姆斯·克利福德(James Clifford)在他关于旅行文化的有影响力的作品中提倡的冒险精神[36],我试图思考这种超国家、跨文化的重新概念化对美国黑人和欧洲黑人的政治史、文化史可能会有的影响。在近期的历史中,这无疑意味着重新评价作为西半球现象的(如果不是全球性的)马库斯·加维和加维主义(Garveyism)、泛非主义和黑人权力运动。对现代黑人政治进行分期,要求我们重新思考海地及海地革命[1]对非裔美国人的政治思考和抵抗运动的发展的重要性。从欧洲这一方来说,无疑需要重新思考弗雷德里克·道格拉斯与英格兰和苏格兰激进主义的关系,威廉·威尔斯·布朗(William Wells Brown)身为逃亡奴隶在欧洲的五年的意义,亚历山大·克鲁梅尔(Alexander Crummell)在剑桥生活和学习的经历以及马丁·德拉尼1860年在伦敦国际统计会议的经历[37]。它要求我们理解这样一些困难和复杂的问题,如W.E.B.杜波依斯童年时对俾斯麦的兴趣,他对威廉二世的衣着和胡子的模仿,他在海因里希·冯·特赖奇克(Heinrich von Treitschke)的研讨班上可能有的想法[38],他笔下不幸的男主人公

---

[1] 1791年,法属殖民地圣多明戈爆发了反对法国残暴殖民统治的起义,经过长达十三年的战争,最终废除了奴隶制度,并建立了海地共和国。1804年1月1日,海地宣告独立,成为拉丁美洲第一个独立的国家。

对欧洲文化的运用。

从诗人菲丽丝·惠特利（Phyllis Wheatley）开始，知名的美国黑人旅行者来到欧洲，并由于在欧洲的经历改变了对美国和种族统治的认知，这极大地影响了他们对种族身份的理解。激进的记者和政治组织者艾达·贝尔·韦尔斯（Ida B. Wells）是个典型例子，她把在英格兰的多产时期描述为就像"在新环境中再生"[39]。在美国黑人的政治史中，露西·帕森斯（Lucy Parsons）是个更棘手的人物[40]，她与威廉·莫里斯（William Morris）、安妮·贝赞特（Annie Besant）、彼得·克鲁泡特金的见面会如何影响对英国激进主义历史的再书写？内拉·拉森（Nella Larsen）和丹麦的关系是怎样的？20世纪30年代早期乔治·帕德莫尔被关在丹麦的监狱里，丹麦也是他被禁的报纸《黑人工人》（Negro Worker）的基地，这份报纸通过其在殖民海员协会的支持者在整个世界传阅[41]。该如何理解莎拉·帕克·雷蒙德（Sarah Parker Remond）作为一名医疗从业人员在意大利的工作以及在罗马定居的雕塑家艾德蒙尼亚·刘易斯（Edmonia Lewis）[42]的一生？住在巴黎对安娜·库珀（Anna Cooper）、杰西·弗赛特（Jessie Fauset）、格温多林·本尼特（Gwendolyn Bennett）[43]和洛伊丝·梅卢·琼斯（Lois Mailou Jones）有什么样的影响？

如果我们将更短暂的流亡、迁徙和迁移经历的强大影响也纳入考虑，那么关于黑人文化和艺术的方向和特征会出现更多的问题。比如，黑人通俗爵士乐艺术的发展进程如何被昆西·琼斯（Quincy Jones）在瑞典和唐纳德·拜尔德（Donald Byrd）在巴黎的经历改变？

这一点很有意思,因为20世纪70年代早期两人都在将爵士乐重新塑造为一种流行形式的过程中起到了重要的作用。作为一个在底特律长大的年轻人,拜尔德认为欧洲对他的吸引力产生自他对加拿大的理解:

> 那就是为什么欧洲对我而言很重要。童年时我与加拿大仅隔着一条河,我常常走到河的下游,坐下来看着安大略省的温莎市。温莎市对我而言意味着欧洲,那时对我而言就是陌生世界的其余部分。因此我从小就对来自外国、欧洲的事物有感觉,因为加拿大就在那儿。我们从前经常去加拿大。你知道的,对黑人而言加拿大比美国北方要好。对我父亲而言底特律比南方要好,对生在北方的我而言加拿大更好。至少我当时是这么想的。后来我发现不是这样,但不管怎样,加拿大对我而言代表外国、异域,它不是美国[44]。

理查德·赖特在他乡的生活,被描述为是对他本真性的背叛,以及受到被认为在他族群狭隘范围以外的哲学传统的诱惑的过程[45],后文会将其作为典型例子,说明定位的政治和身份认同的政治如何被铭写在对黑人文化的分析中。这里提到的许多人物在之后的章节中都会得到讨论。他们都是可以被纳入最新的非裔美国文化正典的潜在人选,这个正典以黑人文化研究的学术外衣为条件,而且可能也被后者所要求[46]。第四章会讨论 W.E.B. 杜波依斯漫长、游牧式一生的丰富、跨国经历中体现的哪种政治和哲学会被建构进入这种美国黑人文化正典。杜波依斯的旅行经历以最尖锐的方式提出了一个问题,这个问题是这样一些人共有的:他们最初是非裔美国人或加勒比人,后来成了在这些特定的标签及与之相随的所有关于民族和民族身份的固定概念之外的一类人。无论他们的流亡经历是被迫还是主动选择的,是暂时还是永久的,这些知识分子、活动家、作家、演讲家、诗人和艺术家都不断表达出摆脱族群划分、民族认同甚至"种族"自身的限制性束缚的渴望。一些人像威尔斯和赖特一样谈及欧洲给他们带来的再生。无论他们是否把非裔美国人的感性转变为明确的泛非主义话语或政治承诺,他们和出生地的关系以及他们的族群政治构成无疑被改变了。我称为黑色大西洋的现代政治和文化形构的具体性,在一个层面上可以通过这种同时超越民族国家结构与族群、民族特殊性限制的渴望而被定义。这些渴望关系到对政治组织和文化批评的理解,它们总是与被强加在黑人运动与个体之上的策略性选择同时存在。这些运动与个体嵌入美国、加勒比地区、欧洲的国家政治文化和民族国家之中。

马丁·德拉尼和父国的建立

马丁·罗宾逊·德拉尼这个强大且重要的人物——他是记者、编辑、医生、科学家、法官、士兵、发明家、海关检查员、演说家、政治家和小说家,让我们得以考察有关黑色大西洋的位置的政治对塑造双重意识的独特影响。他的一生也为我们思考旅行和自发迁徙在黑人文化和政治的历史中引发的一些问题提供了宝贵机会。现代黑人政治文化受到其欧洲源头的影响，一直对身份认同与根源（roots）、植根性（rootedness）的关系，而不是对把身份认同看作更适合通过路径（routes，该词与roots同音）来考察的变化和反思的过程更感兴趣。关注德拉尼这样的人物要求我们仔细考察种族本体论（racial ontology）的这两个方面之间的互动。德拉尼的一生体现出他的民族主义与旅行经历之间的对立关系，除了可以被解读为反对美国种族主义的埃塞俄比亚主义或移民主义的那部分，它在很大程度上被历史学家忽视了。之前对他的解读是不充分的。

有几点原因使得德拉尼在本书中十分关键。第一，他现在仍然经常被尊为是美国黑人民族主义的重要先驱。尽管德拉尼把1879年的《人种学原则》（*Principia of Ethnology*）讨好般地献给了沙夫茨伯里伯爵（Earl of Shaftesbury）——这一点不会得到如今的非洲中心主义者的支持，但他在该书中的观点的确以一种不可思议的方式预示了当代非洲学思想的基调和内容。德拉尼被莫莱非·科特·阿桑特（Molefi Kete Asante）[1]认为是非洲中心主义的先驱[47]，并因为他惹人喜爱的特质受到今天的非洲中心主义者的推崇，例如他愿意在市政厅、浸信会教堂和加拿大安大略省查塔姆市（他曾于流亡中在此安家）的"有色人种学校"做关于非洲的演讲时穿上花衬衫（dashiki）[2]。除了衣着和意识形态上的倾向之外，德拉尼的家庭历史与非洲的密切关系使得

---

[1] 莫莱非·科特·阿桑特（1942— ），著名的非裔美国哲学家，尤其以对非洲中心主义的研究闻名。
[2] 非洲男子常穿的一种花哨、宽松的衬衫，某种程度上成为了一种文化符号。

他的政治选择看上去清晰鲜明。这些选择比他曾经的同事弗雷德里克·道格拉斯的选择清晰得多，因为道格拉斯的父亲是个白人，一个白人女性教会他阅读，另外两个白人买走了他的自由。以上这些在德拉尼 1852 年的第一本书《从政治上来看美国有色人种的情形、提升、移民和命运》(*The Condition, Elevation, Emigration and Destiny of the Colored People of the United States Politically Considered*，下文简称《情形》)的结尾被描述得很清楚。尽管该书对基督教的肯定显得不太协调，但它以一种明显带有泛非色彩的观点——把科学、启蒙和进步的力量与后奴隶制时期种族再生的计划联系在一起——做了动情的收尾：

"埃及的公侯要出来朝见神。古实人要急忙举手祷告"（《诗篇》68:31）。带着这种对幸福的承诺的信仰，感谢上帝；在我们进入非洲的伟大探险中，我们想要的"不是定音鼓、六孔竖笛、风笛、长号或刺刀"，而是对我们的主上帝的持久信任。在我们种族再生与故乡从迷信和无知的黑暗中走出的过程中，我们会大胆地前进，唱着救赎的甜美的歌，迎接更加崭新灿烂的光——最高的神圣文明的光[48]。

第二，德拉尼是一个无比复杂的人物，他从废奴主义到移民主义、从共和党人到民主党人的政治轨迹变化[49]，使得任何把他看作一直保守或一直激进的简单观点都不成立。第三，德拉尼在英格兰七个月的经历[50]、在查塔姆市的流亡、在美国南方和非洲的旅行，以及他想要在美洲中部和南部成立黑人自治区的梦想，使得他的一生极具价值。他因组织和领导了从西半球到非洲的首次科学旅行而为人所知：1859年德拉尼和罗伯特·坎贝尔（Robert Campbell）一起组建了尼日尔[1]河谷探险队，坎贝尔是一位牙买加的自然主义者，曾在费城的有色人种青年协会的科学部担任部长。这些旅行被德拉尼写进小说《布莱克或美国小屋》（Blake; or, the Huts of America）的同名主人公布莱克（又叫亨瑞克·布莱西斯或亨利·霍兰德）的经历中。这部小说1859年在《美国非洲人杂志》、1861年在《美国非洲人周刊》连载。德拉尼的有趣之处还在于他把自己看作科学家[51]。他视自己为博学之人的看法体现了他作为一名卓越的知识分子在既有学科之外的能力。德拉尼以18世纪的学者和哲学家的成就为职业标准，并在他有关种族完整性和公民权的理论中轻易运用这些人的遗产。他像威廉·威尔斯·布朗、莎拉·帕克·雷蒙德和其他人一样，在奴隶逃脱束缚的渴望仍有时被医生诊断为病症——漫游症或感知能力受损症[52]——以及J. 马里恩·西姆斯（J. Marion Sims）完善黑人女奴妇科手术的技术的时期，学习医学并行医[53]。在他更实用导向性的医学学习之外，德拉尼曾学习颅相学以寻求对种族主义人种学观点的回应。他在这个领域中的工作，可以被用来开启对科学理性和种族统治之间关系的有趣质询。我们将在下文看到，他作为一个有文化的科学家的抱负与其政治上的激进倾向

---

[1] 尼日尔（Niger）是西非内陆国家之一，因尼日尔河而得名。

以复杂的方式交织在一起。二者都因德拉尼被判定无权为他1852年的发明——山岭地区的运输机车——申请专利而产生的苦涩反应得到促进，因为尽管他是自由人，却不是美国的正式公民[54]。

德拉尼1812年5月出生于美国弗吉尼亚州的查尔斯镇。他的父亲是奴隶，母亲是自由人，两人都明显享受了纯粹且高贵的非洲血统的好处[1]。德拉尼的曼丁果族（Mandingo）的外祖父在获得自由后回到了非洲，父亲萨缪尔在19世纪20年代早期用钱赎回了自己的自由，一家人在宾夕法尼亚州的钱伯斯堡定居。德拉尼在废奴主义者的圈子里作为演说家、记者和作家而闻名，他在1843年出版了《神秘》（*Mystery*），1847年和道格拉斯一起编辑《北星》（*North Star*）。德拉尼早年就被加里森的废奴主义[55]吸引，他一边从事杯吸、吸血和放血的医疗活动，一边从事反奴隶制的工作[56]。在跟随许多不同的医学从业者学习医学之后，德拉尼在1850年申请了哈佛医学院，并和其他两个黑人学生艾萨克·斯诺登、丹尼尔·亨特一起被录取——条件是美国殖民协会（America Colonisation Society）[2]赞助他们，毕业后他们要在美国之外的利比里亚从业[57]。一位白人女学生哈利奥特·K.亨特与他们同时被录取，她在与该系成员进行私下聚会后被劝说退出该项目。同年11月德拉尼、斯诺登和亨特开始上课，但愤怒的白人学

---

[1] 德拉尼的祖父是非洲酋长，外祖父是非洲王公，高贵的血统在一定程度上帮助他们一家获得自由。

[2] 美国殖民协会（全称The Society for the Colonization of Free People of Color of America），19世纪初期成立，目的是执行海外殖民计划。试图通过将美国的自由黑人运送到非洲来解决国内黑人问题。

生认为他们的存在会降低教育标准，在这些人抗议之后，他们在冬季学期末被院长奥利弗·温德尔·霍姆斯——塞缪尔·莫顿（Samuel Morton）的《头骨上的美国史》(*Crania Americana*)的著名崇拜者——要求离开学院。在哈佛受到的羞辱，加重了德拉尼争取妻子遗产的合法继承权失败带来的苦涩和义愤。他回到费城，热烈号召黑人争取美国公民权并支持黑人移民到美洲中部或南部的计划，并在他的第一本书中继续对此加以宣扬。

《情形》出版于德拉尼40岁生日的那天，它对美国殖民协会及其定居利比里亚的计划的反对，缓和了其自身有关移民的提议。该书因它有关民族和公民权的周密理论而值得关注——这些源自德拉尼对欧洲史的阅读，它最为人关注的可能是对建立一个强大国家的坦率支持，这一国家聚焦于美国黑人的建国渴望，帮助黑人形成反对白人至上主义的对抗性政治权力。该书开始于对美国黑人与被剥夺权利的欧洲少数民族的命运的比较：

> 在所有年代，在几乎每个国家，都存在一个国家中的某个民族（a nation within a nation）——这一群人尽管构成了国家人口中必要的一部分，但他们因为处在特殊位置的形势所迫，因为被剥夺了与他人相同的政治平等地位，事实上构成了国家政体中受限制的一部分。这就是俄国的波兰人，奥地利的匈牙利人，英国的苏格兰人、爱尔兰人和威尔士人，**以及不仅散布在欧洲各地而且几乎散布在整个地球可居住地**

区的犹太人。这些人维持着民族特征,并十分希望重新建立起他们之前自治和独立的国家,无论这个国家在地球的什么地方……这就是欧洲不同人群的状况;是的,即便数世纪以来国家中的各个民族没有从压迫者那里获得救赎的希望,情况也是如此。不过无论他们的处境多么恶劣,也没有美国有色人种的处境差[58]。

从本书第六章探讨的离散的概念史的角度来说,特别有意思的是,尽管德拉尼并未使用这个关键术语,但他直接把犹太人离散的经历作为理解美国黑人历史的模式,更重要的是他引用这段历史来论述他自己有关美国黑人殖民尼加拉瓜[59]和其他地方的复国主义计划。对德拉尼而言,拥有一个可以确保和支持奴隶权利的强大祖国,比它位于非洲——他的合作者罗伯特·坎贝尔在尼日尔河谷探险报告中称之为**母亲**——哪个具体地理位置这样琐碎的细节远为重要。德拉尼首要关注的不是非洲本身,而是在现代民族的(再)形成中以自治的黑人民族国家的形式产生的公民权和归属感。他认为利比里亚不合适,因为它不足以承载黑人士兵公民和他们家人的希望和梦想。利比里亚的地理位置是它的劣势之一,而它在美国奴隶主"策划巧妙的计划"中的核心地位是个更实质性的劣势[60]。由于德拉尼获得美国公民权的诉求看起来愈发无望,他在1856年离开了美国。但是,他去了北方而不是东方,去了加拿大而不是非洲[61]。正是在加拿大这个新地方,他计划了去非洲和欧洲的旅行。德拉尼1859年离开新世界去往旧世界,在 7 月 12 日到达利比里亚首都蒙罗维亚,在这里他遇到了亚历山大·克鲁梅尔和其他显要人物。

德拉尼 1859 年的旅行报告《尼日尔河谷探险队报告》(*Official Report of the Niger Valley Exploring Party*,下文简称《报告》)[62],是一份有趣的文献,陈述了他对英国资本、美国黑人知识分子和非洲劳工力量在商业和文明上的动态联盟的思考。这些不同的力量之后共同促进了从非洲出口棉花到英格兰进行加工的互惠过程。在本章的背景下,《报告》洞察了可被称为离散身份认同的内在辩证法的感觉结构,这一点是更值得关注的。曾是医生和理性主义者的德拉尼,详细描述了他到达非洲后心情从最初的兴高采烈逐渐变成一种特殊和典型忧郁的过程中表现的临床症状的次序:

> 看到非洲海岸的第一眼和对它的最初印象总是令人激动的,让人产生最愉快的情感。这些愉快的情感会持续好几天,直到它们变为一种几乎是紧张的兴奋……一种类似醉酒的欢乐感受……就像是香槟酒带来的感觉……最初的症状接着变成了一种放松感,让人有种疲劳地伸懒腰、打哈欠的倾向。这种症状之后不一定真的会发热……但无论这样的症状是否持续,最突出的是有……一种离开了故国到了另一个陌生国家的悔意,一种要见见朋友和出生地的近乎狂热的渴望,一种再不能看到故乡你爱的人的意气消沉和无望感。无疑,这些感觉必须被抵制且被看作一种纯粹病态的心灵情

感……当彻底恢复后,对祖国的爱是最激烈和持久的[63]。

这些话传达出的对流亡和返乡的矛盾态度的历史,可能和非洲奴隶在西方存在的历史一样悠久。此处有必要指出,地形联系使得泛非主义成为一种强大的话语,一旦这种地形联系出现断层,由此产生的任何不适感,都不会因为对某种能够神奇地把所有黑人联系在一起的非洲本质的指涉而得到缓解。如今,当有必要分析把黑人潜在地联系在一起的事物时,人们常常提出非洲本质这一强大的观念,而不是认真思考种族想象共同体中的区隔以及理解或克服这些区隔的方法(如果确实有可能的话)。德拉尼的非洲之行确认了非裔美国思想家与他们思考的非洲人之间的差异性。因此,尽管德拉尼在对非洲之旅的描述的最后,承诺要和家人一起回到非洲,但他从来没有这样做也就不令人惊讶了。

与爱德华·威尔莫特·布莱登(Edward Wilmot Blyden)、亚历山大·克鲁梅尔和其他支持民族主义的同代人的著作相比,德拉尼的著作更能体现出对非洲的矛盾态度。古老的家园完全不可能按原貌持续。德拉尼很清楚非洲必须被大规模地重建,这部分要通过宏大的现代化计划实现,例如他在《情形》的附录中首次提出的跨非洲的商业性铁路线,非洲的迷信和野蛮文化必须要被扫除。这些计划反映了提升美国黑人种族自我的任务与提升和启蒙未开化的非洲人的任务是不可分离的,后者要通过为非洲人提供文明生活的好处来实现,例如化粪池、家具、餐具、传教士以及"一件遮盖膝盖以上身体部位的衣服,它应该是一件衬衫或罩衫,而不是一块可以随时随心所欲地被扯下的围在身上的宽松土布,被扯掉后上半身一丝不挂,就像利比里亚人那样。我确信这会让他们养成文明生活的某些习惯"[64]。如果这种描述可以被解读为是德拉尼赞扬欧美现代性成果的微小标志,那么他后来政治立场再次变化,并把民族主义与一种美国中心的爱国主义结合在一起就不那么让人惊讶了。美国内战促成了这个过程,内战重新激起了德拉尼对美国黑人的未来的激情。德拉尼被任命为联邦军中的一名少校,骄傲地担任了美国历史上第一个黑人前线军官。曾经连载过小说《布莱克》的杂志,此时为其读者提供印有身穿深蓝色制服的德拉尼照片的漂亮明信片,售价25美分。

美国内战结束后,德拉尼决定仍留在这种爱国主义的意识形态之内,这受到他精英视角的黑人民族主义的促进,他早期的计划同样受其推动。这种民族主义强调黑人通过节约、节欲和努力工作的普世价值来完成义务,提升自身,它在英国反奴隶制的民众中间也是极受欢迎的,德拉尼的英国之旅帮助这些民众重振了相关运动。德拉尼在1860年春天从非洲到伦敦,寻求对殖民计划的支持。这些计划"无畏、大胆、冒险"[65],在国家成立后对获得特殊尊重必不可少。

就非洲的性别问题而言,我已经指出罗伯特·坎贝尔和德拉尼有关尼日尔河谷探险经历的描述是不同的。坎贝尔把非洲看作他的母国(motherland),而德拉尼即便使用了女性代名词指称非洲,仍把这个大陆称为父国(fatherland)。我认为这种坚持体现了德拉尼对民族、公民权和男性气质之间关系的看法中某些深刻和代表性的内容。德拉尼可能是第一个提出以下观点的黑人思想家，即种族的完整首先是男性在家庭中领导地位的完整，其次是男性所处的家庭的完整。他提出的模式把私人领域中家庭里男性领导的权力与公共领域中士兵—公民的尊贵身份相提并论。当下德拉尼的吸引力是一个地位至高的男性家长式的吸引力。他在白人世界中为黑人追求各种权力，这些权力只建立在丈夫和父亲能扮演的角色的基础之上。他用有非洲血统的著名人物大仲马、杜桑·卢维杜尔（Toussaint L'Ouverture）、拉美西斯·普拉西多（Rameses Placido）、圣西普里安（St. Cyprian）、福斯坦·苏鲁克（Faustin Soulouque）、查尔斯·雷诺克斯·雷蒙德（Charles Lenox Remond）和埃塞俄比亚·哈雷（Ethiopia Halle）的名字给他的七个孩子取名，也体现出同样的态度。在《情形》中关于女孩教育的部分，德拉尼更清晰地表述了他关于两性之间恰当关系的观点：

> 让我们的年轻女性受教育，让她们的头脑变得博学，拥有有用的信息和实际的技能，而不是肤浅的才能，即使它们也被普遍流行地称为成就。我们想要成就，但它们必须是有用的。
>
> 我们的女性必须是有资质的，因为她们要成为我们孩子的母亲。母亲是孩子的第一保姆和教导者，孩子们受到的最初影响来自她们，这种最持久的影响应当是最正确的[66]。

女性受教育只是为了承担母职。公共领域只属于被启蒙了的男性

公民，这些人似乎按照卢梭对斯巴达公民生活的设想行事。如今我们可以把德拉尼认作是黑色大西洋父权制的首倡者。

带着性别角色和关系的基本问题，我想简单地考察一下德拉尼的《布莱克》，将其看作有关家庭重构的叙事小说。该书因其男主人公试图重构和重建家庭生活的狂热而增加了力度。它所呈现的这种尝试与奴隶的解放、德拉尼在《报告》中描述的非洲再生的过程是完全同构性的：

> 非洲是我们的父国，我们是它的合法后代……我早已超出了北美的界限，北美和非洲也超出了它们所声称的界限……非洲要再生必须有国家的特征，她在地球上现存国家中的位置主要取决于她与这些国家相比在道德、宗教、社会、政治和商业等所有方面可能达到的高水准。
>
> 我已经决定要留给我的孩子们一个国家、领土所有权、国民教育的福利和无可置疑的自决权。我们不会将父辈传给我们的奴性和落魄传给他们。尽管我们生来没有继承财富，但我们应该为后代播撒能够产生财富的种子[67]。

《布莱克》是美国黑人写的第四部小说，并且无疑比其他早期类似的小说更激进。该书开头的引语来自哈里特·比彻·斯托的《汤姆叔叔的小屋》，德拉尼的书名（《布莱克或美国小屋》）体现出对《汤姆叔叔的小屋》的清晰呼应。该书的结构和涵盖的地理范围都确认了德拉尼所宣称的超出了北美的界限。《布莱克》写于加拿大，讲述了一个古巴人作为奴隶船的海员来到非洲，后在美国成为奴隶的故事。主人公逃到了加拿大，但又回到美国去寻找因邪恶的奴隶主而被迫与他分离的妻子，并领导了那里的奴隶反抗。他在古巴找到了妻子，帮她获取自由，然后又作为另一艘奴隶船的资深船员去了非洲。这趟从西到东横跨大西洋——逆向的中间通道——的旅程是古巴奴隶反抗运动宏大计划中的一部分，古巴当时处于被美国南方州吞并的危险中。黑色大西洋世界的地形直接融入了德拉尼的故事中。小说的男主人公布莱克到不同的地方有不同的名字，但他的英文名字Blake无疑是重要的，因为它让人想起早期大西洋主义者明确的激进主义。

船在该本小说中占据首要的象征性和政治性的位置。书中有一章名为《跨大西洋》，第52章名为《中间通道》，其中包含了奴隶主把已死和濒死的奴隶扔入海中的悲惨场景，就像特纳曾描绘的那样：在自然的狂怒中。德拉尼对音乐的运用是复杂而大胆的，并被理解为他与美国及其文化的深度矛盾关系的进一步证据。德拉尼让其小说人物唱爱国歌曲的戏仿版本和斯蒂芬·福斯特（Stephen Foster）写的民谣，可以被阐释为双重意识能够产生的文化融合的体现[68]。

《布莱克》包含了一些对黑人女性极富同情性的描述，并对中间通道和奴隶收容所的生活进行了描述，这在19世纪的黑人著作中很少见。它使得非裔美国人的经历在西半球种族统治的秩序中可以得见。《布莱克》宣扬的黑人团结性是明确反族群划分的，并且以一种真正泛非、离散的感性反对狭隘的非裔美国人例外主义。后者使得黑人性成为一个政治问题，而不是一种共同的文化条件。小说强有力地唤起了奴隶制的恐怖，但不全是因为废奴主义的文学成规——它显示出对分离的家庭意象的强烈兴趣。奴隶制被从伦理的角度加以审视，但它首先被呈现为一种国际性的剥削性经济体系。德拉尼是非洲卫理公会主教派（African Methodist Episcopal）教会的成员，但他通过《布莱克》的主人公表达出对一般意义上的宗教尤其是基督教的批判。这种对宗教信仰的再现，构成了该书反族群划分、泛非主义立场的关键。布莱克拒绝"只管站定，目睹救恩"，无论救赎是来自种植园白人教堂的宗教仪式、天主教堂还是他在迪斯默尔沼泽遇见的巫师的迷信活动。布莱克的怀疑主义和严格的宗教工具论倾向——把宗教看作推进其政治计划的有用工具——是重要的，因为非裔美国宗教常常是有关种族本真性的民间文化式的、狭隘的族群定义的核心符号，此处这种定义被根茎状[69]、路径化、离散的文化挑战。

德拉尼和他的男主人公都以他们的理性原则为傲。偷主人东西的行为被用劳动价值理论的术语合理化，从这种理性主义的立场来看，黑人被指责把精神手段和道德目标混为一谈。美国黑人并不是唯一被压迫的群体，如果他们要自由，必须要建立强大且完全融合性的超族群的民族国家（supra-ethnic nation state）——德拉尼认为这样的国家在击败新世界无处不在的种族压迫的斗争以及更长期的非洲重生计划中是不可或缺的。这种反神秘的种族理性主义要求各种身份、阶级、族群的黑人放弃纯粹是偶然的差异，这些差异只会掩盖更深的统一——这是通过黑人反对奴隶制的斗争所产生的朝向共同未来的统一，而不是通过黑人的非洲传统形成的统一。在《布莱克》中，族群和宗教差异象征了种族间的区分。黑人要生存下去,需要形成一种新方式来建立超出语言、宗教、肤色和性别(比前三者更微不足道)这样微小差异的联盟。新的黑人公民权所要求的新的元文化身份认同(metacultural identity)的最佳建构方式源自奴隶的悲惨状况,并讽刺性地被奴隶贸易自身的跨国结构所促进。艾比西亚,苏丹奴隶、从前的纺织商人,被从非洲带到了布莱克的第二次跨大西洋旅行中;普拉西多,古巴革命诗人,也是布莱克的堂兄;高夫·贡德利尔,在热那亚照料一位西班牙大公的来自西印度群岛的厨师;有四分之一和八分之一黑人血统的古巴富人;布莱克本人以及支持他们的白人革命者,共同构成了支持新世界被压迫群体追求解放的彩虹般多彩的团体。因为宗教清晰地标记出这些族群的微小差异,所以对宗教差异的克服标志着超越族群划分的乌托邦行为和一个互惠的社群新基础:

> 我一开始是天主教徒,后来我和妻子都是浸礼宗教徒。苏丹人艾比西亚在她的故土曾是异教徒,后来转向了循道宗或称卫斯理宗。萨巴缇娜夫人及其家人是圣公会教徒。长期生活在殖民地的卡米纳是长老会教徒,普拉西多是斯维登伯格教条的信仰者。我们都同意除了一个把我们从束缚和落魄中拯救出来的宗教,没有其他教派之分……只有那个给我们带来自由的宗教是我们要了解的,只有那个把我们当作他的孩子的上帝是我们要侍奉的。除了能在社会、政治和宗教上增进自身利益和快乐的事物之外,白人什么都不接受。他们

会放弃宗教、拆毁教堂、推翻政府、抛弃国家——只要这些不能提升他们的自由。以上帝伟大和正义的名义，难道我们不愿意做同样的事情？[70]

《布莱克》可以加强本章反对族群绝对主义的观点，因为它对跨文化和跨国家的肯定使得对黑人政治文化的讨论能够超越国家和离散视角的二元对立。它把黑色大西洋世界定位在一个地方和全球相互联系的网络中，挑战了所有狭隘的民族主义视角的一致性，并揭示出对族群特殊性的虚假调用——这种调用的目的是强制运用民族主义的视角并确保文化输出符合整齐、对称的民族国家单位的模式。我要加一句，无论这种冲动来自白人还是黑人，这都是成立的。

黑人政治与现代性

以这种方式重新阅读《布莱克》并考察它民族主义的作者经历的路径，使得我们回到这样一个问题：民族主义的视角是否足以理解内在于现代黑人政治文化的抵抗和适应形式。身处但未必属于现代西方世界的黑人的近代历史，本质上是一段包含明显跨国和国际性的政治组织过程的历史，它要求我们仔细考虑上述问题。奴隶和他们的后代的运动所反对的究竟是什么：奴隶制？资本主义？强迫的工业化？种族恐怖？还是这些过程推动下再生产出的种族中心主义和欧洲唯我论（European solipsism）？《布莱克》以小说形式提出的、德拉尼等人践行的有关离散群体反抗的不连续的历史如何被思考？这些不连续的历史如何被那些承受过种族统治后果的人理论化？

在本章最后一部分，我想更加具体地审视在有关黑人对抗和表现性文化（特别是音乐）的论述中民族国家和民族概念的作用。我也会通过对黑人音乐的简要讨论（第三章会对这些主题进行详细论述），提出有关黑人文化理论的种族中心主义和族群绝对主义的趋势问题。

在西方黑人的思想史中，用民族认同的诉求权衡其他对立的关于主体性和身份认同的观念，这一问题有特殊的重要性。我已经提及了杜波依斯的双重意识概念，并会在第四章中进一步讨论它。这个概念只是对有关种族压迫的核心动力及离散黑人根本性的二律背反的熟悉问题最著名的解答。这种既在西方之内又在西方之外而产生的双重性——理查德·赖特称之为令人不快的客观性（dreadful objectivity）[71]——是如何影响反对种族压迫和追求黑人自治的政治运动？非洲和非洲之外的黑人运动中包含的不可避免的多元性是否同步？这些反抗如何在与现代性——资本主义、工业化和政治民主的新概念的关键中介——的关系中被分期？以这种方式提出这些问题是否说明离散黑人与一种对黑人无穷的斗争进行不成熟的总体化的错误方法之间——这种方法自身在欧洲启蒙运动的智识传统（它们在不同的时期曾既是解放也是束缚）中有深厚但成问题的根源——除了勉强的联系以外还有其他内容？

德拉尼的著作有力地证明了欧美现代性的智识遗产曾经决定、现在可能依然还决定着民族在黑人政治话语中被理解的方式。这份遗产还特别形塑了一种希望拥有本真、自然和稳定的"扎根式"身份的持续渴望。这种不变的身份反过来是思考"种族"自我的基础，这种"种族"自我会因它与其他本族同类的相遇而被社会化和统合，这种相遇通常（尽管不总是）发生在离散族群文化的界限内，这一界限与确保族群文化延续性的主权民族国家的边界一致。

鉴于"黑人民族主义"这个术语被其支持者和怀疑者使用的松散性，为什么处理身份、血缘、世代、情感和归属这些关键问题的更精确的语言迟迟不出现？爱德华·格里桑是一个微小但能说明问题的例子，格里桑为一种可以回应民族主义吸引力的克里奥尔化反主流话语的出现做出了极大贡献，但他 1981 年写成的《漫谈安的列斯》（*Le discours antillais*）[72] 的英译版参考文献删除了德勒兹（Gilles Deleuze）和瓜塔里（Felix Guattari）的作品，译者可能认为承认这种交流会损害加勒比人的本真性的灵韵——这是理解格里桑作品的合宜框架，对上述问题的讨论因此受到影响。这种拒绝接受黑人和白人思想家相通和融合的相互依赖关系的典型问题，最近与过度统一的关于纯粹和同质文化概念的难题联系在一起，后者意味着一些人认为黑人政治斗争自动**表达**了相关的民族或族群差异。

当前将文化特殊性和族群特殊性等同的意识是非常流行的，这并不只发生在黑人中。这种意识掩盖了在有道德意味的族群绝对主义语言背后其自身政治选择的武断性，而且带来了额外的危险——因为它忽视了黑人政治意识形态的发展和变化，并忽视了黑色大西洋中积极的政治文化多变、重构的特征。德拉尼这样的思想家在从奴隶船到公民的艰难旅程中发展出的政治计划，正处于被冲突破坏的危险中。这种冲突在两种不同但共存的视角下看似不可解决。这两种视角可以被松散地定义为本质主义和多元主义的立场,尽管它们事实上是两种不同的本质主义:一种是本体论的,另一种是策略性的。这两种观点的对立在对黑人艺术和文化批评的讨论中尤其严重。本体论的本质主义观点常带有绝对的泛非主义特征。它不能够具体说明黑人艺术和政治感性的被高度赞赏但极其不定的本质之所在,不过这并未阻碍它的广泛传播。这种视角的持有者把黑人知识分子和艺术家视作领袖。在对文化问题的分析上,它常常与一种现实主义的处理审美价值的方法联合,这一方法会最小化艺术再现过程中包含的实质性政治和哲学问题。它关于族群文化的绝对主义概念,体现在它对黑人大众实际的文化选择和模式感到不解的失望态度中。这种立场的持有者对世俗、受污染的黑人流行文化无话可说,相反追求一种不同的艺术实践:它可以让黑人大众放弃在流亡处境的诱发下形成的幻想,以及对不合适的文化物品(如错误的头发护理用品、流行音乐和西方服饰)未经思考的消费。这些黑人大众被认为是走在错误的路上,知识分子的工作是给他们新的方向——先是通过恢复他们似乎缺乏的种族意识,不行的话就直接赋予他们种族意识。

上述观点如今与一种多元主义的观点相反,后者把黑人性确认为一个开放的能指,并试图赞美对黑人特殊性——它**内在地**被阶级、性征、性别、年龄、族群、经济和政治意识区分——的复杂再现。在这种观点中没有统一的黑人群体的概念,那些以他们自身的历史或偏好控制黑人文化表达的独裁主义倾向被正确地加以否定。伴随着本质性黑人主体的单纯概念终结的文化狂欢,有本体论基础的本质主义被一种自由主义、策略性的观点取代[73]。这种观点主要的美学研究对象是黑人文化表达的多元特征,其中常有对现代主义和民粹主义技术和风格的艰难但激动人心的融合。从这个角度来看,音乐这样的黑人流行文化的成果是恒久的灵感来源,它们因为对艺术幻想陷阱的含蓄警告而受到赞扬。第二个趋势有争议是因为它把"种族"自身看作是社会和文化的建构而摒弃了种族本质主义,所以不足以处理种族化的权力和臣属的具体形式持久存在的问题。

两种观点都弥补了另一种的明显弱点,但到目前为止它们之间很少有公开明确的讨论。它们的冲突最初出现在关于黑人美学和文化创作的讨论中[74],作为理解现代西方非洲离散群体中的文化和思想史家面临的某些困境的初步指引是有价值的。这种冲突引起的问题如今变得尖锐,特别是对那些试图理解超出了现代或前现代边界的文化发展和政治抵抗的人而言。在最坏的情况下,对文化内部主义懒惰、随意的调用(本体论的本质主义观点常有的特征),也不过是体现了黑人群体内部不断增加的分裂。此时,黑人精英紧张的发言人——其中一些是职业的文化评论家、艺术家、作家、画家、电影制作者和政治领袖,以一种民族主义的观点表达自身的矛盾立场。这种新民族主义(neo-nationalism)似乎与今天出现在我们面前的新非洲中心主义的精神不协调。它论述了黑人群体中相对有特权的阶层的特殊需求和愿望,但它最持久的标志是对特权阶层与黑人穷人——他们毕竟赋予了精英代表整个黑人群体发言的可疑权利——越来越成问题的关系的持续神秘化。在这种神秘化中，黑人作为一个有着自身封闭文化的民族或原型民族群体（proto-national group）的观念起到了关键作用。尽管这种不适当的关于民族利益的观念从未被公开命名，但它能在非洲学话语显现出不连贯性和不统一性时，以一种让异议噤声和审查政治讨论的方式发挥作用。

这些问题在如今没有可被称作黑人资产阶级群体的英国呈现出独特的面貌。但是，这些问题既不限于英国也不能被忽视。民族的观念和文化绝对主义的假设以其他方式结合在一起[75]。应该强调的是，黑人批判性知识考古学在学院中的存在目前体现在正典的建立上，这个过程似乎完全是以**国家**为基础的——非裔美国人、讲英语的加勒比人等等。这里我不是在隐晦地呼吁同样独特的英国黑人文化或英国文化应建立其合法性。如果质疑这些正典的建立可能会为谁服务是欠体面的，那么一个相关的问题可能更适合探究：在这种特殊模式中形式化和整理我们文化遗产的动力来自哪里。这种文化保护主义的冲动是不是西方能对其异议分子玩的最残酷的伎俩？在最近关于嘻哈文化的讨论中，国家边界在文化史书写中的地位问题体现得很明显，嘻哈文化是美国城市黑人贫民的有力表达媒介，它已经创造了一场相当重要的全球青年运动。嘻哈的音乐组成是混合的，它受到纽约南布朗克斯区（South Bronx）的社会关系的促进，牙买加声音系统文化在20世纪70年代被移植过来并在这里生根发芽，这种迁移并重新生根的加勒比文化与具体的技术创新接合在一起，开始改变美国黑人对自身和流行音乐工业很大部分的认知。这里我们要问，一种因其可变性和跨国特征自豪的形式是如何被阐释为某种本真性的非裔美国人本质的表达？说唱怎么能被看作是完全从布鲁斯的内部产生的？[76] 换种方式问，是什么原因使得美国黑人作家精英需要以一种确定性的民族主义方式描述这种离散的文化形式？[77]

当与本体论的本质主义立场相关的绝对文化差异的时髦语言，在（那些通过本质主义立场理解种族政治的）黑人的行为与其对手（他们是种族主义右派中的族群绝对主义者，通过类似的伪精确、文化主义的方法分析种族、民族和族群的动态关系）的活动之间建立了令人尴尬的联系时，另一个可能更深刻的政治问题领域进入我们的视野。这种不可能的重合是嘻哈音乐历史的一部分，因为黑人音乐经常是种族本真性的首要象征。分析嘻哈会让我们很快并直接地回到民族和民族文化在后现代世界中的地位问题——这里民族国家被一种新权力经济超越，后者赋予国家公民权和国家边界以新的意义。为了解释关于嘻哈起源的争议，我们还要研究绝对主义的（absolutist）和独断主义的（exclusivist）处理"种族"、族群和文化的关系的方法，是如何使得那些自称能够解决不同种族群体特有的、被认为是不可兼容的话语之间关系的人，掌握他们所处的整个群体的文化资源。知识分子可以通过把一种文化转化为另一种的能力，并在此过程中调和关键性的反对意见，获得这种先锋的位置。参与其中的黑人群体是被理解为完整、自立的民族还是类似民族的集合体（proto-national collectivities）并不重要。

如今的黑人知识分子持续屈服于"种族""人种""国家"这些浪漫主义概念的诱惑的程度不亚于他们的前辈马丁·德拉尼，这些概念让知识分子自身而不是他们声称代表的大众掌握了建立民族、形成国家和提升种族的策略。这一点突出了这样的事实：民族的地位以及我们应该赋予显著语言、文化和身份差异（它们把离散黑人彼此区分开来，更把他们和非洲人区分开来）的权重，在承诺把黑色大西洋世界中不同离散群体汇聚起来的政治文化里是尚未确定的。更进一步，那些试图处理这些问题的黑人知识分子对源自西方现代性正典——从赫尔德到海因里希·冯·特赖奇克等人——的理论反思的依赖无疑是突出的。后文将会把 W.E.B. 杜波依斯的作品作为这种联系的例子进行探讨。杜波依斯1888年在费斯克大学的毕业典礼上关于俾斯麦的演讲是个初步的例子。一些年后杜波依斯在《黎明前的黑暗》(*Dusk of Dawn*)中回忆这件事时写道，"俾斯麦是我的英雄。他把纷争不断的不同群体统一到一个国家中，用他的力量主导了整个发展过程，直到他在凡尔赛把皇帝送上宝座。这在我的头脑中预示了美国黑人必须做的事，他们必须在训练有素的领导人的带领下充满力量地坚定向前"[78]。这种国家发展模式对黑色大西洋纷争不断的离散群体有特殊的吸引力，这是他们对现代种族主义的回应中不可或缺的一部分，并直接鼓励了他们在非洲和别的地方建立民族国家的行为。在亚历山大·克鲁梅尔、爱德华·威尔莫特·布莱登、马丁·德拉尼和道格拉斯的作品中，民族的概念占有核心（尽管有时会变化）的地位。这群后启蒙运动时期重要人物的生命和政治情感可以通过不断跨越国家边界的行为被定义，这有点讽刺，他们似乎常常共有明显黑格尔式的信仰——基督教和民族国家的结合代表了对所有二律背反的克服。

民族、流亡和文化联系的主题突出了黑人主体不可避免的碎片化和分化。最近这种碎片化被性别、性征和男性统治的问题——它们因为黑人女性的斗争和黑人同性恋者的发声而变得不可避免——进一步复杂化了。此处我不能够处理这些紧张关系，但它们指涉的社会和政治分化的维度为之后的讨论提供了框架。这些张力作为对分化的指涉是特别重要的，因为地方和直接层面的黑人斗争与它们在西半球和全球的动态之间的对立只会增加。发达国家内部的黑人声音可能会继续和非洲内部的声音共振，也有可能在不同程度上不情愿地远离黑人进步的全球计划——一旦南非象征性和政治性（如果不是物质和经济上）的解放实现了的话。

作为总结，我想通过思考西方黑人的音乐创作中尚未被学习的一些教益（第三章会更详尽地讨论它们），来使得这些抽象和困难的要点更加具体和容易理解。西方黑人音乐的历史和意义因为两个原因一直被黑人作者忽视，一是它们超越了我们常常轻易满足于的国家或种族中心的分析框架，二是严肃讨论黑人通俗文化的政治和美学要求评论者尴尬地直面黑人种族内部实质性的差异，这使得大多数批判性观点建基的简单本质主义站不住脚。随着这些内部区分扩大，这种尴尬的代价成了一种痛苦的沉默。

为了打破这种沉默，我想指出黑人音乐的表达在再生产齐格蒙特·鲍曼称作独特的"现代性的反文化"的过程中起到了作用[79]。我将通过对黑人音乐发展的简要讨论来超越目前对黑人文化的理解，如我已指出的，现在对黑人文化有两种对立的看法：一种把它们看作本质性、不变、至高无上的种族自我的表达，一种把它们看作从种族意指的无尽游戏中偶然产生的被建构的主体性的产物。黑人音乐通常仅通过**文本性**（textuality）提供的不恰当模式而被理解。黑人音乐文化的活力和复杂性，让我们有机会超越本质主义者和伪多元主义者（pseudo-pluralists）之间的对立以及传统、现代性、后现代性的总体化观念之间的对立，它也提供了一种可以补充并部分替代关注文本性的表演模式。

黑人音乐对一个更好的未来这一观念顽固且持久的坚持是令人困惑的，奴隶与读写能力的强迫性分离以及他们对音乐艺术的补偿性完善未能对此提供全部的答案。音乐通过传达信息、形成意识以及考验和运用主体性——这些主体性是形成个体和集体、防御性和变革性的政治能动性所必需的——在发展黑人斗争中的作用，要求我们既关注这种表现性文化的形式特征，又关注它独特的**道德**基础。黑人音乐的形式特征正在变得为人所知[80]，我想转而聚焦音乐的道德层面，特别是音乐的伦理价值和它作为族群符号的地位之间的分裂。

用最简单的话来说，黑人音乐文化通过指出现有的世界与受种族压迫的人们所希望的世界是相反的，为人们提供了在当下继续存活下去所需的巨大勇气。黑人音乐文化既被新世界种族恐怖的历史形成的"重估一切价值"的口号所塑造，也表达了这一点。它包含了一种神正论[1]但又超越了这一点，因为种族恐怖的世俗层面使得这种神正论

---

[1] 神正论（theodicy）主要探究上帝内在或基本的至善（或称全善）、全知和全能的性质与罪恶的普遍存在的矛盾关系。

不再可能[81]。我在其他地方考察过黑人音乐对资本主义社会关系的独特批判[82]。因为我试图说明黑人音乐的批判性既包括又超越了反资本主义，所以这里有必要指出这种反文化的一些内在哲学动力，并探究它的规范性特征与乌托邦追求之间的联系。这二者是相互关联甚至不可分离的，它们与这些表现性文化建构出来但又超越的对种族资本主义[83]的批判也是不可分离的。为了理解这些，有必要对黑人音乐的歌词内容和表达形式，以及这些反抗性的音乐创作和消费过程中隐藏的社会关系进行分析。对音乐的规范性内容的考察让我们关注实现的政治（the politics of fulfilment）[84]——未来的社会能够实现当前未实现的社会和政治承诺。这是一种对话性的沟通模式，反映了《圣经》基本的语义学立场。尽管它绝对不是文字性的，但它可以通过黑人音乐中说的、叫的、喊的和唱的内容而被理解。奴隶后代实践的实现的政治，要求资产阶级市民社会兑现它许下的承诺，正如德拉尼所做的。它创造了一种媒介，追求非种族化的正义、生产过程的理性组织这样的目标能够借此得到表达。它内在于现代性之中，尽管一直被忽视但仍是现代性的反话语中有价值的部分。

乌托邦如何被想象是更复杂的问题，不仅因为它们不断地试图超越纯粹语言性（linguistic）、文本性（textual）和话语性（discursive）的范畴。借鉴塞拉·本哈比的概念，我把黑人音乐对乌托邦的追求称为变形的政治（the politics of transfiguration）。它强调在有共同的阐释和抵抗活动的种族群体之内以及这一群体与其从前的压迫者之间，出现就性质上而言新的愿望、新的社会关系和新的联系模式。它具体指向一个有共同需求且团结的共同体的形成,这在音乐自身中能神奇地被听见,并在对音乐进行文化运用和再生产的社会关系中可被感知。由于这些音乐是在监工的眼皮底下创造出来的,所以必须用其他更隐晦的方式召唤出生成变形的政治的乌托邦渴望。当黑人音乐被播放、人们随之跳舞和表演以及音乐被唱出来时,这种政治并不总是存在,因为字词(即便是被装饰音延长,被仍能显示出奴隶崇高力量的尖叫声补充或改变的字词)本身是不能传达出无法言说的真理的。体现了乌托邦变形的政治的有意被破坏的符号因此部分超越了现代性,建构出想象性的反现代的过去和后现代的未来。这不是一种反话语而是一种反文化,它无疑在其部分被隐藏的公共空间中重构了它自身的批判、智识和道德的系谱。变形的政治因此反映了现代性概念中隐藏的内部分裂。恰恰因为这种表现的传统拒绝接受政治是一个可轻易独立的领域,政治的范围扩大了。变形的政治的基本目的是召唤和确定新的关于友谊、快乐和团结的模式,这些模式会随着对种族压迫——现代性及其包含的西方理性进步与极度野蛮的自相矛盾都基于此——的战胜而产生。因此奴隶后代的通俗艺术证实了艺术的作用,这和阿多诺(T.W. Adorno)对奥斯维辛后欧洲艺术表达的反思出奇一致:"艺术的乌托邦、反事实的未来会由黑人创造。它将带着对现实的批判,作为对可能性的回忆继续存在;它是对灾难般的世界历史的想象性恢复;它是在必然性的符咒下未能实现、而且可能永远不会实现的自由。"[85] 黑人感性的这两个层面——实现的政治和变形的政治,并非完全一致。它们之间有突出的张力,但在黑色大西洋离散群体的通俗文化中是紧密相连的。它们也能被用来反思本章开篇提到的双重性的概念,这个概念常常被认为是形成黑人在现代世界的经历的基本力量。实现的政治通常满足于以西方理性自身的方式攻击西方理性,它使得一种能够包括语义、言语和文本的阐释学成为必要。变形的政治试图追求崇高,重复不能重复的,呈现不可呈现的,它要求一种聚焦模仿性、戏剧性和表演性内容的相当不同的阐释学。

尤其重要的是,通过黑人音乐进行的文化表达没有试图排除不平等的问题,也没有让种族正义的成就变为一项排他性的抽象议题。黑人音乐的落地伦理(grounded ethics)对构成其存在条件的无所不在的系统统治关系进行了持续评判。黑人音乐的落地美学(grounded aesthetics)从未被分离进一个我们熟悉的政治规则未起作用的独立领域,萨尔曼·鲁西迪所说的"文学的小房间"[86]在其中依然能享有作为自由资本主义的富有对手可用的英雄主义式资源的特殊地位。

我提议重新阅读和思考这种表现性的反文化,不仅要把它当作文学隐喻和体裁的延续,而且把它看作是拒绝现代西方式伦理和美学分离、文化和政治分离的一种哲学话语。传统实用哲学式的对伦理和政治的教学不久前就结束了,尽管它临死挣扎了很久。这种传统坚持这样一种观念:对个人而言好的生活与对集体而言最佳的社会和政治秩序的问题可以通过理性的方式认识。这种传统不能再声称自身是唯一理性的(这一点到现在都很少被承认),部分是因为奴隶制成为西方文明内在的一部分,以及种植园奴隶制和殖民政权二者都体现出了理性和种族恐怖的实践之间的明显勾连。尽管西方黑人不理解实用哲学的终结，但他们从其启蒙了的统治者思想中承继这个基本问题，即政治和伦理的关系。西方黑人从奴隶到公民的身份变化，促使他们去探寻社会和政治的最佳存在形式。奴隶制是一种鲜活的思想资源，保留在西方黑人的表现性政治文化中。西方黑人对奴隶制的记忆，帮助他们形成了对这个问题的新答案。他们必须以反抗（经常是通过精神）来维持伦理和政治的统———二者因为现代性坚持真、善、美有不同源头并且属于不同的知识领域而彼此分离。奴隶制自身以及对奴隶制的记忆，使得许多西方黑人质疑现代哲学和社会思想的基本变化，无论这些思想是来自试图区分道德和法律领域的自然权利理论家，来自试图从道德中解放政治、使得政治可以成为一个战略行动领域的唯心主义者，还是来自那些首次把经济活动与伦理和政治活动区分开来的资产阶级政治经济学家。奴隶种植园中的残酷行为为所有这些提供了一系列道德和政治上的回应。第三章讨论的黑人音乐的历史和用途，让我们能够追踪伦理和政治的统一关系作为一种民间知识被再生产的方式。尽管黑人音乐这种亚文化常常看似是某些种族本质的直觉性表达，但事实上它是在另类的文化和政治表达——它们从这个世界解放性变革的角度批判性地思考这个世界——内部形成的基本历史产物。未来，在种族类型学的暴力（认识上的和具体的）结束后，黑人音乐将能够满足人类新兴起（重新被定义）的需求，那时理性会与个体的快乐和自由、集体内的正义统治重新结合在一起。

　　我曾暗示这个计划与其他社会批判理论的计划（特别是马克思主义）有重叠。但是，当现实的危机和系统性的危机同时存在时，马克思主义给予后者优先性,而对奴隶制的记忆使得黑人坚持前者的优先性。它们的重叠也被这样一个简单事实所削弱:在西方黑人的批判性思想中,通过劳动进行的社会性自我创造不是解放希望的核心。对奴隶的后代而言,工作代表的只是奴役、悲惨和服从。艺术表达已不仅是主人给奴隶的作为自由象征性替代品的吝啬礼物,而成为奴隶自我塑造和集体解放的方式。创造(poiesis)和诗学(poetics)以新奇的形式共存,其中包括自传式写作、独特且有创造性的运用口头语言的方式以及最重要的音乐。这三种形式都超越了现代民族国家为它们划定的边界。

第二章

男主人、女主人、奴隶和现代性的二律背反

黑人用全部的意志力量把握并践行了每个进入他大脑中的想法，但这种实现包含了大量的破坏……很明显缺乏自我控制是黑人的一个特征。这种情况不能改善或被文化改变，我们今天看到的黑人是这样，他们一直以来都是这样。黑人和欧洲人之间唯一根本性的联系是奴隶制……我们也许可以总结说奴隶制使得黑人的人类情感增加了。

——黑格尔

在黑人奴隶制中人和人打交道的最终目标是糖和咖啡。

——叔本华

你们最好都死了——立刻就死，而不是作为奴隶活着，并不断地忍受不幸。如果你要在这代人中获得自由，死亡是你唯一的希望。

——亨利·海兰德·加内特（Henry Highland Garnet）

在旧时苏格兰的自由之山，古代的"黑道格拉斯"[1]曾遇到他的敌人……几乎每一座山、每一条河都因为她高贵的儿子的英雄行为变得不朽。几乎没有哪条小溪未被唱进歌中，没有哪座山不与奴隶制的支持者和反对者之间的某些激烈和流血的冲突有关。

——弗雷德里克·道格拉斯

---

[1] 黑道格拉斯，即苏格兰贵族詹姆士·道格拉斯（1286—1330），据说他皮肤黝黑。

一些年来，欧美的社会理论家、哲学家和文化批评家对现代性概念的范围和地位及相关的现代主义、现代化的思想进行了激烈且有政治意味的讨论。这些讨论并不总是公开进行的，根据其产生的特定学科背景，其中的关键概念被以各种方式细致描述，尽管对概念的运用缺乏一致性，令人惊讶的一系列内在连贯的思想交流却形成了。这些思想交流被欧美学院建制中许多重要理论家的立场主导，这些立场形式上对立，实际上互相加强。尤根·哈贝马斯、让-弗朗索瓦·利奥塔、弗雷德里克·詹姆逊和其他人考察了这些观念及它们指涉的西方当代生活的独特性。发达国家的文化氛围、发达国家与世界其他地方的关系近来发生了关键变化，有时这些作者关注的就是辨识并解释这些变化。许多讨论参与者把现代性作为在当今后现代情形下区分什么是新的、什么是源自历史的方式，以此建构智识之旅。其他人分析后现代就好像它只是抹去或代替了现代，如利奥塔一样，并未深入研究后现代的历史、它从现代性中的产生以及它和现代化过程的关系[1]。

无论这些作者如何完成这一任务，他们都关注发达国家二战后的变化对社会和文化生活的认知、技术基础的影响，并在其中发现了"时代精神中的一种悲伤"[2]。后现代主义的概念常被用来强调当代和现代主义阶段之间断裂的彻底性甚至是灾难性的特征。因此很少有人关注这种可能性：被认作后现代的很大部分在现代性自身的轮廓里已经有前兆或预示。现代性的辩护者和批评者似乎同样未考虑到这一点：非洲离散群体的历史和表现性文化、种族奴隶制的实践和欧洲帝国主义征服的叙事，可能会要求我们彻底重新思考所有对现代和后现代的简单分期[3]。

现代和后现代的关键关系引发了许多进一步的问题，不仅是因为这种关系构成了对哈贝马斯称为启蒙计划（the Enlightenment Project）的持续可行性的质询的一小部分[4]。这些讨论宣称自身不只是对西方思想史有学术贡献。它们无疑具备更广泛的政治意义，特别是进步和文明通过其凭靠的世俗、理性原则稳步导向完美的观念。比如，哈贝马斯和其他人关注了自由和理性之间的关系，这是西方18世纪末以来政治话语的基本特征，它在技术变革和政治剧变似乎同等地威胁自由和理性的时代引发了特殊的共鸣。在当代，发达国家对政治和经济关系的重构，使得许多关于西方理性主义的历史假设成为问题。现代理性主义的怀疑者让人们批判性地关注西方现代性的普遍主义诉求及其对自身绝无错误的傲慢自信。令人失望的是，怀疑者的立场有时因其异口同声的浮夸话语而减弱——它们从过度的反政治后结构主义，特别是解构性的文学批评中获得灵感。

许多学者已经提供了有关这些主要立场的有价值的二手文献[5]。我不试图重新展现这些讨论的复杂性。不过，我想强调这场广泛且不寻常的国际性讨论，明显与知识分子作为一个独立、权威性阶层的当前命运以及许多讨论参与者在其中担任高位的大学的未来有关。至少在欧洲，一股向下的流动性正在给高等教育机构带来凉风，与此同时机构中的公共知识分子精英的自主文化权力和优越性也被严重削弱。这只是将日益感知到的现代性和现代价值的危机，理解为知识分子的危机的原因之一——这些术语曾服务于知识分子的自我意识[6]。关注现代性中知识分子的作用，是一种描绘潜藏在启蒙计划的普遍主义诉求下的特殊性的重要方式。启蒙计划理论上适用于整个人类，即便这里的人类被严格限定了。在没有获得识字能力的渠道、被鼓励用其他形式进行沟通的设定下，做一个知识分子的意义是下文会反复讨论的问题。

最近关于现代性和它可能的衰落的讨论，也与发达国家中明确的社会主义力量近来黯淡的发展不可分离。如果人们认为这场讨论的政治重要性会因为它的学术背景及其对那些持不同政见的资产阶级（他们曾经或愉快或懊悔地和无产阶级用同样的批评武器）的特殊吸引力而被完全削弱，那就大错特错了。改良主义者和革命左派现在都面临挑战，要去捍卫世俗理性的基本规则以及人类和社会完美的理想——无论这种理想是在工人阶级自我解放的旗号下实现的，还是在更为温和且明确是现实主义的政治哲学的标准下实现的。

尽管这场讨论可能不包含对欧美进步的宏大叙事以及（常常被左派和右派共同看作是促进社会和政治自由的根本前提的）生产力的无限扩张的最终判决，但由于几点尚未被其参与者注意到的原因，它依旧是重要的。当从欧洲人与他们征服、屠杀、奴役的人们残酷相遇的不可宽恕的历史视角来审视后现代时，它很多被认为是新的特征变得不再新奇。因此，现代和后现代的分期对西方黑人的历史、对记录欧洲和世界其他地方之间统治和从属的变化关系是非常重要的，它对我们理解"种族"范畴自身、种族主义意识形态的起源和发展也是关键的。首要的是，它与阐释黑人政治的起源和发展是相关的。阐释黑人政治的起源和发展的任务，要求我们密切关注非洲和欧洲的哲学、文化体系和思想的复杂混合。一个名副其实的现代性概念，应该能够有助于分析某些激进主义如何通过被奴役者的反抗有选择地运用了西方革命时代的意识形态，并发展为反殖民和明显反资本主义的社会运动。最后，对科学种族主义（现代性更为持久的智识产物之一）和它战后新的文化形式的变体（强调复杂的差异而不是简单的生物学等级）的克服，是一个生动、具体的例子，可以说明对科学理性宏大叙事的怀疑所能产生的结果。

人们注意到这场围绕现代性的讨论具有处理种族和种族主义的紧迫问题的潜力，这并不能说明成功解决这些问题的所有因素都具备了。从我们称为高峰现代的时代（high modern era）倒退一步，有关现代性的哲学、意识形态、文化内涵和后果的讨论一般不包括黑人和其他非欧洲人受到的社会和政治压迫。相反，一种天真的现代性概念产生于后启蒙运动时期巴黎、柏林和伦敦生活的显然愉悦的社会关系中。欧洲的这些地方已经清除了那些没有历史的人的踪迹——他们落魄的生活可能会引发有关资产阶级人道主义局限性的尴尬问题。孟德斯鸠的著名提问"一个人怎么能是波斯人？"[7]，仍然持久且刻意地没有得到回答。可被称为简单后现代主义的观点通过一种明显且陈腐的相对主义同时攻击理性和普遍性,但这样的立场对那些否认各种生活方式之间不可调和、所有伦理或政治立场一样正当的人而言没有意义。下文会考察一些黑人思想家的作品,来证明除了这些目光短浅的欧洲中心的理论家建构的现代性视角之外,还有其他伦理和美学的基础。本章会考察有关现代性的讨论中的一些疏漏和缺失,以及它们所依赖的未被公开承认、常常是种族中心主义的基础。

我也想要提出对这些关于现代性的讨论的批判和纠正,对非洲离散群体历史的根本性关注使得我的具体出发点——第一章中提出的黑色大西洋——成为必要。黑色大西洋离散群体的独特历史经历使得他们对现代性及其不满产生了独特反思,这在他们后代的文化和政治斗争中持续存在。我想把其中对西方生活的政治质疑的部分放到首要地位。这一不延续的"传统"由于欧美作家精英的主导而被遮蔽,他们响亮的现代主义声音主导了哲学和政治话语,这些从18世纪开始的话语如今仍缠绕着我们。但是,我想表达的不只是要把那些黑人对现代的评论——它们一直被西方思想史忽视——纳入思想史中。我不仅质疑一种整齐划一的现代性概念的可信度,而且试图颠倒主导性的种族话语中边缘和中心的关系。换句话说,我试图通过审视现代世界中黑人的文化史,进行一种**重构性**的智识工作,这和西方曾是什么、现在是什么的观念有很大的关系。这首先要求我们回到并重新思考主人和奴隶之间典型的现代关系。我把这种工作看作是对女权主义哲学家工作的补充和扩展,他们反对将女性视为被压迫者的符号或是与理性男性对立的非理性他者。女权主义哲学家对罗西·布拉依多蒂(Rosi

Braidotti）所说的"哲学核心里不被承认和被掩饰的性别区分"[8]的揭示，可以与对黑人形象的考古学工作类比。这种黑人形象要么作为非理性的无序的标志，要么表现了未被堕落的文明过程腐化的人性力量。在这两种情况中，黑人在再生产白人性、男性气质和理性统治地位的二元体系中都处于从属的位置。

奴隶制和启蒙计划

如果我们相信尤根·哈贝马斯和马歇尔·伯曼这样受欢迎的学者，那么现代性的启蒙计划未实现的承诺依然会是备受批评但仍强有力的资源，甚至可能引导当代社会和政治斗争的实践。与这种观点相反，我认为非洲离散群体的历史以及对现代性和奴隶制的关系的重估，可能要求对讨论现代性时所用的术语进行彻底的修正，这要比所有参与现代性讨论的学术工作者愿意承认的更彻底。

尽管伯曼的作品有许多优点，但他观点中有说服力的普遍性使得他在谈到"现代自我和现代环境的密切统一"时相当匆忙。这在"有关现代性的首批伟大作家和思想家——歌德、黑格尔、马克思、司汤达、波德莱尔、卡莱尔、狄更斯、赫尔岑、陀思妥耶夫斯基"[9]这句话中表露无遗。抛开他们明显的欧洲中心主义不说，这样的论述似乎不仅支持现代和前现代彻底断裂的观点，而且否认了现代自我的独特性可能在于它是个必然分裂或复合的实体。从伯曼的观点来看，"种族"和性别这样的问题对现代自我的形成和再生产的强大影响可以被轻易放在一边。现代主体置身于黑人和白人、男性和女性、主人和奴隶——一种有历史特殊性的结构，一种不可避免的复杂的个体化、具身化结构——中的可能性未被考虑。伯曼认为"现代的环境和经历超越了**所有**地理、族群、阶级、民族、宗教和意识形态的界限。从这点上来说，现代性可谓是将全人类连接在了一起"[10]，从而加剧了对相关问题的忽视。这可以被解读为一种无所不包的现代性以统一和本质上相似的方式影响了每个人。我对现代经验的变化和不延续性的关注，以及对现代主体性和身份的去中心、不可避免的多元特征的关注，使得我和伯曼的观点完全不同。

像哈贝马斯一样，伯曼对启蒙运动的意识形态和政治遗产作出了一些非常大胆的评价："这些意象和观点给现代政治思想留下了丰富的遗产，并为过去两个世纪内几乎所有的激进运动设置了日程表"[11]。伯曼敏锐又悲伤地注意到，孟德斯鸠和卢梭"为我们确定了日程表，**但未给予我们一个乌托邦**"[12]。我们将在下文看到，黑色大西洋激进主义的表达一直带有且有时甚至完善了自身的乌托邦追求。我的目标之一是捍卫这种选择，并阐明它赋予离散群体的政治和美学的特殊力量。

在和佩里·安德森的一次有趣的对话中[13]，伯曼提出想要尽可能贴近日常生活，这是完全值得赞赏的愿望；他还提出左派知识分子应当抵抗让人退入沉思状态的当代压力，培养解读街头迹象的能力，这是令人钦佩的信念。所有这些都是这种特殊的现代主义视角下有价值的产物。尽管黑人知识分子（他们中的大多数人没有学术职位）也被深奥的知识所吸引，但出于一些原因他们发现和日常文化保持接触更为容易——伯曼正确地认为日常文化是令人振奋的。

在另一篇文章中，伯曼描述了回到他童年生活过的南布朗克斯区的经历，同样的问题表现得更突出[14]。伯曼观察到穿行在那片荒凉的城市地区的霹雳舞者和涂鸦者，他们难以支撑他试图确认的主导一切的现代主义。霹雳舞者和涂鸦者的历史尽管很有吸引力——它起源于西半球独特的现代机制（如蔗糖种植园），但却没能直接进入伯曼对现代社会令人眩晕的诱惑和民主潜力的讨论中[15]。这段历史促成了许多不同的社会思想产物，如文化政治和政治文化中的一场或一系列运动，这些是伯曼的现代主义观点中极其模糊的部分，并与伯曼参与的更广泛的讨论所关注的天真的欧洲现代性没什么关系。

下文我们将会具体考察某些黑人知识分子群体（不仅是作家）如何分析并试图接受他们和西方及其可疑的政治遗产的内在矛盾关系。这里只须注意黑人激进主义的当代表现和保护性的文化形式也引起了有关对称的主体间性（symmetrical intersubjectivity）假设的质疑，这一假设在许多关于现代性和现代化特征的话语中起着重要作用。有鉴于此，这一点并不令人感到惊讶：伯曼把那些逃离南布朗克斯区废墟的人简单称作"工人阶级英雄"[16]，就好像他们属于可识别和有凝聚力的工人阶级是个不言自明的事实，并且这证实了他对现代性的统一效果的理解。

需要强调的是我并不是要特别攻击伯曼，相反我极大地赞同他关于现代性及其伴随的政治选择的陈述，它们具备说服力且引人思考。指出伯曼有关现代的叙述中的某些问题，不应该让人忽视这个事实：他不同于许多理论同行，至少注意到了黑人和西班牙裔在现代都市废墟中的存在。伯曼可能不关注黑格尔这样"直觉型"（intuitive）现代主义者的作品中种族范畴和含义的影响，但他的确承认现代黑人历史的当代文化产物，并试图描述它们的积极价值。伯曼甚至赞赏"黑人的艺术中以商品形式生产、用于出售的并不多"[17]。但是，这些重要的灼见都未能阻止他匆忙地把黑色大西洋文化描述为工人阶级文化的附属。伯曼未能赋予多元性应有的分量，而我认为多元性是现代必不可少的特质，这引发了关于他对现代身份持续性的呈现和关于现代体验的概念统一化的整体性（totalising wholeness）的更深刻问题。

指出现代黑人经历的特殊性，不应当被理解为将一个独特群体的局部价值与西方理性假定的普遍主义对立。我并不是在说明黑人思想史的当代轨迹构成、甚至指涉了一个与之前奴隶主的世界大相径庭的生活世界。那样思考太过简单，要关注种族奴隶制及其后果，我们就必须思考这样一种历史关系——其中依赖和对立是紧密相连的，黑人对现代性的批判在某些重要的意义上也是对现代性的肯定。理解这一点的关键，不是草率地把黑人和白人群体特有的文化形式进行民族类型学上的分离，而是详细和全面地理解两种文化相互影响的复杂过程[18]。黑色大西洋群体的思想和文化成果部分存在于启蒙运动的宏大叙事及其原则内部且并不总是反对后者，它们因为西方政治和文学的影响变得强大。尽管非洲的语言用法、政治和哲学主题对那些想了解它们的人依然是可见的，但它们常常被新世界[1]改变至一种新状态，在这种

---

[1] 新世界是历史上欧洲对美洲大陆的称呼。

状态中纯洁的本质和简单的起源这些危险问题不再有意义。现代黑人的政治形构同时存在于西方文化的内部和外部,西方文化是它们特殊的继父母。这种复杂的关系再次说明有必要批判性地对待一些最有激情的捍卫者和批评家对现代性进行理论化和分期的方式。遗憾的是,现代性的捍卫者和批评家在理解种族和文化的观念对他们研究的核心意义方面都停滞不前。

尤根·哈贝马斯和受其影响的伯曼在著作中都表达出对现代性的民主潜力的坚定信心。现代性被理解为一种独特的形构,有其自身的空间和时间特征,它首先是通过伴随市民社会、现代国家和工业资本主义的出现产生的新意识而被定义。两位作者都不认为现代的规范性潜力已经被耗尽了,他们的这种观点并不是一种实证主义或天真的激情。伯曼和哈贝马斯通过现代性的反话语理解它,并且常常只通过现代性与事实相反的部分为之辩护,但是他们的分析都未受到野蛮的历史的实质性影响——这种野蛮似乎是现代的体验和期望之间不断扩大的缺口的突出特征。比如,他们的分析的不足之处在于,启蒙了的欧洲和美国的普遍性和理性被用来维持和重新定位、而非消除从前现代延续至今的种族差异的秩序。哥伦布的形象并没有被用来补足路德[1]和哥白尼的标准配对——这一配对含蓄地体现了这种对现代性的特定理解的局限。洛克对殖民的兴趣、征服美洲对笛卡尔和卢梭的影响根本不被认为是问题。在这种背景下,奴隶制的历史即便被认为是重要

---

[1] 马丁·路德(Martin Luther, 1483—1546),16世纪欧洲宗教改革运动发起人、基督教新教的创立者、德国宗教改革家。

的，也仅被认为是黑人独有的，这一点就并不令人感到惊讶了。奴隶制成了我们的特殊财产，而不是整个西方伦理和智识遗产的一部分[19]。这种观点仅略优于另一种常见的回应——种植园奴隶制是前现代的残余，一旦它被证明与启蒙理性和资本主义工业生产根本上是不相容的，就会立刻消失。

像许多有过奴隶经历的人或废奴主义者一样，哈贝马斯顽强地致力于让资产阶级市民社会实现其政治和哲学承诺。哈贝马斯借鉴康德和黑格尔的著作发展出他的现代性理论，他注意到这些作品在当代的危机，但认为这些危机只能通过完成启蒙的事业在现代性内部被解决。历史唯物主义的支持者们为多年来思想上的主要对手之一——人道主义理性辩护，可能是有点讽刺的。

哈贝马斯意识到现代性观念和欧洲艺术发展之间有密切的关系，欧洲艺术能够调和碎片化的理性。哈贝马斯还运用韦伯和尼采的观点，通过宗教世界观的倾塌、文化理性化的过程来定义现代性。在这样的过程中，科学、道德和艺术被分离为有其自身的认识论规则和确证程序的独立领域，这些价值领域的分化以强调去中心化和自反性为特征。因此，生活世界的现代化伴随着本真性、美学和伦理概念的急剧分化，而现代被定义为世俗和神圣的行动领域之间的裂缝，这种裂缝是由于上帝之死和随之而来的生活世界缺少中心形成的。这种分化和意识的物化过程紧密联系，后者可以通过专家文化和生活世界的脱离、生活世界被伪理性的堕落形式"殖民化"来理解——其作用只是使得社会体系保持完整、正常运作。在这种情形下，日常意识成为一种"碎片化的意识",不能参与自反性、自我批判的实践,也无法用独特性、认知性、实践性和美学性的标准来分析经验。

哈贝马斯没有像黑格尔一样认为奴隶制自身是一股现代化的力量,即它使得主人和奴隶都先获得自我意识,然后幻想破灭,强迫主人和奴隶面对令人不快的事实:真、善、美没有单一且共同的源头。这可能是因为尽管哈贝马斯的现代性理论很大程度上借鉴了黑格尔的思想,但它的康德式的关注使其能够不去探讨主奴辩证法——黑格尔关于意识和自由的寓言正立足于此。我在下文会再论述这一点。有趣的是,当哈贝马斯讨论到主奴关系时,他关注的纯粹是这个寓言的心理学层面。他引用了黑格尔的观点——"原始莫卧儿人"与欧洲现代性的理性之子不同,前者臣服于盲目的统治,后者则只遵从自身的义务[20]。特别令人失望的是,哈贝马斯没有认识到欧洲主人认真对待他们的奴隶的现代要求值得更详细的评论。哈贝马斯敏锐地察觉到,黑格尔对主奴关系的描述潜藏在许多当代现代性理论家的著作中。他这样描述黑格尔的作品在引起有关现代性的争论(这些争论也预示了当代的讨论)过程中的特殊重要性:"黑格尔不是第一位现代哲学家,但他是第一位意识到现代性问题的哲学家。他第一次用概念把现代性、时间意识和理性之间的关系凸显出来。黑格尔自己最后又推翻了这个概念群组,因为膨胀成绝对精神的理性使得现代性获得自我意识的条件不存在了。"[21]这些话提示我们,回到黑格尔可能是值得一试的。历史学家大卫·布里恩·戴维斯(David Brion Davis)在试图说明黑格尔这些难懂的段落的价值时写道:

黑格尔的天才使得他能够赋予主奴关系如此丰富的含义，以至于这个模式可以被用于描述每种身体和心理的统治……首要的是，黑格尔留下了会给未来的思想家带来深刻影响的讯息……我们不能期望上帝的慈悲以及以上帝或其他名义实行世俗统治的人的慈悲；人的真正解放，无论是身体还是精神上的解放，必须总是依赖那些曾忍受过并战胜了某种形式的奴役的人[22]。

比之哈贝马斯较为严格限制、较多从心理学本质展开的关注点，布里恩·戴维斯试图对黑格尔的文本进行更直接的社会性解读。他不是唯一这么做的人。亚历山大·科耶夫（Alexander Kojève）的著作在普及对主奴关系的阐释中尤为重要，它不倾向于字面分析，比现在流行的阐释更具历史性、更少体现出心理学的特征[23]。科耶夫认为主人对奴隶的依赖造成了一种存在的绝境（an existential impasse），这一点也是有趣的，因为它似乎为现代美学分析提供了一个出发点。黑格尔的这些文章和科耶夫对此有影响力的阐释极大地影响了社会和精神分析理论，比如它们构成了理查德·赖特在巴黎对现象学和存在主义的挪用的重要背景；它们也引起了一些女权主义作家的极大兴趣，她们通过卢卡奇（Georg Lukacs）的《历史与阶级意识》（*History and Class Consciousness*）回到黑格尔的寓言，将此作为阐发"立场认识论"（standpoint epistemologies）的可能性的一部分[24]——特定社会或经验的位置可以产生女性中心的世界知识。这是一个范围很广的讨论，不能在这里被完整重构。但是，许多女权主义作家用黑格尔的寓言来阐释现代黑人历史和政治文化，特别是帕特里夏·希尔·柯林斯（Patricia Hill Collins），柯林斯本着批判性、重构性和修正主义的精神试图证明存在一种黑人女性立场认识论，这些精神也指引着我此处的思考[25]。希尔·柯林斯认为西方思考的传统与对思考的思考传统（二者框定了人文科学）试图系统性地把这些有特权的活动和纯粹的存在区分开来。这个灼见与她对二元对立式思考（认知双方中的一方总是被它归顺和臣服的另一方统治——男/女、理性/不理性、自然/文化、亮/暗）的有害后果的批评是相关的。

尽管我同意希尔·柯林斯对这种状况的大部分判断，但我不同意她对此的回应。她对西方把思考（以及对思考的思考）与存在分离开来的回应是把它们连接起来形成一个不被批判、仅能赞美的功能性的统一体。她通过对主奴辩证法的一种女权主义的解读，理解黑人女性能做什么来建构批判性理论，用以针对她们在探寻真理和阐释性的活动中处于边缘位置的经历。这开始于对"种族"和性别的社会建构的论述。由于没有可以专注于女权主义政治解放计划的关键性或一般性的女性角色，女权主义认识论必须针对这种缺失来建构其自身立场。这一点要在否认如下观点的精神下进行：本质上女性的经验可以确保产生女权主义的知识。在（非黑人）女权主义话语中，指涉女性和女权主义者的术语必须有所区别，批判才能进行。希尔·柯林斯没有公开反驳对黑人女性主体性的本质主义理解具有更高价值的观点。但是，即便希尔·柯林斯高调地禁止种族本质主义从前门进入，另一种种族本质主义依然会从后门偷偷窜入。在柯林斯的用法中，"黑人"这个词有双重的意义，它同时是认知（knowing）和存在（being）的主体。"黑人"的认识论和本体论的维度是完全一致的，这两个维度表达上的统一使得这种哲学立场带有政治性的肯定意义："身为黑人同时包括了受白人统治，以及对一种独立、长期的非洲中心意识的个体性和群体性的评估。"[26] 柯林斯对"非洲中心"这个术语不连贯的使用——有时作为"黑人"的同义词，有时作为与"女性"相对的"女权主义者"同等的词——不能解决如下论述带来的问题："即便我继续交替使用'非洲中心主义的女权主义思想'（Afrocentric feminist thought）和'黑人女权主义思想'（Black feminist thought）这两个术语，但我认为它们在概念上是不同的。"[27]

希尔·柯林斯不断强调她所探究的立场是"自我界定的"。这种立场出现在她的作品注入一种经典的"列宁主义"式的先锋主义的时刻。黑人女性大众拥有能够开启独特意识的经历，但是她们不能"阐明"这种立场，并且需要一群黑人精英女性知识分子教给她们批判性理论，由此产生反抗。这群黑人精英女性知识分子也在女权主义斗争以外的黑人政治领域中起到低强度的规训作用："表达出一种独立、自我界定立场的黑人女性知识分子，处于一种检视与其他群体（学者和活动家）的联合是否有用的位置，以发展出社会变化的新模式。"[28] 无论你怎么理解这当中隐含的政治策略，令人吃惊的是，一种完整、人道主义并且彻底笛卡尔式的种族主体形象支持并推动了自我的建立，它位于"黑人女性的立场的核心——这是非裔美国女性共享的经历和观念提供的一种关于自我、群体和社会的独特视角"[29]。这段话中黑人男性和非裔美国男性的缺失，预示了下文将会探讨的其他问题。但我们要如何理解在这种陈述中自我总是出现在首位的事实？什么样的对自我的理解，会产生能够聚焦黑人政治主题的主体性？

希尔·柯林斯对这些问题的答案，体现出对启蒙运动的假设的信仰仍然在持续（尽管相反的趋势似乎也很明显）。以经验为核心的知识观点（它或许因思想先锋的介入而被调节），最终只不过是用黑人女性的立场代替了之前基于白人男性生活的立场。这作为短期的纠正可能有一定的价值，但考虑到我们有可能超越将对世界的看法建基于完整和稳定的理想主体的渴望，这就显得不那么激进和引人思考了。尽管黑格尔的寓言有明显的大男子主义和欧洲中心主义，但它是与之相关的。我们可以用它指出将主体形成的问题与认识论和政治实践融合在一起的价值，这也意味着借鉴政治化了的后现代主义并让探究的范畴保持开放[30]。

我对黑格尔《精神现象学》(*The Phenomenology of Mind*)[31]第四章的著名段落[1]的兴趣是两方面的。第一，它可以引发对现代性的讨论，哈贝马斯放弃了这种讨论，因为它直接指向一种把现代性和奴隶制之间的密切联系看作根本性概念问题的方法。这种联系是重要的，因为它可以被用来驳斥把历史等同于进步的弥赛亚观念，而且提供了

---

[1] 即主奴辩证法。

重新对历史进行分期和再次强调关于启蒙辩证法的论述的机会,这些论述并不总是试图从殖民主义或科学种族主义的角度审视现代性。第二,回到黑格尔关于主奴关系产生的冲突和依赖形式的论述,让我们关注常被忽视的暴力和恐怖的问题。结合起来看,主奴辩证法的问题提供了一次超越欧洲中心的理性主义与同样西方的反人道主义之间无价值的争论的机会,前者在对现代性的论述中忽视奴隶的经验,同时认为现代性的危机可以在其内部得到解决,后者认为现代性当前危机的源头是启蒙计划的缺陷。

康奈尔·韦斯特曾指出黑格尔是马丁·路德·金最喜欢的哲学家[32]。黑格尔提供的进入现代性话语的入口有双重的重要性,因为如我们将要看到的,黑色大西洋造就的许多知识分子都曾和黑格尔的著作进行批判性对话。了解这些知识分子与黑格尔的著作、其作品所处的智识传统之间不易理解且深度矛盾的关系,有助于确定他们相对于西方政治和文学不自在的位置以及理解他们表达出的对现代世界的独特见解。阿米里·巴拉卡(Amiri Baraka)1963 年的诗篇《黑格尔》捕捉到了这种矛盾,并显示了对黑格尔式主题的挪用绝不总是负面的:

> 我大叫求助,
>
> 没有人来,没有人曾来。
>
> 没有人曾伸出过救赎的手……
>
> 没有人说出一个救赎的词,
>
> 伴着能将我从这种沉重的虚无中解脱出的

不完美的美好的解决方案[33]。

在《存在与虚无》中，萨特指出黑格尔的分析并没有处理主人之间或奴隶之间的关系，更不用说那些没有奴隶的自由人对奴隶制的影响[34]。但是尽管有这些缺陷，黑格尔把奴隶制看作在某种意义上是现代性的基础的观点，给了我们重新讨论欧美革命时代黑人政治的起源及随之而来的不同激进主义（它们促进了黑人奴隶追求解放和种族正义的抗争，并在当今散布各地的奴隶后代的抗争中持续存在）之间关系的机会。种植园奴隶制不只是一个劳动体系或一种独特的种族统治模式，无论它是体现了资本主义的内在本质，还是依赖资本主义中本质上仍是前资本主义残留的部分，它都为一种经济、社会和政治关系的独特网络提供了基础。首要的是，"奴隶制的终结带来了关于经济、社会和政体的最基本的问题"[35]，而且奴隶制在黑色大西洋的历史记忆中占据了核心位置。

黑色大西洋群体继续创造性、沟通性地运用奴隶制记忆的方式，建设性地远离了两种立场——不具备批判性、洋洋自得的理性主义与自觉、修辞性的反人道主义，二者从多方面决定了有关现代性的讨论，且后者使得否定的力量变得不重要。为了超越这两种立场，我们要思考本雅明所说的现代性的原初历史（primal history of modernity）[36]。尽管本雅明并没有认识到现代历史可以被看作是沿着分隔欧洲男主人、女主人与他们的非洲奴隶的轴线断裂的历史，他思考中的其他因素（特别是那些源自他自身和犹太教神秘主义的关系的因素），仍使得他的概念对我的批判很有用[37]。现在已经到了要从奴隶的视角重建现代性的原初历史的时候了[38]。奴隶的视角产生自极其敏锐的关于生活和自由的意识，这种意识被奴隶"对至高无上的主人的极度恐惧"和奴隶制对男性奴隶而言意味着的持续"死亡审判"所促进。这段原初历史提供了一些独特视角，来思考现代性讨论中许多关键的思想和政治问题，其中包括我已经提及的把历史看作进步的观念。除了固有的棘手问题之外，奴隶的视角要求一种独立的观点，不仅有关追求商业利益的种植园社会中权力和统治的动态，而且有关启蒙计划中的核心范畴，如普遍性的观念、意义的固定性、主体的连贯性和所有这些要素倾向于倚靠的基本的种族中心主义。这些问题中的每一个都对种族话语的形成有影响，并和理解种族政治的发展相关。抛开这些问题不谈，奴隶的视角使对资产阶级人道主义话语的批判性立场变得必要，几位学者在讨论科学种族主义的兴起和固化时对此均有提及[39]。将对奴隶制的记忆作为阐释工具使用，提示我们资产阶级人道主义不能仅仅通过引入黑人——他们曾被归为动物和人之间的中间类别，即杜波依斯所说的"第三物"（tertium quid）——得到修复[40]。

为了保持有助于把它们和现代世俗理性区分开来的精神内涵，奴隶的视角只把一种理性追求下的乌托邦观念放在第二位。它们的首要范畴是革命性或末世论的天启观念——禧年（Jubilee）。奴隶的视角挑衅地暗示出现代性的许多进步实际上是不重要的，或是基于主导种族群体的权力的伪进步，因此，对现代性的批判不能（内在地）从它自身的哲学和政治规范中圆满地完成。后文我要研究的代表性人物都非常清楚现代世界的承诺和潜力，但是他们对此的批判性观点只是部分建基在现代性自身的规范中。无论他们的作品如何困难地权衡对现代性的捍卫和对它的批评，这些作品都有意和自觉地运用了前现代的意象和符号——它们由于残酷的现代奴隶制获得了额外的力量。这些都促进了一种通俗的不快乐意识的形成，这种意识要求我们在对奴隶的处境以及种族恐怖和西方理性不仅兼容而且共谋的关系进行反思的基础上，重新思考理性、自治、反思、主体性和权力的意义。就当代政治和社会理论而言，这项计划的价值在于它试图揭示与现代性的法律伦理并列的自由伦理、等待被从奴隶的立场（这一立场与种族压迫的心理和认知因素永无关联）建构的有关自我和个体化的新概念。要理解这种不稳定的立场，不能召唤认识论的自恋主义，也不能完全相信（有时与立场相关的）未经洞察的经验[41]。对此可以用福柯把**批判性的**自我考察（self-inventory）的概念试验性地扩展到政治领域中来总结。这在他对启蒙运动的评价中表现得很清晰："关于我们自身的批判性本体论不一定要被视作一种理论、一套教条甚至一些正在累积的永久性的知识；它必须被看作一种态度、一种伦理、一种哲学生活，其中对我们是什么的批判，同时也是对强加在我们身上的限制的历史分析与试图超越它们的试验。"[42]

在认识到"现代性"这个术语的文化力量之后，我们还必须研究从奴隶文化中产生的艺术表达的特殊传统。如我们将在下一章中看到的，艺术（特别是音乐和舞蹈）对在种植园制度下被剥夺真正政治自由的奴隶而言是自由的替代。奴隶制中发展出的表现性文化继续以艺术形式保存着一种需要和渴望，它们远远超越了对物质需求的简单满足。与启蒙运动对艺术与生活之间存在根本性分离的假设相反，这些表现形式重申艺术和生活的连续性，对美学建立在社会生活其他层面的基础之上表示赞许。表现性文化的连续性形式保存下的特殊美学，不是源自对艺术客体的不带感情的理性评价，而是源自对（争取解放、公民权和最终的自治的过程中）艺术表演的模仿功能的不可避免的主观性反思。在黑人的表现性文化中，主体性以一种偶然的方式和理性相连。主体性可能建立在沟通的基础上，但这种互动形式不是平等的公民——他们通过语法上统一的言语相互回应——之间均等和理想化的交流。种植园奴隶制下极端的沟通模式，要求我们认识到在形成沟通的过程中起作用的反话语性和超出语言之外的力量。毕竟，在种植园中除了反叛和自杀、逃亡和沉默的哀悼之外没有其他沟通的可能性，无疑也没有语法统一的言辞来调和沟通中的理性。在许多方面，种植园中人们的生活是不同步的，他们的沟通模式被极端对立的政治和经济利益所划分，这些利益将男主人、女主人与其动产奴隶区分开来。在这些情况下，艺术实践维持了它的"膜拜性功能"（cultic functions），而它对本真性和历史见证的更高诉求被积极地保存下来。艺术在被压迫的种族集合体中传播，文化生产和接受的关系在这里起作用的方式与在奴隶主所处的公共领域起作用的方式完全不同。在种植园这个严重受限的空间中，神圣或世俗的艺术成为奴隶政治文化和文化史的支柱。艺术是文化活动家对当下进行"拯救性批判"的手段——通过运用对过去的记忆和创造出能支持他们乌托邦希望的想象的过去。

现在我们知道，西方黑暗艺术出现在现代性与恐怖行为紧密相连的时期，后者通过"种族"概念变得合理化。我们必须记住，无论奴隶及其后代的艺术实践看上去多么现代，它们还是建基于现代性之外的。对作为反现代性的先前历史的召唤，不仅是把当代非洲学与其19世纪的前身联系起来的一种持续的夸张修辞，它们还阐发了对前奴隶制时期历史的记忆，这些记忆反过来可以作为一种提炼与聚焦奴隶及其后代的反主导权力的机制发挥作用。因此奴隶的艺术实践不可避免地处在现代性提供的可疑保护的内部和外部，它可以在与现代形式、主题和观念的关系中被考察，但有其自身独特的对现代性的批判，这种批判源自在不自由劳动体系（它是合法且声称是合理的）中身为种族奴隶的特殊经历。换句话说，黑人的艺术和政治形构拥有相对于现代的独立性——一种源自非欧洲的哲学和美学观点及脱离西方规范的影响的独立活力。随着奴隶制、殖民主义以及相伴的种族恐怖使得奴隶的艺术反对典型的现代情形——这是奴隶作为世界市场上被迫待出售商品的副产品且体现了他们所受的压迫，这种独立进一步发展。奴隶的艺术体系产生了一种不雅的现代性（ungenteel modernity），远离了欧洲大都会的封闭世界，迄今为止这里一直是理论家们关注的对象。

对因其独特位置——处在扩张的西方中但不完全属于它——产生的突出双重性的关注，是黑色大西洋思想史的明确特征。我们将看到它体现在许多现代黑人思想家的作品中。弗雷德里克·道格拉斯是这些代表人物中的第一个，他典型地体现了本书要说明的内容，其一生跨越了大西洋,并包括对始终如一的激进主义及代表奴隶发声的记录。即便道格拉斯在英格兰和苏格兰的旅行有助于描绘黑色大西洋世界的空间维度,但这里也没有篇幅讨论它们的影响[43]。不同于其他黑人民族主义的先驱——马丁·德拉尼、爱德华·威尔莫特·布莱登和亚历山大·克鲁梅尔,道格拉斯自己曾是奴隶。他是因为政治演讲的才能和激情而被普遍记住的。他的作品在今天仍是对黑色大西洋进行文化和政治分析的丰富资源[44]。

黑人习语中的主人和奴隶

道格拉斯在摆脱奴隶身份后从沃尔特·司各特的《湖上夫人》(*The Lady of the Lake*)中获得了新姓氏,他出版了三本自传,在不同的生命阶段重写他的生命故事并重塑他的公共形象[45]。这些文本在现代性问题上呈现出许多重要的黑人视角。它们的文学形式也引起了有关黑人现代主义的美学维度和分期的深刻问题,这两方面的问题都可以通过对道格拉斯的自传和他唯一的小说《英雄奴隶》(*The Heroic Slave*)之间的互文关系的思考得到扩展。道格拉斯和现代性的关系是复杂且变化的,特别是因为他维持并发展了宗教信仰,而宗教信仰是他最初反对奴隶制的核心。然而,道格拉斯不需要从哈贝马斯及其追随者那里获得以下教诲,即启蒙计划的不完整特征或宗教批评需要先于其他形式的社会批评。在道格拉斯的写作中,他一直呼吁更广泛的启蒙计划,能够用理性照亮奴隶制的伦理黑暗。不同于许多追随他步伐的人,道格拉斯把奴隶种植园看作是和现代世界不符的陈旧机构:"种植园是一个独立的小王国,有自己的语言、规则、规章和风俗。国家的法律和制度明显不适用于它。这里出现的问题,国家的文明力量无法解决。"[46] 国家的力量不能进入种植园,说明种植园不能获得其改革必需的各种现代、世俗的政治理性。道格拉斯把奴隶种植园与封建欧洲的前现代、前资本主义的关系相比:"种植园的与世隔绝和自我依赖的独立性,与中世纪的封地差不多……它严酷、冰冷且不受外界影响地存在着,在所有与人性和道德相关的方面落后于时代整整三百年……文明被关在门外。"[47] 尽管道格拉斯的基督教信仰可能构成了他政治观点的核心,但他强调他经历过的最好的奴隶主是无神论者:"如果我又不幸成为奴隶,我会认为在此之外最大的灾难是遇到一个有宗教信仰的主人。因为在我遇到的所有奴隶主中,有宗教信仰的是最坏的。"[48]

从1854年开始,道格拉斯在不同场合做过相同的著名人种学演讲,他在其中宣扬非洲奴隶的人性,并反对把非洲排除在历史之外的行为。这一演讲后来以《从人种学方面思考的黑人的诉求》("The Claims of the Negro Ethnologically Considered")为名出版[49],对道格拉斯所处时代的科学种族主义提出了清晰的挑战。道格拉斯在其中讨论了萨缪尔·莫顿的作品[50]。这一演讲还体现出道格拉斯对把非洲从文明发展的叙述中删除的准确批判,在以新视角科学地理解古希腊、黎凡特和埃及之间关系成为趋势的时代,这个话题极有争议。如马丁·贝尔纳(Martin Bernal)指出的[51],这场讨论很大部分是关于尼罗河文明特别是有关埃及的。像许多非裔美国人一样,道格拉斯曾去过埃及。他和第二任太太海伦·皮兹在19世纪80年代晚期一起去过埃及，这次旅行是寻找能支持他人种学观点的事实的长期努力的一部分[52]。很明显，如作为黑人创造性和文明的持久象征一样，埃及作为奴隶制出现以前非洲文化的伟大例证，其吸引力在黑色大西洋群体对现代性的回应中有特殊的重要性。至少，它有助于把离散群体政治的文化规范置于西方自身从野蛮到文明的进步路径之外，并说明了这条路径开始于非洲而不是希腊。埃及也为黑人离散群体提供了象征性的方式——将对启蒙运动普遍主义的批判定位于西方哲学之外[53]。尽管道格拉斯在许多政治会议中质疑了黑格尔对非洲和非洲人的观点中的人种学含义，但他的自传让我们能够以相当不同的形式建构对黑格尔思想的批判性修正。道格拉斯无疑很熟悉德国唯心主义的传统，他的传记作者威廉·麦克菲利（William McFeely）提供了他和奥迪丽·埃辛（Ottilia Assing）亲密关系的重要细节。埃辛是1860年在汉堡出版的《我的奴役与我的自由》(*My Bondage, My Freedom*)的德文译者，她来自一个有文化的知识分子家庭，并和她叔叔的妻子、歌德信徒中的重要人物拉海尔·莱文（Rahel Levin）关系密切。埃辛曾给道格拉斯读歌德和费尔巴哈的作品[54]。如果在两人的相处中，黑格尔的名字没有被提起那才奇怪。在道格拉斯娶了海伦·皮兹后，埃辛于1884年在布洛涅森林公园自杀。

带着头脑中这种潜在的联系，我提议把道格拉斯叙述中的一部分作为对黑格尔论述的替代，如果称不上是对黑格尔关于主奴斗争的描述的一种改变的话，也算是一种补充。道格拉斯在对他和爱德华·科维(他的奴隶调教师)相互斗争的描述中,以一种颠倒黑格尔寓言的方式系统性地重新刻画了主人和奴隶之间的相遇。在道格拉斯的描述中,是奴隶而非主人拥有"自为的意识"(consciousness that exists for itself),而主人成为"内在被压制的意识"(consciousness that is repressed within itself)的代表。道格拉斯将黑格尔关于权力的元叙事(metanarrative)转变为关于解放的元叙事的做法更引人注目,如果考虑到这也尝试阐明一种前理性、精神性的非洲思想模式与道格拉斯自己复合的思想的差异。道格拉斯的这种思想是对神圣和世俗、非洲和美国的思想的艰难混合,它形成于奴隶制的绝望体验,并体现了其废奴主义的要求。

在三本自传中,对这一事件的叙述都开始于道格拉斯被托马斯·奥尔德(他"真正的"主人)租给科维。奥尔德在摧毁了道格拉斯为奴隶们组织的安息日学校后,希望他的奴隶被"彻底打垮"以免成为"另一个纳特·特纳[1]"。不同于奥尔德,科维贫穷且有许多被道格拉斯鄙视的伪虔诚。读者被告知,科维是个穷歌手,主要依靠道格拉斯在频繁的家庭敬拜活动中唱赞美诗为生,这些活动对奴隶而言像派对一般。道格拉斯不断将科维比作蛇,并告诉读者他的新主人既不理智又残酷。这里我不打算详细描述科维的残酷和他意在摧毁道格拉斯的行为本质,只想说明两人之间的冲突使得道格拉斯逃亡。道格拉斯戏剧性地描述了和科维在一起的最初六个月:"他几个月的规训驯化了我。

---

[1] 纳特·特纳(1800—1831),非洲裔奴隶,曾领导美国弗吉尼亚州的黑人起义。

科维先生成功地摧毁了我。我在身体、灵魂和精神上都被打败了。我的自然恢复力消失了,智识衰竭,阅读的欲望减少,眼中快乐的火花熄灭了。奴隶制的黑暗包围住我,并将一个人转变为野兽。"[55]

在挨了一次特别严重的打后,道格拉斯回到奥尔德那里展示他的伤口,并告诉奥尔德科维不公正且残酷的对待危及一件宝贵财产(道格拉斯自身)的安全。奥尔德为科维的行为找借口,并命令道格拉斯回到科维身边。道格拉斯藏在树林中,"与自然和自然的神关在一起",像《英雄奴隶》中的虚构英雄麦迪逊·华盛顿一样祈祷,以求从奴隶制特别是从科维那里解放出来。道格拉斯承认在此时他对所有的宗教产生了怀疑,并认为他的祈祷是没用的。夜幕降临时,道格拉斯遇到了一个种植园的奴隶,他住在附近,正准备去和妻子共度安息日。在道格拉斯之后的叙述中,读者了解到这个名叫桑迪的奴隶背叛了那些逃跑的奴隶。但是,此时道格拉斯对桑迪充满了尊重。桑迪因为好脾气和幽默感在当地的奴隶中很有名,"他不仅有宗教信仰,而且公开表示对一个我不知道名字的体系的信仰。他是个真正的非洲人,继承了非洲和东方国家的人们拥有的某些所谓的神奇力量"[56]。

道格拉斯向桑迪"倾诉他的悲伤",在一顿饭后他们讨论了在不可能逃离的情况下什么是最合适的策略。桑迪对古代非洲神奇力量的信仰,使得他给了道格拉斯一个施了魔法的灵根——只要把它戴在身体的右侧,就会使道格拉斯免受科维的伤害。面对道格拉斯基督徒式的怀疑,桑迪回应道,书本知识并没有让他远离科维的伤害。桑迪请求道格拉斯尝试一下非洲的方法——我想说这是非洲中心主义的方法，说它绝对无害。道格拉斯从桑迪那儿拿走灵根，回到了科维家中。他告诉热切的读者"桑迪的迷信的一线微光或阴影降临在我身上"[57]。考虑到道格拉斯经常使用光明和黑暗的象征，"微光或阴影"这个短语是种有趣的回避。它是微光还是阴影？这两种意象对我们阅读这个片段有截然不同的暗示。这种有意运用的模糊性，可能也是对黑人和白人读者读完这个故事的不同反应的默认。

道格拉斯在回去的途中遇到了科维及其夫人，他们正穿着最好的衣服在去做礼拜的途中。科维带着天使的表情，满面笑容，以至于道格拉斯开始"认为桑迪的草药的用处比我愿意承认的要更多"[58]。直到周一早上一切都很顺利，此时科维摒弃了他的宗教礼仪，恢复了他以往狡诈的暴行。这也是道格拉斯决心捍卫自己的时刻，哪怕这种捍卫会带来毁灭性的后果。黑格尔式的斗争持续，但这次道格拉斯在掐住科维喉咙的同时找到了发表演讲的最佳时刻，"我紧紧地掐住他的喉咙，以至于他的血液在我的指甲间流淌……科维说：'你这个恶棍是不是要反抗？'我礼貌地回复：'是的，先生。'"[59]两个人被困在一种黑格尔式的僵局中，每一方都可以压制另一方的力量但不能击败对方。没料到道格拉斯有此种反抗行为，科维被激怒了，试图寻求身边其他人（包括奴隶和自由人）的帮助。科维的堂兄修斯被道格拉斯击败，用人比尔假装不明白科维要他干什么，女奴卡洛琳勇敢地拒绝了主人要求她抓住道格拉斯的命令。在道格拉斯的文本中，他和科维轮流对这些人物发话。两人在打斗过程中产生的相互尊重，体现在他们把彼此看作是平等的。两个小时后，科维放弃了打斗，让道格拉斯离开。

道格拉斯告诉读者他在这场打斗后与从前不同了,这是他作为奴隶的生涯中的"转折点"。这次身体上的斗争也形成了有关男性气质的解放性的定义。

> 在此之前我什么都不是,现在我是个男人了。它(这次斗争)重新激活了我被摧毁的自尊和自信,并鼓舞我重新下定决心做一个自由人。一个没有力量的男人是没有人的基本尊严的……我不再是一个奴性的懦夫,为尘埃般的小人物的皱眉而颤抖。我长期处于威胁下的精神被唤醒,获得了男子气概的独立。我到达了一个不再害怕死亡的时刻[60]。

道格拉斯的故事可以反映男性奴隶和男主人对现代文明看法的很多差异。黑格尔在其寓言中,正确地把奴隶制放在现代社会性诞生的核心,我们看到一个唯我论的战士在斗争中更倾向于战胜对手,而不是接受死亡和屈服。一方获胜,另一方就成为奴隶。道格拉斯的故事很不同。对他而言,奴隶把死亡看作一种更好的选择,它优于种植园奴隶制下持续的非人情形。道格拉斯预言了很多年后拉康的一个观点:"由于死亡被赋予了游戏中赌注的功能……它同时表明了先前的规则和最终的结局多大程度上被忽略了。因为归根到底,要让输家成为奴隶的话就不能让他死去。换句话说,契约在暴力发生前便已存在,它使得暴力持续发生。"[61]

这种把死亡看作从恐怖和奴役中解放以及获得实质性自由的机会

的观点，与奥兰多·帕特森（Orlando Patterson）把奴隶制看作一种"社会性死亡"状况的著名观点完全相符[62]。它指向了把奴隶的意识看作包含一种延伸的哀悼行为的价值。道格拉斯宁愿选择死亡与有关奴隶自杀行为的档案材料相符，而且需要将其与早期非裔美国小说中其他对死亡的呈现放在一起思考[63]。罗纳德·高木（Ronald Takaki）和其他人[64]曾讨论过这些段落，把它们看作思考道格拉斯对黑人解放事业中暴力的必要性——《英雄奴隶》进一步发展了这个主题——的变化看法的一部分。道格拉斯远离了其早期作品中体现的和平主义，这与他对现代性的批判性理解是直接相关的。这种理解突出了文明和野蛮的共谋关系，并强调如果没有被压迫者反暴力的行动，种植园所立足的权威秩序就不会结束。道格拉斯对他和科维的抗争的描述再次表达了这一点，并为解决奴隶制的内在对立问题提供了一种有趣但无疑是男权主义的方式。

男性气质的概念，很大程度上是通过反对种植园奴隶制倚靠的不成熟（infantilism）言行，而不是通过反对女性来定义的。但是有趣的是，道格拉斯政治立场的这个方面，被黑色大西洋的准专家和哲学家看作是黑人男性和女性在哲学和策略倾向方面重要差异的体现。杜波依斯在他著名的文章《论对女性的诅咒》（"On the Damnation of Women"）中，讲述了温德尔·菲利普斯（Wendell Phillips）告诉他的一个故事，这个故事准确地指出了问题：

> 温德尔·菲利普斯说他有次在法尼尔厅里听演讲，弗雷

德里克·道格拉斯是主要演讲者之一。道格拉斯描述了白人对黑人种族的恶行，他越讲越激动，最终说黑人不可能从白人那儿获得正义，他们除了自己的右臂外没有任何希望。必须流血！黑人必须为自己而战斗。又高又黑的索杰纳·特鲁思（Sojourner Truth）坐在面朝讲台的前排，在弗雷德里克下台坐下的安静一刻，她用整个大厅都能听到的深沉又特别的声音说道："弗雷德里克，上帝死了吗？"[65]

索杰纳·特鲁思在道格拉斯有激情的演讲和悲观的政治结论中发现的问题，在有关现代性的价值和后世俗化时期现代价值的转变的哲学讨论中有重要的位置。在差不多同一时期的德国，另一个弗雷德里克[1]（尼采）正在研究同一个问题的哲学和伦理含义。这个问题隐含在道格拉斯身处及反对奴隶制的抗争的故事中，并且可能不能和阐明它的男性气质的独特模式区分开来。为了消除道格拉斯故事中这个问题的模糊性，我想研究废奴运动的历史中出现过的类似哲学结论，它在道格拉斯的书出版后不久作为新发展出的女性感性的重要象征出现。

玛格丽特·加纳（Margaret Garner）试图逃脱肯塔基州奴隶制的悲惨故事，可以和道格拉斯的自传故事一起阅读。作为道格拉斯的《英雄奴隶》开启的非裔美国文学传统的一部分，也作为可以被称作黑人女权主义政治计划的一部分，加纳的故事仍在流传。它的持久存在

---

[1] 德语发音为弗里德里希。

不仅证明了托妮·莫里森（Toni Morrison）作为作家在小说《宠儿》（*Beloved*）[66]中重写这个故事的卓越技巧，而且证明了这个故事持久的象征力量及其作为道德批判的一部分的重要性。后者确定了黑人对理性和文明行为的憎恶，因为它们合法化了种族奴隶制及其暴行。

当时的新闻报道、废奴主义者的著作以及不同的传记性和自传性描述提供了重构这个故事的资源。不同的描述[67]共有的最简单的细节如下：玛格丽特·加纳，一个"黑白混血儿，大约五英尺高，有四分之一或三分之一的白人血统……有很高的前额……明亮且智慧的眼睛"[68]，利用冬天结冰的俄亥俄河（往常这条河阻碍了她追求自由的道路），在1856年1月与她的丈夫西蒙·加纳（亦称罗伯特）、公婆西蒙和玛丽、四个孩子及其他九个奴隶一起通过马拉的雪橇逃离奴隶制。在到达俄亥俄州后，加纳一家与其他奴隶分开，到亲戚伊利亚·凯特家中寻求帮助，但被奴隶主发现。玛格丽特在被奴隶追杀者包围、困在房子中的情况下，用一把屠夫的刀杀死了她3岁大的女儿并试着杀死其他孩子，不让他们被阿奇柏德·K.盖恩斯带回去——盖恩斯是玛格丽特丈夫的主人，也是她家附近的种植园园主。这一事件引发了有关《逃亡奴隶法案》的适用范围[69]、玛格丽特的引渡、她的法律主体性以及不同州法庭官员的权力这样一系列法律争议。尽管有人请求让玛格丽特为谋杀"她可能最爱"[70]的小女儿而受审，但玛格丽特的主人最终把她送到了新奥尔良的奴隶市场。

当时对这个事件的报道是矛盾的，并且背负了冲突性的政治利益，正是它塑造了这场重大悲剧。一份新闻报道指出玛格丽特最初决定要逃离奴隶制是受到了两位到盖恩斯家中的英国女性的影响[71]。对这个事件最著名的描述出现在《莱维·考芬回忆录》(*Reminiscences of Levi Coffin*)中。考芬是北卡罗来纳州的贵格会教徒和废奴主义者，也是在这个悲剧中起到次要作用的"地下铁路"[1]的一位著名"站长"。许多有趣的要点来自权威的报告以及报纸文章，如美国反奴隶制协会的年度报告；露西·斯通（Lucy Stone）传记中的描述——她曾拜访监狱中的玛格丽特·加纳、参加了法庭审判，是著名废奴主义者和主张妇女参政者；P. S. 巴西特给《美国浸礼会报》写的文章，其落款地址是辛辛那提的费尔蒙特神学院[72]。

玛格丽特的丈夫西蒙·加纳在无望地被一群奴隶追捕者围困在亲戚伊利亚·凯特的家中后，对追捕者开了几枪。在盖恩斯及其同伴成功进入屋内后的冲突中，一名领头者被子弹射掉两根手指和几颗牙齿。考芬写道"男奴隶持有武器并且勇敢反击"，而在反奴隶制协会的报告中这次抵抗是夫妻双方而不是男性一方进行的，"罗伯特和玛格丽特勇敢反击并拼死保护他们父母和孩子的自由权利，但他们很快就被制服"[73]。在这一描述中，玛格丽特对孩子们的伤害发生在盖恩斯及其追随者对屋内进行的两次攻击之间。在考芬的描述中，玛格丽特在认识到了自身的无望处境并看到她的丈夫被制服**之后**，为了帮助他们解脱才开始对孩子们动手。

一些报纸报道，玛格丽特在切开小女孩的喉咙、几乎将其斩首

---

[1] "地下铁路"指的是19世纪美国南方黑奴在同情者和废奴主义者的帮助下，由南方的蓄奴州向北方的自由州逃离的一系列道路网络。

后，呼唤她的婆婆帮忙杀死其他的孩子，"妈妈，帮我杀死孩子们"[74]。自称曾采访过玛格丽特和其婆婆的巴西特，引用后者的话写道，她"既不鼓励也不阻止玛格丽特——因为在类似的情形下，她可能也会做同样的事"。哪种理性、道德计算的模式可以解释一个黑人女性向另一个黑人女性发出这种吁求？其他报道写道，玛格丽特的婆婆不忍看到孙辈被杀，跑着躲到一张床下。我们要如何理解这些形式相反的暴力，一种被认为是男性的、向外的，指向压迫者；另一种被认为是女性的、向内的，导向父母的爱、尊严和渴求中最珍贵和亲密的东西？据说玛格丽特被捕之后，在一种惊恐和呆滞的状态下坐在哈蒙德街警察局中。阿奇柏德·K.盖恩斯带走了她女儿的尸体，这样他可以将她埋葬在肯塔基州"对奴隶制而言是神圣"的土地上[75]。

这个故事发生后立刻在废奴主义运动中被重复讲述，作为奴隶主的无限欲望带来的威胁的重要证据。从这个角度来看，这一事实值得关注：被杀死的孩子是女性，她被母亲杀死以免她受到放纵的奴隶主的伤害。露西·斯通向她的传记作者强调这一点："她是个美丽的女人，有栗色的肌肤、姣好的容貌和美丽的眼睛。驱使她的不是疯狂的绝望，而是坚定的决心——如果她不能在这里获得自由，她会在天堂获得……玛格丽特曾试图杀死她所有的孩子，但她首先杀死的是这个小女孩。她曾说她的女儿永远不会像她那样受难。"[76]

露西·斯通参加了有关玛格丽特命运的法庭审议，并被指控在拜访监狱里的玛格丽特时曾试图将一把刀递给她让其自杀。考芬告诉我们，当斯通在法庭上解释自己的行为时，她的话使得许多听众落泪。

斯通这样说道:"当我看到那个可怜的逃亡奴隶将她辛勤操劳的手放到我手中之时,当我从她的脸上读到深深的苦难和对自由的热切渴望之时,我情不自禁地努力让她振奋起来。我告诉她许多人的心为她而痛,这些人为她的一个孩子与天使同在感到高兴。她唯一的回应是绝望、痛苦的表情,那是任何语言都不能传达的。"[77] 斯通为玛格丽特作为一个女性和基督徒的行为辩护,认为她的杀婴罪源自黑人和白人女性最深刻和最神圣的情感,这是她们共同的神圣的父赐予的。考芬写道,斯通把玛格丽特的精神与邦克山纪念碑[1]旨在铭记的那些先人的精神类比。在她对玛格丽特行为的阐释中,女权主义的色彩相当明显:"黑人孩子的死亡十分清晰地说明了女性奴隶所屈服于的恶劣环境。加纳宁愿杀死小女儿,也不愿让她回到那种生活。"[78]

在女权主义式废奴主义话语的发展过程中,这种叙述的力量进一步体现在莎拉·帕克·雷蒙德的讲座中,雷蒙德是一位出生在马萨诸塞州塞勒姆的自由黑人,她是废奴主义者和医生,最终在意大利定居[79]。有趣的是,我们得知露西·斯通曾拜访过雷蒙德所属的塞勒姆女性反奴隶制协会[80]。雷蒙德对加纳事件的描述出现在事件发生三年后,当时有报纸报道了她在英格兰的沃林顿音乐大厅所做的演讲[81]。雷蒙德曾和玛格丽特·加纳的律师约翰·乔立夫讨论过这个案例。她在一个半小时的演讲中,试图证明奴隶制的非基督教和不道德的特征,揭示奴隶制破坏文明和人的自然属性的能力。在废奴主义话语的

---

[1] 邦克山建有纪念美国独立战争的塔碑。

成规中，白人男性虐待性和强制性的性征得到重要体现。奴隶制机制对母性的破坏，是废奴主义宣传中一个常见的主题。弗雷德里克·道格拉斯在《叙述》中也表达了这一点，他复述了这样一个事件：因为一个女奴不能让其照管的孩子在夜间保持足够安静，她的白人女主人希克斯女士杀死了她（道格拉斯的堂妹）。

> 那个女孩被谋杀的原因是这样的：她那晚被安排照管希克斯女士的孩子，而在夜间她睡着了，孩子哭了。由于之前几晚都没有睡好，她没有听到哭声。她和孩子与希克斯女士同处一室。希克斯女士在发现这个女孩行动缓慢后，从床上跳下，抓起壁炉中的一根橡木棒，用它打女孩的鼻子和胸骨，结束了她的生命[82]。

这些故事引发了有关种族政治中性别范畴的中介角色，特别是被母性观念所促进的身份认同的心理结构的复杂问题。此处不可能探讨这些重要的问题。玛格丽特·加纳的故事中，加纳拒绝承认奴隶制的任何合法性，从而引入了有关主体间的依赖和承认的辩证法——黑格尔的寓言将此呈现为现代性的前提条件，这一点与道格拉斯的故事最像。在这两个故事中奴隶主体都被建构为能动者，其中出现的对死亡而不是持续被奴役的偏好可以被解读为发展了自由特征的奴隶话语，它为回答以下问题提供了有价值的线索，即自由领域如何被那些从未自由过的人概念化。这种宁愿死亡而非被奴役的倾向是根本性的，它提醒我们在有助于界定现代性的原初历史的革命性末世论中（无论是灾难性的还是救赎性的），禧年来临的时刻比用理性手段追求乌托邦更具优势。合法化了这些暴力时刻的黑人精神性话语，拥有超过当下限制的乌托邦式的真理内容。奴隶不断选择死亡而非奴役表达了一种否定性的原则，它与现代西方思想具有的、体现在黑格尔式的奴隶对奴役而非死亡的选择倾向中的形式逻辑和理性计算相反。玛格丽特的律师乔立夫先生对法官说她和其他逃亡者"宁可唱着歌走向绞刑架"，也不愿回到奴隶制中，以此反对将玛格丽特送回肯塔基州的决定。把对死亡的明显倾向和唱歌联系在一起也是极为关键的，它把一种道德和政治姿态与一种文化创造和文化肯定的行为联系起来。当我们思考对奴隶制记忆的介入为何常常以一种通俗文化历史的方式进行时，这一点应当被记住。

道格拉斯的叙述与加纳的故事的流行，还标志出废奴主义运动中思想劳动分工的改变，这一点值得注意。废奴主义事业中的哲学思想，不再仅由白人评论者写出，他们仅阐释简单、事实性奴隶叙述的形而上学核心。同时，有必要强调这些文本不只是对我们熟悉的黑格尔的寓言的修正和改变。它们以最有力的方式表现了一种写作传统，其中自传成了一种既是自我创造又是自我解放的行为或过程[83]。对公共形象的呈现因此成为黑人离散群体表现性文化的建基主旨[84]，这对黑色大西洋现代性的内在美学特征的影响将在下文被详细探讨。这里重要的是要注意到，随着黑人作家拒绝把奴隶经验的特殊性看作普遍理性的总体力量——仅由白人之手、笔及出版机构掌控——的附属部分,一种新的话语经济出现了。从这段历史明确的个人性基调中直接产生了权威性和自主权。这些个人的故事被引述它们的运动热切接受,并标记出一个他们希望用乌托邦内容填充的资产阶级公共领域内的异议空间。因此许多类似陈述的自传性特征是非常重要的,它用特殊的方式塑造着公众对废奴主义运动的看法——这种运动反对内在于既不理性又不符合基督教教义的奴隶体系中的专制力量。这些叙述形成了后来理查德·赖特所说的"个人主义的美学"源头,这种美学显示了在奴隶的写作中特殊的(the particular)能够像普遍的(the universal)一样披上真理和理性的外衣。

有必要停下来审视道格拉斯书中第五章结尾的一个特别重要的段落,威廉·安卓斯(William Andrews)在他引人入胜的书《讲述一个自由的故事》(*To Tell a Free Story*)中也提及了这一段[85]。在这个段落中,道格拉斯反思了他生命中的转折点:在他七八岁时,他被主人送到巴尔的摩去和奥尔德一起生活。回顾这个事件时,道格拉斯把它描述为此后一直出现在他生命中的特殊天意的第一次显现。他承认白人读者可能会怀疑他被挑选出来接受特殊命运的说法,"把这个事件看作是神的旨意降临在我身上,可能会被人认为是迷信甚至是傲慢的。但如果我压制这个观点不说,我就是不忠实于自己灵魂中最初的情感。即便会引起他人的嘲讽,我还是愿意对自己诚实,而不是表现得虚伪并引起自己的厌恶"[86]。安卓斯指出道格拉斯没有用**神的**权威来合理化他对自己生命的阐释中的这一独立宣告,这个段落强调了自传性写作和自我解放的任务之间的联系,它根本的重要性在于宣告对自己诚实比读者认为可接受或适合融入废奴主义话语更重要。但是，我认为这里有更深的含义，它关乎真理和理性作为普遍概念的地位，也关乎为了维持种族本真性和个人见证而远离绝对标准的必要性。在这个文本和这一时期其他许多类似的文本中明显的自我创造的独特模式，并不像某些后结构主义的文学批评家所认为的，只是开创了一种新的重要的文学体裁。道格拉斯的结论把读者的注意力导向一种独特且令人信服的形而上学、哲学评论的形式。它们指向了一种独特的政治视角的产生和再生产，其中自我创造与诗学接合并共同形成一种立场、风格和哲学情绪——这些在此后的黑色大西洋政治文化中不断被重复和重新运用。黑人表现性文化的通俗部分，因此与赖特、杜波依斯这样的黑人现代主义作家更明晰的哲学写作产生关联。这些作家通过回答形而上学的问题，如"我是谁？""我什么时候最是我自己？"，发展出这种质疑的方式。

一些年后，杜波依斯以一种高度的准确性呼应了道格拉斯。他发展了上述文本中的观点，并把它提升到新的抽象层面：

> 美国黑人知道这一点：他的斗争是朝向终结的斗争。他要么死，要么赢。如果他赢，不会是通过诡计或回避型融合。他会以拥有完全的、不受限制的平等权利的黑人身份进入美国现代文明，否则他就不会进入。要么彻底毁灭，要么绝对平等。不会有任何妥协。这是西方最后一次伟大斗争[87]。

像道格拉斯一样，杜波依斯试图把新世界的黑人历史（特别是奴隶贸易和种植园的历史）建构为整个西方道德史的一部分。它们不是独特的事件——少数群体历史中的不连续篇章，仅能够通过对黑人自身的影响被理解；也不是偏离现代文化精神的反常现象，可以被追求一种世俗、理性的乌托邦的不可阻挡的进步过程克服。种族主义的持续存在证明这两个方面都是错误的，它要求我们更深入地探究种族恐怖和种族从属与现代性内在特征的关系。这是赖特、詹姆斯、杜波依斯和其他许多人指示的道路——他们贡献了多样的诠释学，使黑色大西洋的落地美学独树一帜。这种诠释学有两个互相关联的层面，它既是有关怀疑也是有关记忆的，二者共同形成了一种救赎性的批判。

在后奴隶制的阶段，对奴隶体验的记忆被唤起，并被用作额外、补充性的工具来建构对现代性的独特阐释。无论这些记忆是否会引起对理想话语范畴之外的恐怖的回忆，它们都从当下指向对种族压迫的乌托邦式的改变。我们接着要问的是，像哈贝马斯等人采用的对现代理性的定义，是否给反话语性（anti-discursive）甚至前话语性（pre-discursive）的解放性和美学的时刻留下空间？换句话说，在工人阶级解放的旗帜下，人们对资产阶级意识形态的批判和对启蒙计划的践行，被另一种斗争补充——通过奴隶制过去的记忆，再现对当下的救赎性批判。这种批判只是部分性地从现代性自身提供的规范性结构内部建构。我们可以从这种批判运用前奴隶制时期的概念的方式中看到这一点——常常是以关注埃及历史和文化的形式进行的。我们也可以用这一点来确定对现代性成就的有异议的评价。

第三章

"奴役中诞生的珍珠"：
黑人音乐和本真性的政治

我的国籍是现实。

——饶舌酷基（Kool G Rap）

自从 19 世纪中叶开始，一个国家的音乐通过强调民族特征、作为国家的代表出现，并总是强化国家的原则，成了一种政治意识形态……但是音乐比任何其他艺术媒介更能表现国家原则的二律背反。

——T. W. 阿多诺

很久之前的黑肤色无名诗人啊，
你们的嘴唇何以触碰到圣火？
何以在蒙昧中知晓
游吟诗人七弦琴的力量和美妙？
是谁最先在枷锁中抬起目光？
是谁最先从凄清而漫长的夜晚，
感悟到先知们的古老信仰，
在黑暗的灵魂中站起，引吭歌唱？

哪个奴隶的心唱出《逃出去寻找耶稣》这样的歌曲？
随着它的旋律，
他的灵魂必定每夜自由飞翔，
尽管双手仍被铁链紧锁。
是谁听到了激动人心的《约旦河，奔腾吧》？
是谁的眼睛星星般明亮，
看见战车"徐徐驶下"？
是谁发出悠扬悦耳的咏叹，
"无人知道我经历的苦难"？

——詹姆斯·韦尔登·约翰逊

上一章提及的当代有关现代性及其可能的衰落的讨论很大程度上忽视了音乐。考虑到对真、善、美的现代区分直接体现在公共文化使用的转变之中和各种音乐在公共领域的重要性的增加之中,这一点十分奇怪[1]。我已经指出,几代黑人知识分子表达出的对现代性的批判拥有根茎状的传播体系——这一体系建基于对奴隶经历中不可言说的恐怖的不断接近,这种批判由对种族恐怖和理性之间的共谋关系的深刻意识促成。因此产生的对现代性的矛盾态度,构成了塑造黑色大西洋政治文化最独特的一些力量。对奴隶制不可言喻的恐怖的接近以仪式化、社会性的形态很好地保存了下来,接下来我会通过研究与之接近的方式,从一个稍微不同的角度发展这个论点。本章开始了一种转变,这一转变在第四章会进一步得到讨论,即用黑人现代主义的发展补充我所关注的黑人对现代性的回应。

在讨论现代主义时种族恐怖的问题总是存在,因为想象中的与恐怖的接近构成了黑人的初始经验。在从奴隶社会进入帝国主义时代后,这种焦点变得更精确。尽管种族恐怖是不可言说的,但它不是不可表现的。种族恐怖必然留下了痛苦表达的残余痕迹,这里我主要的目的就是研究这种残余痕迹如何依然有助于形成历史记忆,它们铭刻和被包含在非洲—大西洋文化创造的不稳定核心中。思考本章的黑人音乐主题，要求我们转向纯交际性的（phatic）和不可说的内容。

借由对音乐及与其相伴的社会关系的讨论，我想阐明黑人文化形式的一些独特属性，它们既是现代的又是现代主义的。黑人文化是现代的，因为它们有来自西方混杂的、克里奥尔化的源头；因为它们试图逃避商品化的状态和文化工业中的分工位置；而且因为它们是被这样的艺术家创造出来的——他们对自身相对于黑人群体的位置关系的理解、对艺术在调和个体创造性和社会动态中的作用的理解，被这样一种观点所塑造：艺术实践是和日常生活世界脱离的独立领域。

因此，这些表现性文化既是西方的又是现代的，但这不是它们的全部。我想指出，就像第二章中考察的哲学批判一样，这些表现性文化的特殊力量源自一种双重性，源自它们的不稳定位置——同时处在界定并划分现代性的常规、假设和美学规则的内部和外部。这些音乐形式和它们促成的文化间的对话，是对黑格尔的观点的有力反驳——他认为思考和反思已经超过了艺术；艺术与哲学对立，它是对自然和有限现实的最低且纯粹感性形式的调和[2]。这些黑人音乐形式顽固的现代性，要求我们调整黑格尔对文化成就的现代排序。这可能意味着音乐应该享有更高的地位，因为它能直接表达奴隶的意愿。

这些文化形式如同其前身一样，它们的反现代性出现在一种前现代性的（去）伪装中，这种前现代性既在当下被积极地再想象，又不断从过去传承下来。它追求的不仅是简单地改变这些文化形式与新独立的哲学和科学的关系，而且是要放弃这些分离领域的相关评价建基的范畴，并因此改变艺术的生产和使用、日常世界与种族解放计划之间的关系。

　　源自奴隶对种族恐怖的体验并在19世纪对奴隶音乐的评价中反复出现的不可言说的主题,有其他重要的意义。它可以被用来挑战语言和写作是对人类意识的卓越表达这一优先理念。黑色大西洋中音乐的力量和重要性增加了,相反语言有限的表达力量却减少了。记住以下这些是重要的:奴隶识字的机会常常被剥夺,违者被处以死刑;只有很少的文化机会被提供给了奴隶,作为对(被种植园和奴隶收容所生活剥夺了的)其他个人自主形式的替代。当语言和语义的不确定性或多义性出现在主人和奴隶之间长期的对抗中时,音乐变得关键。这种明显现代的冲突,是语言失去其相对于概念的指涉性和特权关系所造成的结果[3]。弗雷德里克·道格拉斯在讨论戈尔时提出了这一点——戈尔是一个用行动阐明了奴隶制的理性主义和它的恐怖、野蛮之间关系的工头。

> 戈尔先生是个严肃的人,尽管还年轻,但他不开玩笑,不说任何有趣的话,从来不笑。他的言辞和他的样子完全一致,他的样子和他的言辞完全一致。工头们有时会说一些诙谐的话,甚至会对奴隶们说;但戈尔先生不是这样。他说话就是发布命令,发布了命令就要被遵守。他极少说话,大量使用鞭子,在能用鞭子时绝不说话……他十分残暴,就如同他在手下的奴隶犯下最严重和野蛮的罪行时十分冷静一样[4]。

考察音乐在黑色大西洋世界中的位置，意味着探究音乐家在其创作的音乐中表现出来的自我理解、其他黑人艺术家和作家对这些音乐的象征性使用，以及产生和再生产了独特的表现性文化的社会关系——音乐构成这种表现性文化的核心甚至是基本部分。我认为可以通过几个相关的问题对后奴隶制时期不同黑人文化形式可能有的相同点进行讨论，这些问题聚焦于对黑人音乐及形成它们的社会关系的分析。考察现代西方的不同非洲离散群体拥有的独特语言使用模式，是探讨这个问题的一种特别有价值的方式[5]。文化背景——离散音乐从中孕育而出——的口头性特征决定了这种文化和身体的独特关系，这种观念曾被格里桑有点不耐烦地表达过："告诉我们音乐、姿势、舞蹈是沟通形式且和演讲的天赋一样重要没什么新意。我们一开始就是这么从种植园中走出来的，黑人文化中的美学形式必然被这些口头结构塑造。"[6]

后奴隶制时期黑人独特的人体动作学（kinesics），是这些残酷的历史情形的产物。尽管这种人体动作学更常在关于运动、竞技和舞蹈的分析中被提起，但它应当直接有助于对表演的传统理解——这种传统仍塑造着对离散音乐的创作和接受。这种关注表演具体动态的导向，在对黑人文化的分析中的重要性比目前所认为的更大。当它与完全建立在文本性和叙事，而不是戏剧、发音和姿势上的研究黑人文化的方法对比时，优势很明显——戏剧、发音和姿势是黑人元沟通（metacommunication）的前话语性和反话语性的构成部分。

上文提到的每一个领域都值得详细讨论[7]。所有领域都被它们复杂、多重的源头形塑，这些源头混合了非洲和其他（有时被称为克里奥尔化的）文化形式。但是，我在本章主要关注的不是这些融合性的表现性文化的形式特征，而是关注对黑人表现性文化的批判性、评价性、价值论和（反）美学的判断如何被做出，以及族群划分和本真性在这些判断中的作用。如果一种音乐的风格、体裁或特定表演被认为表达了创造该音乐的群体的绝对本质，会产生什么特殊的分析问题？在这种文化表达被其他离散群体传播和改编时，会出现什么矛盾？这些矛盾如何被解决？黑人音乐在西半球的迁移和全球性的传播，如何反映在批判性写作的本地传统中？一旦黑人音乐被认作是世界性的现象，它的源头会被赋予什么样的价值，特别是当它的源头与后来在不断循环和分形的轨迹中进一步的变化对立时？在音乐被认为代表和构成了种族差异而不仅是与其有关的情形下，音乐如何被用来说明与种族本真性及由此产生的族群自我认同有关的问题？思考音乐这种非再现性、非概念性的文化形式，引发了不能被化约到认知和伦理层面的具身化的主体性问题，这些问题在试图指出黑人沟通中独特的美学部分时同样是有用的。

这里我考察的音乐表达的被发明的传统，在对离散黑人和现代性的研究中同样是重要的，因为它们促成了一群独特、常常是祭司般的有机知识分子[8]的诞生。这些知识分子的经历使得我们能够清晰地认识现代性和现代价值的危机，他们常常是葛兰西意义上的知识分子，既没有因为与现代政府有某种关系而获益，也没有因为在文化产业机构中有稳定的工作而获益。他们常常选择避开可以被归类为立法者或阐释者的角色，而选择成为一种独特、备受攻击的文化感性（它也是一种政治和哲学资源）的临时监护人。在他们的作品中仍然可以听到曾被禁止的鼓[1]的不可压制的声音。这种反文化特有的切分音[2]依然鼓舞着"自由和做自己"的基本渴望——这种渴望体现在反文化对身体和音乐的独特接合中。我们可以将音乐当作是补偿奴隶被流放在实践理性模糊的遗产之外及被彻底地排斥在现代政治社会之外的勉强的礼物，它被完善和发展，以便提供一种更强的沟通模式，能够超越语言（书写或口语）的渺小力量。

矛盾的是，黑人音乐的源头处在18世纪末最现代的社会关系中，现代性的种族中心主义的美学假设却将这些音乐创作与原始的概念联系在一起，后者内在于科学种族主义的固化过程中。追随茱莉亚·克里斯蒂娃（Julia Kristeva）对伦理基础"女性化"的挑衅性指涉[9]——它使得异议政治行动成为可能，这种音乐亚文化和反主导权力的创造者或许可以被更准确地描述为助产士，他们处于原始自然和理性文化的社会交叉点上。我认为，这些颠覆性音乐的创作者和使用者代表了一种不同的知识分子，不仅是因为他们的自我身份认同和文化政治实践位于同情和内疚的辩证法之外，这种辩证法常常控制着作家精英和不识字的大众之间的关系（尤其是在被压迫的群体中）。我还想问对于黑人文化理论而言，容纳甚至接受与不可再现、前理性和崇高的内

---

[1] 种植园奴隶主曾禁止奴隶使用鼓，担心他们以鼓传递信息、策划反叛行动。
[2] 作者将非欧洲的思想和文化比作有切分音的音乐，将欧洲的思想和文化比作没有切分音的音乐。

容之间的调解性、策略性关系,是否实际上是有害的?由于这些文化形式(不仅代表黑色大西洋群体,而且代表所有的穷人、被剥夺者和被压迫者)占据了文化工业的间隙,这些问题变得具有政治决定性。

目前有关现代性的讨论,或是聚焦政治和美学之间问题重重的关系,或是聚焦科学的问题及其与统治行为的联系[10]。这些讨论很少在科学和美学接合的地方展开,而这是考察当代黑人文化表达及其社会传播和再生产用到的数字技术所要求的出发点。这些对现代性的讨论往往通过对资产阶级民主成就的松散调用,来定义现代社会总体性的政治情况。关于美学的不连续概念——资产阶级民主自我维持的政治领域借由与它的关系被评价——通过文本的概念和意识形态,以及为所有其他形式的认知交流和社会互动提供了典范的、作为沟通实践的文本性模式得到建构。当代对现代性的讨论被后结构主义对存在的形而上学的批判促进,超越了用语言作为理解所有意指实践(signifying practices)的基本类比,达到了这样一种程度——文本性(特别是当它通过差异的概念被打开时)扩大并和总体性融合。仔细关注支持黑人表现性文化的感觉结构,可以发现这种批判是不完整的,它因为对无所不包的文本性概念的调用而变得封闭。文本性成了一种遮蔽人的能动性问题、阐明主体(因为碎片化)死亡的方式,以及(用同样的策略)把文化批评家作为人类创造性沟通领域的导师供奉起来的方式。

尽管可能会显得相当深奥,我依然想强调黑人音乐的历史和实践指向了其他可能性并形成了其他可行的模式。无论这段被忽视的历史能否为其他更普遍的文化过程提供指向,它都是值得被重构的。但是我想指出，以都市上流社会的形象出现在公共领域开端的资产阶级民主制，不应当成为所有现代政治进程追求的理想。其次，我想转移对美、品位和艺术判断的问题的关注，这样讨论才不会被泛滥、扩散性的文本性观念限制。突出黑人音乐制作的历史，同时促进了以上这两种立场。它还要求我们运用不同的分析概念。理解音乐表演的需求使得这个要求更加突出——在音乐表演中身份被以最集中的方式快速体验，并且有时通过被忽视的意指实践的模式（如模仿、姿势、动作和服装）被社会性地再生产。应答轮唱（antiphony，call and response）是这些音乐传统的首要形式特征，它被看作是连接音乐和其他文化表达模式的桥梁，与即兴表演、蒙太奇和戏剧学一起成为对黑人艺术实践的混合性诠释的关键。托妮·莫里森极好地陈述了她对这种重要关系的看法：

> 美国黑人因为他们的经历被转化为艺术（首要的是音乐），而得以存活、得到治愈并获得养分。这种转化是实用性的……我对照的从来都是音乐，因为艺术中的所有策略都体现在其中。所有的复杂性，所有的规则，所有那些必须即兴创作才能产生、因而你似乎并未提前设想的作品。音乐让你对其产生渴求，你永远不会嫌多。它拍打你又拥抱你，拍打你又拥抱你。文学应该做到同样的事情，这是我经过深思熟虑后才提出的。词的力量与音乐不同，但在美学方面音乐是一面镜子，让我看得足够清晰……黑人艺术必须拥有的主

要是这些：它必须有能力使用找到的材料并让人看出来对其的使用，而且必须看上去毫不费力。它必须看起来很酷、很轻松。如果它让你流汗，那是你没做好准备，你不应该看到音乐的接合处。我一直都想发展一种纯属黑人的书写方式。我没有受过音乐的训练，但我认为文学作品不会因为作者是黑人甚至不会因为主题是黑人就是黑人文学。黑人文学的特征会体现在某种内在、固有的方面，体现在文学排列的方式——句子、结构、肌理和语调中，因此任何读的人都能意识到。我用音乐作为类比，因为它在世界任何地方都是黑人的……我不模仿它，但我被它影响。有时我听布鲁斯，有时我听圣歌或爵士，而且我会挪用它们。我试着在写作中重构它们的肌理——某些类型的重复——它们深刻的简单性……美国音乐中已经发生了的事情有一天也会发生在文学中，当那发生时一切都结束了[11]。

塑造了黑人艺术运动的激烈且常常痛苦的对话，提供了一个小小的提醒：在象征且预示了（但未保证）新的、非主导性的社会关系的应答轮唱实践中，有一个民主性、共同体主义的时刻。自我和他者之间的界限被打乱，碎片化、不完整和未完成的种族自我与其他自我之间的交流和对话产生了特殊的快乐。这些关键的相遇发生在应答轮唱的结构中。在拉尔夫·艾利森（Ralph Ellison）对爵士乐创作的内在动力的著名论断中，视觉艺术被作为核心类比，但这一论断完全可以超出它所要阐明的特定背景：

> 在这种艺术形式中隐含一种残酷的矛盾。因为真正的爵士乐是有关个体对在群体中和群体外的确认的艺术。每个真正的爵士乐时刻……产生自艺术家挑战其他所有一切的竞争；每次单人即兴表演，（如画家的油画般）代表了他对其身份的定义：作为个人，作为集合体的一员，作为传统的链条中的一环。爵士乐通过对传统曲目的即兴创作获得生命力，因此爵士乐表演者即使找到了自己的身份认同也必须放弃它……[12]

这段话提醒我们，除了音乐和音乐家，我们还必须思考黑色大西洋表现性文化中某些人物的作品。在或许可以被称作批判性社会理论的创作过程中，他们用音乐说明其美学、政治或哲学特征。这里有必要思考一大群典型人物，包括前奴隶、牧师、自学的学者和作家、少量的专业人员，以及极少数在原本种族隔离的教育体系中或抓住利比里亚、海地和其他独立国家的机会获得某种学术职位的人。从菲丽丝·惠特利开始，这个群体以不连续的、横向的航线跨越大西洋。这个群体最大的优点是有一种反等级制的思想传统，这可能最充分地体现在 C.L.R. 詹姆斯的观点中：普通人不需要先锋知识分子帮他们说话或告诉他们要说什么[13]。再次重申，在这种表现性文化中，音乐家总是被呈现为自主活动价值的鲜活象征[14]。这常常是风格的问题。

抛开考古学重构和分期的基本工作不谈，研究当代黑人表现性文化特别要处理一个问题：在黑人群体中和不同黑人文化之间，黑人的音乐习惯展现出差异，应该赋予这些差异什么样的分析地位？由于比较或评价不同的黑人文化形式而产生的张力，可以用以下问题总结：我们要如何批判性思考艺术作品和美学符码——尽管它们可以被追溯到某个确定的地理位置——由于时间的流逝或由于在沟通和文化交流的网络中的移位、迁移和传播而改变了的事实？这个问题包含了几个更棘手的议题，如创造性的黑人自我的统一和分化、黑人特殊性的难题、文化表达在黑人特殊性的形成和再生产过程中的作用。这些问题是尖锐的，特别是因为黑人思想家不能运用精神分析的权威论述来确定他们理论的跨文化追求。除了几个突出的例外，对黑人压迫和反抗的批判性描述一直是单一文化的、民族的和种族中心的。这种对现代黑人文化史的理解是不充分的，因为使得黑色大西洋世界成形的跨国结构自身经历了发展，如今把它的各种形式接合为一个由流（flows）构成的全球沟通体系。黑人文化的这种基本的移位，在黑人音乐的近代历史中特别重要，而黑人音乐产生自孕育了现代西方文明的种族奴隶制，如今主导了黑人流行文化。

面对黑人文化风格和体裁的明显分化和扩展，一种新的分析正统论开始发展。它以反本质主义和理论严谨性的名义提出，既然黑人特殊性是社会和历史构造的产物并且多元性已经是不可避免的，那么在当代黑人文化中任何对统一的动态或潜在的感觉结构的追求都是错误的。任何把新世界和欧洲甚至非洲的离散和分隔的黑人联系起来的文化实践、主题或政治议程的尝试，都被贬为是本质主义、唯心主义或二者的结合[15]。

本章其余部分描述的另一种立场试图否认这种正统论，我认为这种正统论忽视了对黑人身份的理论化，是不成熟的。在我看来比较不同黑人文化之间的相似和差异，依然是个紧迫的任务。这种回应关键性地基于离散的概念[16]，第六章会对此进行详细讨论。目前我想指出在考察现代黑人未完成的历史的政治和伦理动态的过程中，离散概念仍是不可缺少的。尽管离散概念可能会引起唯心主义和田园主义的危险这点是明显的，但这个概念至少提供了一种有启发性的方式，能够关注黑人政治文化中的同一性和非同一性的关系。离散概念还能被用来把世界不同地方黑人文化的丰富多元性与黑人的共同情感——源自非洲的和在新世界种族奴隶制中产生的特殊的苦涩——进行对比，这不是一件容易的事。后奴隶制时期大西洋世界的不同文化在某些重要的方面是彼此相关的，与它们部分源自的非洲文化也是相关的，这一直是个有争议的观点，能够引发远远超出冷静的学术思考的激烈情感。心理上、情感上和文化上脆弱的相似性将有明显差异的离散群体联系起来，这些相似性常常只是快速地并且以不符合学术正统规定的方式被理解，因而情况变得更复杂。但是，有大量作品证明了这种观点——黑色大西洋群体之间的某些文化、宗教和语言的联系可以被识别，即便这些联系的当代政治影响是有争议的。在推动女性解放的政治计划的背景下，一些女性主义政治思想家、文化批评家和哲学家提出了有关身份认同和差异之间关系的启发性概念，他们的作品也能提供有价值、尽管未被充分利用的指引[17]。

英国黑人

黑人文化的同一性和非同一性的问题,在英国有特殊的历史和政治意义。许多世纪前就有黑人在英国定居,确认其延续性是试图回应当代英国种族主义政治的重要部分。但是,如今英国黑人中的大部分是相对较晚(二战以后)才来到这个国家的。如果这些群体能被统合起来,那么更多是因为移民的经历,而不是对奴隶制的记忆和种植园社会的残余影响。最近,这种新到英国和明显缺少在英国城市"本土"文化中的植根性的特征,构成了种族亚文化形成的条件,这些亚文化很大程度上借鉴了加勒比人和美国黑人的文化。这些亚文化也促成了英国黑人定居者身处的对抗性阶级关系的不稳定平衡——在这种对抗性阶级关系中,他们发现自己成了种族上被压迫的移民劳工和工人阶级里的黑人定居者。即便在这样的情况下,上述观点同样成立。

黑色大西洋世界的音乐是对黑人文化独特性的基本表达,英国黑人利用了这种独特性并改变它以适应新的情况。英国黑人运用黑色大西洋世界分隔但又融合的音乐传统,其目的如果不是把自身重新创造为一个融合性的黑人共同体,那么就是将此作为一种方式,来衡量自发的自我创造活动促成的社会进步,这种自我创造因经济上的剥削、政治上的种族主义、迁移和流亡所共同带来的无尽压力的积累而产生。黑色大西洋世界的音乐遗产逐渐成为一个重要因素,促进了不同的英国黑人定居者接受一种鲜活的黑人性的独特模式,它还促成了一系列受到加勒比、美国甚至非洲文化影响的主体性的产生,并且也受到其形成和发展所处的英国情形的深刻影响。

要认识到并非只有非洲—加勒比裔的英国定居者经历了这样的过程。英国的一些亚洲定居者在重新塑造他们自身的族群特征的过程中,也借鉴了加勒比地区的声音系统文化(sound system culture)与美国黑人的灵魂乐和嘻哈音乐以及混音、刮擦(scratching)、取样(sampling)这样的技术,将它们作为创造一种新的文化生产模式和配套的文化身份的一部分[18]。阿帕奇·印第安(Apache Indian)[19]和巴利·沙古(Bally Sagoo)[20]将旁遮普的音乐和语言与雷鬼乐和雷鬼音乐表演风格相融合的尝试,把有关这些混杂文化形式的本真性的讨论推向最高潮。加勒比地区的人移民到英国的经历,是有关复杂的文化交流,以及自觉融合的文化如何能够支持一些平等的新政治身份的进一步例子。圭亚那、牙买加、巴巴多斯、格林纳达、特立尼达和圣卢西亚的文化和政治史,如同在它们各自欧洲移民形成的过程中发挥作用的经济力量一般,是极其不同的。即使这些国家的文化和政治史是相似的(这是不可能的,更不为人所向往),种族主义的影响也不能确保这些国家的移民文化融合成一种英国黑人文化。因此黑人性(特别是美国黑人的黑人性)的外部意义在形成一种连接性文化中的作用是重要的,这种文化把不同的"民族"团体联结在一种新模式中,它不像加勒比的文化传承那样带有族群的特征。此处雷鬼乐是个有用的例子,它被认为是一种稳定和有本真性的音乐范畴。但是一旦雷鬼乐在节奏布鲁斯音乐中的混杂源头被有效隐藏[21],它在英国就不再代表一种黑人独有的、牙买加的风格，并因为其新的全球地位及可以被称为泛加勒比文化的表达而获得一种不同的文化合法性。

民权运动和黑人权力运动（Black Power）的风格、修辞和道德权威性也经历了类似的情形。它们也与原初的族群特征和历史源头分离，向外传播并被改变（这个过程带有明显的尊重但很少的感伤）以适应当地的需求和政治情况。它们通过一个以音乐——这些音乐既影响也记录了其他地方的黑人斗争——为中心的传播体系出现在英国，在明显是欧洲的环境中被重新表达。对于文化史家而言，这些运动的形式、风格和历史如何能够跨越这么长的物理和社会距离仍被挪用是个有趣的问题。这种挪用被共同的都市经历、类似但形式绝不相同的种族压迫的影响以及对奴隶制的记忆、非洲主义的遗产、由前二者所界定的宗教经历所促进。非裔美国人的文化传播的声轨远离了它们原初的存在情形，促进了一种新的黑人性的形而上学，它们在欧洲和其他地方的地下、另类公共空间中被阐发和展现——这种空间由被音乐主导的表现性文化构成。

有关公民权、种族正义和平等的不可避免的政治性语言，是一种有助于这种文化和政治形式以及感觉结构的转变的话语。对工作和休闲的关系以及与二者相关的自由形式的评论是第二种连接原则。平民历史主义是第三个部分，它促进了对历史及其恢复的意义的特殊迷恋——这种恢复要由那些被从文明的官方剧本中驱逐出去的人完成。以鼓励超越肤色界限的身份认同的方式，对性征和性别身份——特别是黑人女性和男性之间对抗性关系——的仪式性公共投射的再现，是通过黑色大西洋世界的音乐传播的通俗文化和哲学形构中的第四个部分。

对性征的冲突性再现与种族解放的话语相互竞争，以构成黑人表现性文化的内在核心。通过同样宣告性的程序发展出的共同修辞策略，有助于将这些话语联系在一起。它们的联系是关键的，在从节奏布鲁斯中发展出灵魂乐的大规模世俗化过程中起到了重要作用，如今它依然存在。在嘻哈音乐的厌女基调和男性气质导向的激烈冲突中可以很轻易地观察到这种联系。最近黑人通俗表达和对艺术作品的压制性审查之间的激烈冲突发生在嘻哈文化中。这使得一些黑人评论家陷入了困境，对此他们通过调用文化内部主义的修辞和更加支持绝对的族群区分的方式来解决。近来能说明这一点的最重要的例子是有关 2 Live Crew 的猥亵审判延伸出的复杂问题，2 Live Crew 是卢瑟·坎贝尔（一个牙买加裔的有商业头脑的美国黑人）领头的来自佛罗里达的嘻哈组合。这个事件值得关注不是因为引起了警察和地方检察官注意的厌女症的新的表现形式[22]，它的重要性在于美国黑人中最著名的学者和文化批评家亨利·路易斯·盖茨进行了重要的公共性介入[23]。盖茨不只是简单肯定了这个嘻哈组合的艺术地位，而且充分说明 2 Live Crew 的创作是独特的黑人文化传统的表现，这一传统按照特定的讽刺规范运行——其中被认为表现了某人的厌女症的内容，实际上是他的戏仿而已。20 世纪 80 年代最有才华的说唱诗人拉金姆（Rakim）[1]，对

---

[1] 威廉·迈克尔·格里芬（William Michael Griffin Jr.），以他的艺名拉金姆为人熟知，是一位美国说唱歌手。

2 Live Crew 的作品的本真性有不同的看法：

> 那（2 Live Crew 的审判）不是我的问题。一些人可能会认为这是我们的问题，因为说唱是一个快乐的大家庭。每个人要为自己的行为负责。我不为任何我不能代表的东西发言。我曾看过一个采访，他们问他（卢瑟·坎贝尔）一个问题，他谈论的都是黑人文化。那使得每个说唱的人都显得有点傻。他说"哟，这就是我的文化"，那根本就不是文化[24]。

令人吃惊的是，为 2 Live Crew 和其他类似表演者的厌女行为辩护的人，竟然没有注意到他们理所当然地渴望合法化和保护的通俗传统，有其自身对（构成了黑人艺术家的独特负担的）具体的伦理义务和政治责任进行反思的记录。暂时抛开厌女症的问题不谈，对黑人通俗文化**不过**是一种游戏的、滑稽的拉伯雷式的颠覆这一观念的支持，无疑降低了艺术家、批评家和整个黑人群体的地位。更重要的是，对美国黑人流行音乐的学术性和媒体性评论，都未能发展出一种反思性的政治美学，把 2 Live Crew 及类似群体与其他同样有本真性、但可能更有说服力和更有助益的同行区分开来。

我不认为应该将 KRS1、可怜的正义之师（Poor Righteous Teachers）、拉基姆·沙巴兹（Lakim Shabazz）、X 派（X Clan）这样明显带有政治性的艺术家关于种族的自觉教导，与艾斯·库伯（Ice Cube）、蒂姆·狗（Tim Dog）、贫民窟男孩（Ghetto Boys）、法律之上

（Above the Law）和康普顿的头号通贩（Compton's Most Wanted）精心制作的对虚无主义表示肯定的音乐对立起来。嘻哈音乐中表现出的不同风格和政治观点，与一种风格化但带有侵略性的男权主义色彩的话语及对牙买加"身体运动和口头表达结合"的独特模式包含的语言创新的借鉴都有关系[25]。这种对加勒比文化的借鉴（它只会削弱嘻哈作为一种纯粹美国文化产物的定义），在丛林兄弟（Jungle Brothers）、德拉灵魂（De La Soul）和探索一族（A Tribe Called Quest）的非洲中心主义的音乐中得到更为公开的承认，这些人可能代表了第三种选择——既体现在它对女性的尊重性和平等性再现上，也体现在其与美国和美国主义之间更矛盾的关系上。这群艺术家鼓舞人心和创造性的工作，采用了一种相当不同、反常的黑人本真性概念，它有效地把地方的（黑人民族主义）与全球的（黑人国际主义）对立，并将埃塞俄比亚主义、泛非主义与美国主义相比。强调这一点是重要的：嘻哈中的三种导向——教导（pedagogy）、肯定（affirmation）和游戏（play），都促进了一种大众文化集合体的形成，无论是令人厌烦的左翼主义政治指南还是不成熟的黑人后现代主义[26]美学闪亮的导航仪，都未能对此提供太多有用的说明。

在处理种族和阶级的关系时，很容易回想起霍尔说的"种族是阶级寄居的形态"。2 Live Crew 的故事以及性在当代关于种族特殊性的话语中占据的核心位置指向了一个类似的陈述，它可能会被证明是同样合理的：性别是种族寄居的形态。增强、夸大了的男性气质成为一种补偿文化的自负的核心，这种文化自觉缓解了被剥夺了力量和被压迫的群体的痛苦。这种男性气质和与其相对的女性气质成了种族造成的差异的特殊象征，它们在种族身份再生产可能倚赖的家庭生活的独特模式中被体验和自然化。这些性别身份作为例子证明了无法改变的文化差异，它们明显产生于绝对的族群差异中。质疑它们和它们对种族主体性的构成，就是要去性别化，并让自己位于种族亲属团体之外。这使得回应这些立场变得困难，更不用说批判它们。通过性别和性征的特殊定义来体验种族的同一性也被证明是可行的，它跨越时间和空间使之奏效的连接和认同的形式，不能被限定在民族国家的界限之内，并且与生活经验紧密呼应。这些形式甚至可能在默默、私密地繁育黑人民族群体的女人与渴望成为士兵公民的男人之间的冲突性互动中创造出新的民族概念。

这些联系没有任何减弱的迹象，但是英国黑人对新世界黑人文化的依赖程度最近发生了变化。目前Jazzie B、双重灵歌、马西·普利斯特（Maxi Priest）、卡伦·惠勒（Caron Wheeler）、莫尼·乐福（Monie Love）、年轻的信徒（Young Disciples）和其他英国歌手在美国的流行，证明了20世纪80年代英国黑人文化不再只是简单地模仿或再生产其他地方黑人文化的大量形式、风格和体裁，这些是英国黑人文化带着爱意借用、带着尊重偷取或厚着脸皮抢来的。因此我们要重新调整对离散群体的批判性的空间和时间测绘，以使得他们在不同地方的动态能够沿着无法预测的迂回道路和环路分散和分布，这些路标明了可以释放出新的政治和文化可能性的新的旅程和终点[27]。

在过去的某些时刻，英国种族主义催生了动荡的经济、意识形态和政治力量，这些似乎通过把被压迫者的文化身份汇集为一种单一有力的形构而对他们产生影响。无论这些人来自非洲、加勒比还是亚洲，他们的共同点常常是通过对他们共同的种族附属地位中核心的、不可化约的符号的参照而被定义的，这种符号就是黑肤色。不过最近这种起作用的脆弱统一瓦解了，被压迫者的自我认识分隔成了不同的组成部分。一种开放的黑人性的统一概念，很大程度上被更特殊主义的有关文化差异的概念所否认和替代。这种从政治上建构的种族团结性概念的倒退，导致了狭义的族群文化和身份的补偿性恢复。的确，本真的族群性的灵韵，在黑人经验的历史性不断被削弱的情况下为黑人提供了特殊的慰藉。

这些政治和历史变化体现在文化领域中。亚裔人群中宗教原教旨主义的发展是其重要性的明显标志。在来自加勒比地区的群体中或许有类似的过程在起作用，对这些人而言拥抱纯洁的族群概念的行为带有明显的代际特征。他们渴望将自己固定在种族特殊性中，而不是回归维多利亚时代的自信神态和加勒比文化生活的优越。但是，这种渴望与经济衰退和民粹式种族主义的压力一道，使得许多老一辈的定居者回到他们的出生地。在他们的后代中，同样返回故土的渴望有一种非常不同的表达形式。它发展为一种包含一切的非洲中心主义，这可以被解读为发明有关黑人文化的总体性概念。这种新的族群划分不对应任何实际存在的黑人群体，因此它更加有力量。它激进的乌托邦主义，常常建立在以尼罗河文明的历史为基础的族群中，超越了加勒比记忆的偏狭主义，偏好一种高度神秘化的非洲性——它不是源自非洲，而是源自许多美国黑人最近创造出的泛非意识形态。它几乎完全不关注当代非洲的问题。最近嘻哈音乐中更具教导性和更自觉地政治化的部分，促进了这种复杂而且有时激进的感性。代表了孕育这种感性的场域一端的是更寓教于乐的大学男孩说唱（college-boy rap），代表了另一端的是玩嘻哈的狭隘民族主义者的确定性立场。这种政治变化体现在嘻哈中适合黑人自我指涉的语言和符号不断加深的分化之中，以及反对种族主义与阐发黑人身份的象征性形式谁更重要的分歧之中。这些必要的任务并不是密不可分的，甚至不是一致的，但它们是可以兼容的。目前来讲更重要的是，意见双方所依靠的非洲中心主义话语中的离散概念：由既相似又不同的群体构成的团体，常常消失在对非洲家园的召唤和对直接、当地情形（某种特定音乐表演发端于此）的强有力批判性评论之间。抛开这些复杂性不谈，嘻哈文化最好被理解为最近从美国黑人传播到英国黑人中并获得支持的文化。特别有意思的是，嘻哈的成功基于很久之前建立起来的跨国传播和跨文化交流的结构。

欢庆歌咏队和跨大西洋的路径

我想通过简要提出一些具体的历史例子来进一步阐明我的论点，在这些例子中黑色大西洋世界的音乐传统拥有特殊的政治意义，本真性的种族文化观念在其中或是被质疑或是被有症候性地忽视。这些例子既是国家性的，因为它们对英国人的生活有直接的影响；又是离散性的，因为它们能告诉我们国家视角有哪些基本的局限性。无疑，我不是只能选择这些例子。我是随机选择它们的,但我希望它们跨越一个世纪的事实能进一步证明我在第一章中提出的文化和政治联系的分形[28]模式的存在。这些例子以相当不同的方式,反映了英国在黑色大西洋世界中的独特位置,它处于用船将商品和人在大洋间来回运送的近似三角形结构的顶端。

第一个例子是美国费斯克大学欢庆歌咏队(Fisk University Jubilee Singers)[29]在19世纪70年代早期对英格兰、爱尔兰、威尔士和苏格兰的访问,他们得到了沙夫茨伯里伯爵的慈善资助。费斯克歌咏队的历史意义深远,因为他们是第一个公开表演圣歌、将这种黑人音乐形式作为流行文化表现的团体[30]。在这个合唱团的故事中,我们可以发现跨文化传播的独特模式——非洲中心主义的说唱等近期现象的兴起建基于此——出现在二战后内在连贯的青年文化和亚文化发展巩固之前。

我认为这些传播体系的源头可以追溯到黑人音乐在19世纪晚期进入大众娱乐公共领域的时刻。费斯克欢庆歌咏队在世界范围内的旅行是个不知名但重要的例子,它说明了非裔美国人的民间文化进入发达国家新兴的流行文化工业的困难,这些困难从一开始时就存在。当时,欢庆歌咏队的艺术地位问题由于黑脸扮装秀[1]的知名和流行而进一步复杂化[31]。一篇描述欢庆歌咏队初期表演的评论标题是"教堂中的黑人黑脸扮装秀——新奇的宗教实践",而另一篇评论很大程度上

---

[1] 黑脸扮装秀(minstrelsy)指的是一些白人把脸涂黑在舞台上表演黑人歌舞,反映黑人生活。这种做法在19世纪得到了普及,并促成了种族刻板印象的传播。

是围绕这群黑脸扮装者实际上是"真正的黑人"展开的[32]。道格·司柔福（Doug Seroff）引用了当时描述欢庆歌咏队音乐会的另一篇美国评论："那些只看过白人演员用软木炭把脸涂黑表演黑脸扮装秀的人，对黑脸扮装秀没有任何真正的了解。"[33] 欧洲观众和批评家的回应体现出同样的问题："从一开始歌咏队的音乐就令批评家迷惑，即便是那些同情他们的使命的人，在对他们艺术优点的评价上也有很大的观点分歧。一些人不能理解几乎每个观众都如此享受这些简单**无伪饰**的歌曲的原因。"[34]

音乐和歌曲在废奴主义运动中的作用是另一个鲜少讨论的因素，它无疑预示了欢庆歌咏队最终的成功[35]。欢庆歌咏队最初的成立是为了经济利润，这无疑使人们部分忽视了他们在音乐表演中对美学卓越的追求。歌咏队最初试图在一个有五十年"扮黑脸"娱乐历史的区域，为黑人所创作的黑人音乐赢得观众。无疑，欢庆歌咏队为自身新的黑人文化表达建立可信度和吸引力的过程，包含了美学和政治冲突，并且它们不仅存在于音乐厅中。他们在巡回演出的过程中遭遇了实际的问题，旅馆主人以为他们是"黑脸扮装者"（即白人）因而接受了预订，在发现真相后拒绝他们入住。一个房东直到歌咏队成员们已经在房间里安顿好了才发现"他们的肤色是天生的，不是涂上去的"[36]，依然把他们赶到大街上。

不出所料的是，合唱团的发展伴随着价值争议，人们将他们的表演与白人"黑脸扮装"歌手的表演相比。费斯克欢庆歌咏队还要面对黑人观众的矛盾和尴尬情绪，后者对把严肃、神圣的音乐表演给观众——这些观众深受丑角吉普·库恩（Zip Coon）、吉姆·克劳（Jim Crow）[1]和其他配角的滑稽表演的影响——缺乏信心或感到不自在。黑人想保护他们独特的音乐文化，担心这种文化会因为迫于在流行文化的新领域中与黑脸扮装者展开竞争而被改变，这是可以理解的。黑脸扮装者改编了白人至上主义，以表演形式完成了对黑人性的荒诞再现。

费斯克欢庆歌咏队的成功促成了1871年后许多团体在欧洲、南非和其他地方进行类似音乐表演的巡回演出[37]。在当时的帝国主义时代，伴随着英国工人阶级重构，出现了文化和意识形态情形的变化，考虑到这一点，他们的成功是更为有价值的[38]。与当时正成为流行文化的一部分的黑脸扮装秀截然相反[39]，费斯克歌咏队为他们的表演建构了一种严肃的灵韵，并把奴隶制的记忆向外投射，以使得他们的音乐表演可被理解且令人愉悦。歌咏队在费斯克大学建校七年后踏上了筹集资金的路途。他们还写书来补充演唱会表演的收入，这些书在1873年到19世纪末之间卖出了超过六万册。有趣的是，这些书中包括了对歌咏队及其奋斗历史的大体描述、歌咏队成员的一些不寻常的自传性陈述、歌咏队共有的介于104—139首之间的歌曲的曲子和歌词。在我看来，这种对沟通模式和体裁的不寻常的组合，对于任何试图确定杜波依斯在《黑人的灵魂》(The Souls of Black Folk) 中运用的复调蒙太奇技巧源头的人而言是极其重要的。

---

[1] 黑脸扮装秀中有两个奴隶形象在台上最常见，一个是衣冠楚楚、自夸为情场老手的风流倜傥的城市中的奴隶，名为吉普·库恩；另一个是衣衫破烂、笨嘴拙舌、满口土话的种植园里的奴隶，名为吉姆·克劳。

歌咏队的书记录了严肃的维多利亚女王"带着明显的愉悦"聆听《约翰·布朗的遗体》(John Brown's Body),威尔士亲王要求他们演唱《不要再拍卖我》(No More Auction Block for Me),格莱斯顿首相夫妇在其仆人回家后仍等着歌咏队[40]。尽管歌咏队为英国城市的大量工人阶级观众表演的历史,对陷入困境的当代反种族主义——试图找到先例来避免显得新奇——可能更有价值,但这些文本描述同样重要。很明显,歌咏队的音乐和歌曲使得他们开明的赞助人感到更接近上帝和救赎,而他们的演出所唤起的对奴隶制的记忆强化了道德诚实的感受——它源自对政治改革的献身,就此而言在奴隶解放后很长时期内,从奴隶制中解脱出来的意象仍具有象征意义。欢庆歌咏队的音乐可以说在几个不同且阶级特性强烈的时刻,把杜波依斯所说的"奴隶要向世界传达的信息"[41]传递进了英国文化和社会。圣歌强化了沙夫茨伯里伯爵和格莱斯顿首相的贵族式的道德关注,也把一种具体的道德感带入了下层民众的生活,后者开始创造自己的欢庆合唱团[42]。

黑人歌手的这场运动对我们理解美国重建时期[1]的意义也值得探究。它将补充并扩展已有的对这一阶段黑人性的再现的研究[43],并远远超出我想要在这里强调的基本论点。黑人唱奴隶歌曲以供大众娱乐,为黑人文化表达设定了有关本真性的新的公共标准。这些新的文化形式的正当性,正是通过它们和黑脸扮装秀的种族符码之间的距离建立

---

[1] 美国重建时期指1865—1877年美国试图解决南北战争遗留问题的时期。"重建"提出了南方分离各州如何重返联邦、南方邦联领导人的公民地位以及黑人自由民的法律地位等问题的解决方式。

起来的。欢庆歌咏队在美国之外的旅程是使得这成为可能的关键阶段。

欢庆歌咏队和他们的旅行的卓越故事，还因为它给几代黑人文化分析家和评论家带来的巨大影响而值得思考。曾是费斯克大学学生的杜波依斯，在《黑人的灵魂》中用一章描写了他们的活动。杜波依斯从欢庆歌咏队把黑人大学变为一个有音乐和歌曲的地方的方式中，找到了一种可以将黑人中有才能的十分之一[1]人群的责任与黑人贫民、农民的责任相调和的例证。我们将在下一章中看到，《黑人的灵魂》是个关键文本。它是所有随之而来的著作的基础，它的重要性还体现在杜波依斯把黑人音乐看作黑人文化的价值、黑人文化的完整性和独立性的核心符号。该书每一章的开头都有两段引用，一段是奴隶歌曲的片段，一段是欧美浪漫主义诗歌，前者既伴随也意指了构成双重引用的后者。《黑人的灵魂》把奴隶音乐作为黑人本真性的首要能指。该书提出的作为西方黑人基本经验的双重意识，体现在这些既是美国的又是黑人的歌曲的双重价值中。在《新黑人》(*The New Negro*)（这是哈莱姆文艺复兴[2]的宣言）里有关歌曲的文章中，哲学家阿兰·洛克（Alain Locke）清楚地表述了这一点：

圣歌的确是迄今为止美国黑人的天赋产出的最有代表性

---

[1] 杜波依斯在1903年著名的论文《有才能的十分之一》("The Talented Tenth")中指出，黑人种族中有才能的十分之一必须接受大学教育并领导其他黑人。
[2] 哈莱姆文艺复兴是一场主要发生在20世纪20年代的文化运动，主要集中在纽约的哈莱姆区。

的作品。但是使得它们成为有关黑人的独特表达的要素,同时也使得它们深刻代表了孕育出自身的土地。因此,它们作为美国生活独特的精神产物,既有美国又有黑人的特征。现在黑人的歌是美国的民歌这一点可能不被承认,但是如果圣歌符合我们对其的定义——一种经典的民间表达,那么这就是它们的最终命运。它们已经表现出这种经典的特征……随着圣歌经受住时间的考验,它们的普世性会越来越突出[44]。

这种双重性对某些评论家而言是别扭和尴尬的,因为它强迫他们关注文化发展、变异和变化的问题,并要求他们调整概念来解释同与异、传统与现代之间的张力。这带来了问题,特别是对这样的思想家而言:他们用以合法化自己作为批评家和艺术家立场的策略,依赖于一种本真性的黑人形象——一种本质上不变、反历史、只有他们能掌握的黑人特殊性概念的守护者。如黑兹尔·卡比[45]指出的,佐拉·尼尔·赫斯顿(Zora Neale Hurston)就是一位偏好这些策略的黑人知识分子。赫斯顿也意识到了费斯克欢庆歌咏队的故事是黑人政治文化发展中的重要转折点,但她从中得出的结论与杜波依斯、洛克的结论很不同。对赫斯顿而言,歌咏队的成功代表了音乐家的技巧胜过了乡村人有活力、未经训练和笨拙的精神,后者"完全不在乎音高"且"不被规则束缚"[46]。赫斯顿认为杜波依斯所说的"圣歌可以被描述为哀歌"是"荒谬的",并暗示他以这种悲伤的姿态描述圣歌有值得怀疑的理由。赫斯顿的一篇丰富、有思考性的文章被选入南希·库纳德

(Nancy Cunard)的选集《黑人》(Negro),她在其中攻击费斯克歌咏队的表演是非本真的:

> 尽管世界上发生了很多事情,但从最初的费斯克欢庆歌咏队到现在,一直都没有真正把黑人歌曲展现给白人观众的演出。在世界各地唱的圣歌无疑是黑人的,但它们充满了如此多的音乐家的技巧,以至于黑人群体在听到他们古老的歌曲被改编成这样时感到很好笑。黑人从来不用也从来不听新风格的歌曲,除非偶然的情况发生:某家的女儿或儿子去外地上大学,回来时带着一首翻新的旧歌。
>
> 我认为这种表演的技巧风格源自费斯克欢庆歌咏队……这种欢乐合唱团的风格在音乐会歌手中已经持续了如此长的时间并且变得如此固定,以至于它被认为是相当有本真性的。但我再次强调,没有一个音乐会歌手是以这些黑人歌曲的创作者演唱它们的方式进行表演的[47]。

我应当强调,就本章的主题而言,赫斯顿有关费斯克歌咏队的观点是对是错并不是首要问题。我更感兴趣的是她为何强烈感到有必要在什么是本真的、由衷的和真正黑人的与什么不是本真的、由衷的和真正黑人的之间进行区分,并用音乐作为使得这些区分可信的媒介。赫斯顿曾经的对手和竞争者理查德·赖特,是另一个对欢庆歌咏队的故事着迷的人。在20世纪40年代早期,两位作家都试图从文学界转到好莱坞，赖特写了一个基于歌咏队在欧洲的巡回演出的电影剧本《限量歌曲》(*Melody Limited*)。赖特解释电影的目的是"描绘首个黑人教育机构建立的浪漫和冒险的方式，以及宗教和世俗性的黑人民歌在其中起到的作用"[48]。赖特觉得歌咏队的影响在"欧洲和美国依然存在"，他认为歌咏队的音乐是以下二者之间关系的中介：过时的废奴主义政治与摆脱了奴隶身份的人通过教育争取公民权和进步的新兴斗争。赖特认为这部电影会"让有才华的黑人歌手抒发情感和开阔眼界"，"用对美国社会中黑人的概念性理解去更新这个国家的记忆"并"重现歌曲中某些旧时的高贵和原始的宏伟"。赖特笔下的巡演歌手被一艘前往欧洲的种族隔离的轮船拒载，但最终设法到达了英格兰。他们在英格兰取得的成功，为其带来了在王室成员和首相面前表演的机会，这些人被他们崇高的艺术迷住了。在剧本的核心场景中，黑人合唱团和一个类似的爱尔兰合唱团竞争，后者的表演也很精彩但不如前者，却因为种族主义获得了胜利。这种不合理的结果导致黑人合唱团中一位年纪大的成员突然死亡，合唱团在悼念她时即兴唱了一首《一半是非洲人，一半是奴隶》(*Half African, Half Slave*)，即便是旁观的格莱斯顿先生也感到这首歌能够战胜死亡本身："呼喊声不断变响，并在此过程中将自身变成一首有关死亡的野蛮之美的歌曲。"

在欢庆歌咏队乘坐卡纳德公司的"巴达维亚"号船从波士顿抵达英格兰一百年左右后，另一位美国黑人音乐家也做了一次跨大西洋的从美国到伦敦的旅行。吉米·亨德里克斯在非裔美国流行音乐历史中的重要性，自他在1970年过早去世后不断增加。亨德里克斯在欧洲的成名为他在美国的成功铺平道路,这是另一个有趣但相当不同的例子,能够体现种族本真性再现过程中包含的政治美学。亨德里克斯是老练甚至不守规矩的节奏布鲁斯伴奏者,他被重新塑造为英国观众眼中美国黑人表演者该有的本质性形象:狂野、有性张力、爱享乐和危险。他的传记作者赞同这种观点:亨德里克斯的舞台演出中与时俱进的黑脸扮装秀的滑稽动作束缚了他的创造力,不可压制的种族政治问题强烈地影响到了他与乐队两位英国白人音乐家[1]之间的关系[49]。吉米与黑人文化和政治运动之间变化的关系,在他回到美国演出时造成了实质性的问题。他被一些黑人权力运动活动家贬斥为"白人黑鬼"(white nigger),后者不能理解他为什么选择培养几乎全部是白人的流行音乐听众,这些听众发现黑脸扮装是理解他颠覆性形象(如果不是他的音乐的话)的有用因素。查尔斯·夏勒·默里引用了亨德里克斯的竞争对手、布鲁斯吉他手埃里克·克莱普顿对他的成功的判断:"你知道英国人对黑人很感兴趣。他们真的爱那个有魔力的种族,对此迷恋不已。英国人现在依然认为黑人有大的阴茎。吉米来到英国并将这一点利用到极致……然后每个人都痴迷于他。"[50]在西方文化的历史中性征和本真性几百年来交织在一起[51]。亨德里克斯的新式黑脸扮装滑稽演出中明显的性征,似乎被白人摇滚听众理解为其本真的黑人性的标志,这些听众是他迅速发展的流行事业的坚实基础。无论亨德里克斯的早期表演是对黑脸扮装秀的

---

[1] 吉米·亨德里克斯体验乐队(Jimi Hendrix Experience)的成员包括白人诺尔·瑞丁(Noel Redding)和米奇·米切尔(Mitch Mitchell)。

讽刺还是对其持久力量的确认,他对其残余符号的妥协说明了黑人性不同定义之间的对立以及黑人文化发展复合、不均衡的特征。他和布鲁斯之间的复杂关系、他对在这一时期使得美国城市火光冲天的种族抗议政治的变化态度,扩展并强调了这一点。亨德里克斯的作品中对布鲁斯传统的明显敬畏与现代精神间的创造性对立,不仅引起了前现代、反现代与现代之间的更大冲突,而且引起了本真性的不同定义之间的更大冲突——这些定义对于正在成为国际性流行音乐商品的黑人文化作品是适切的。备受尊重的非裔美国音乐史学家和批评家尼尔森·乔治(Nelson George),在重建黑人音乐正典的过程中将亨德里克斯这一极富创造力的吉他演艺家排除在外,并判定亨德里克斯与黑人种族存在疏离,从而解决了前述的问题:"吉米的音乐,如果不是来自另一个星球,至少绝对是来自另一个国家。"[52]另一位美国黑人作家、诗人大卫·亨德森(David Henderson),在他所写的充满思想和智慧的传记,也是唯一一本严肃分析亨德里克斯的政治感性的书中,更关注亨德里克斯因为待在伦敦而不是纽约才产生创造力的可能性。伦敦这个地理位置所包含的多重讽刺,不仅体现在亨德森对亨德里克斯与拉希安·罗兰·柯克(Rahsaan Roland Kirk)的描述中,而且体现在亨德森作为局外人将亨德里克斯的形象置于由阶级而非种族和族群塑造形成的更广的文化关系结构的尝试中:"亨德里克斯的发型卷曲又美丽,被许多文化观察者视为伦敦最突出的视觉反叛之一。英国时髦的大众几乎从未在外观上适应另一个种族、另一种文化,让他们接受年轻人梳着蓬松的非洲发型和钻研布鲁斯是有点过分的。"[53]之后亨德里克斯决定用全黑人的乐队演奏更放克和更有政治性的音乐，同时在作品中矛盾性地表现吉卜赛人的游牧式意识形态，来合理化他对黑人性和美国二者的矛盾态度。

在我第三个以伦敦为中心的跨国、离散文化创新的例子中，没有关于本真性的激烈争论。这是一首跨越黑色大西洋网络传播的歌曲，而不是单个的艺术家或团体。它被包括在这里，恰恰是因为在这个例子中，借鉴、重构和重新运用来自其他黑人背景中的文化片段不被那些创作和使用音乐的人认为是个问题。这也是一个更当代的例子，它和《我如此骄傲》(I'm So Proud)有关。这首歌最初是由芝加哥印象三重唱乐队（Chicagoan vocal trio the Impressions）在20世纪60年代中叶创作并表演的，当时他们正处于艺术和商业成功的顶峰。印象合唱团20世纪60年代的热门歌曲《吉卜赛女人》(Gypsy Women)、《一起走得更近》(Grow Closer Together)、《歌手和女王》(Minstrel and Queen)和《人民准备好》(People Get Ready)，在英国和加勒比地区的黑人中非常流行。印象合唱团的男性三重唱形式，在牙买加开启了流行音乐中的一种独特类型，它在国际上最终被称作雷鬼乐[54]。哭泣者乐队（The Wailers）只是以印象合唱团为典范并试图以丰富的和声结构、情感动态和黑人形而上学的魅力与美国歌手对抗的众多乐队中最知名的一个。

印象合唱团的热门歌曲《我如此骄傲》的一个新版本在1990年登上英国雷鬼音乐榜。它被重新命名为《为曼德拉骄傲》(Proud of

Mandela），由伯明翰的主持人马卡·B（Macka B）和唱恋人摇滚[1]歌曲的歌手科菲（Kofi）共同演唱，科菲之前曾唱过《我如此骄傲》且其版本与美国歌手丹妮斯·威廉斯（Deniece Williams）1983年发布的温柔灵魂乐版本很像。我不想对《为曼德拉骄傲》在形式和音乐上的优点做任何评价，但我认为这是一个有用的例子，它把非洲、美国、欧洲和加勒比紧密联系在一起。这首歌的最初版本来自芝加哥黑人，经过了牙买加金斯敦式的感性的加工，由英国加勒比裔和非洲裔定居者的后代制作，以向一位超出了其南非公民身份和国家边界的、拥有全球影响力的黑人英雄致敬。今天这首歌及其历史可以为我们提供的，至少是一种理解联系的类比——它使得离散概念超越其象征性地位：以碎片化的方式，呈现与某些种族本质概念的对立。突出音乐的作用，使得我们能把英格兰（更准确地说是伦敦）看作是黑色大西洋政治文化的网状路径中一个重要的接合点或十字路口。伦敦是这样一个地方：它自身的某些特征，如种族隔离的非正式性、阶级关系的结构性和语言融合的可能性，使得诸如反殖民和解放性的政治结构这样全球性的现象能够持续、再生产和扩大。这种融合和混合的过程被利用它的黑人大众认作是对黑人文化创造的促进。这首歌的本真性或非本真性之所以不被认为是个问题，既因为它满足于处在黑人地下文化的隐藏空间中，也因为它对纳尔逊·曼德拉的调用带来的不同。曼德拉的名字成了父亲般的护身符，使得种族内部的差异能被悬置和不

---

[1] 恋人摇滚（Lovers Rock），表现浪漫爱情的雷鬼歌曲。

受关注，这些差异在其他情况下可能是难以超越甚至令人为难的。曼德拉的出狱，投射出一种无可置疑、父亲般的声音，这个声音植根于黑人和白人间最激烈的政治冲突、白人至上主义在非洲大陆的最后前线，超越了黑色大西洋的传送系统。曼德拉的形象带有的英雄般、救赎性的本真性，于他首次访问美国时在底特律做的演讲中被解构。曼德拉透露在罗本岛的监狱中时他从摩城唱片[1]的音乐中找到了慰藉，从而回应了听众对非洲中心主义的期望。他引用马文·盖伊的《正在发生什么？》(*What's Going On?*)的歌词解释道，"当在监狱时，我们欣赏并无疑聆听来自底特律的声音"[55]。那种纯粹主义者认为非洲文化从东边单向传到西边的观点立刻被揭示为荒谬的，离散对话的全球维度立刻变得可见。曼德拉不经意的话语如夏天夜晚的一道闪电照亮了黑色大西洋场域，音乐作为种族本真性的首要象征的价值同时既被确认又被质疑。

音乐批评和种族本真性的政治

由于大众文化有了新的技术基础，并且黑人音乐成了真正全球性的现象，上述例子指涉的文化源头和本真性的问题依旧持续着并有了更大的意义。这个问题重要性的增加，是由于黑人文化的原初、民间或当地的表达被认为是本真的并得到积极评价，而对黑人文化的西

---

[1] 摩城唱片（Motown Records）1959年诞生于美国底特律，是首个由非裔美国人创办的唱片公司，签约的歌手也主要是黑人音乐家。它在将黑人音乐推向世界的过程中起到了重要的作用。

半球式或全球性的呈现被认为是非本真的、因而是缺乏文化或审美价值的——仅仅因为它们与可辨认的源头距离过远（想象中或事实上）。知名的文化保护主义提倡者斯派克·李（Spike Lee），在给尼尔森·乔治《节奏布鲁斯的消亡》（*The Death of Rhythm and Blues*）写的书封评论中，对这些观点进行了明显当代的阐释。"尼尔森·乔治再次展示了黑人的音乐和他们所处情形之间的直接联系。遗憾的是黑人越进步，我们的音乐变得越来越无力。该怎么办？"[56]

黑人音乐的风格和体裁被不断细分，使这种把进步和无力对立的做法显得毫无意义，也使本真性在音乐制作者中成了一个极有争议且被激烈争论的问题。小号演奏家温顿·马萨利斯（Wynton Marsalis）和迈尔斯·戴维斯（Miles Davis）之间的争议，作为另一个说明这些冲突如何被赋予政治意义的例子，值得在此讨论。马萨利斯认为爵士是容纳更宽泛的黑人文化价值的必不可少的贮藏库，而戴维斯坚持认为应该赋予持续的创作能量——它能够抵制物化和商品化的腐化过程——以优先地位。坚持穿西装演奏的马萨利斯对"爵士传统"的坚定守护，被戴维斯贬低为对早期风格的技术上复杂化的安全融合。戴维斯对马萨利斯作品的批判不是因为它们是非本真的（马萨利斯就这么批评戴维斯的"融合性"作品），而是因为它们落后于时代：

> 他坚守过去的传统干什么？有他那种才华的演奏者应该知道过去已经结束了。过去已经死了，爵士已经死了……为什么要困在那旧东西里？……我不需要任何人告诉我爵士曾

经是什么样。该死的,我经历过那些……那时没人想听我们演奏爵士乐……爵士已经死了,妈的。那是它的结束!它结束了,再弄也没有意义了[57]。

黑人文化难以理解戴维斯《寂静之路》(*In a Silent Way*)[1]之后的作品中体现出的变化,这种变化为什么不可避免,为什么保守主义者视为文化污染的发展过程实际上可能是丰富和强化的过程,有许多原因可以给出解释。种族主义否认黑人文化的完整性以及黑人创造、再生产任何有价值的文化的能力,其影响在这里很突出。有害的形而上学二元主义(metaphysical dualism)——它把黑人和身体、白人和大脑等同——将人们的创造力做了高下之分,这种等级制度能为黑人文化表达预留多少空间是第二个重要的因素。但是,在这些一般性的问题以外,还存在这样的需求:把连贯和稳定的种族文化作为一种手段,来建立黑人民族主义及其所依靠的族群特殊性观念的政治合法性。这种对种族主义的防御性反应,可以说延续了白人话语对同一性、整齐性的明显偏好。欧洲浪漫主义和文化民族主义直接促进了现代黑人民族主义的发展,这可以追溯到19世纪早期和中叶欧洲关于民族、文化、文明的理论对美国黑人精英知识分子的影响[58]。国家作为家庭单位的集合的意象,在族群身份建构的过程中起着重要的作用。亚历山大·克鲁梅尔曾支持比肯斯菲尔德伯爵(Lord Beaconsfield)的这一观

---

[1] 戴维斯在《寂静之路》中将摇滚乐融入爵士乐,这张专辑的发行标志着戴维斯的风格开始从原声爵士乐向电声化的融合爵士转型。

点：种族作为"历史的关键"具有根本的重要性。这应当让这样一批当代文化批评家感到警惕，他们把完善黑人族群特殊性的任务交给艺术家，倾向于用家庭的类比理解种族含义并做出相当权威的表述："种族，像家庭一样是上帝创造的有机体和颁布的法令；种族情感如同家庭情感一样，有神圣的起源并且可能消失。实际上种族就是家庭。持续性的原则在种族中是重要的，就像在家庭和国家中一样。"[59]

很久以前杜波依斯就指出，"黑人教会出现在黑人家庭前"[60]。考察黑色大西洋中所有对家庭完整性的诉诸，都应当在记住他明智判断的基础上进行。家庭不仅是一种自然化、排除历史中历史关系和偶然关系的方式。非裔美国文学批评家的领头人物休斯顿·阿尔弗雷德·贝克有力地表达了家庭、文化生产和族群诠释学之间的关系，他把家庭的比喻作为定位和划分整个黑人文化生产历史的方式，更重要的是作为确定对黑人文化的阐释是否可信的标准。

> 再说一遍我曾经说过的，我所讲述的是有关黑人家庭中非裔美国人的声音策略的复杂领域。无论黑人家庭的历史如何被改变、纯化、扭曲和改进，它总是开始于奴隶制经济学。黑人家庭的声音策略的现代性，体现在它们为改善经济（无论是调节欲望还是确保物质优势）所做的调度。我早先运用的隐喻，似乎很适合这样救赎性的声音——实际上它们是在黑人家庭之外**不可能被理解**的布鲁斯地理学[61]。

贝克的立场在很多方面是对处理"种族"和族群的绝对主义方式的复杂重申，这种方式使得20世纪60年代的黑人民族主义充满活力，但它最近遇到了问题。这个立场并不总是易于与女权主义者的要求和优先考虑相适应，许多女权主义者认为维持种的家庭关系在压迫女性的过程中起到了不小的作用。这个立场也无法理解不同黑人离散群体日渐不同的黑人文化形式。值得重申的是，即便是在非裔美国文化形式被借用并在新位置发挥作用时，它们也常常被有意以新的模式重构——这些模式并不尊重它们创造者的专有权利，也不尊重民族国家的界限和它们表达或包含的被认为是自然的政治团体。此处我的要点在于，黑色大西洋文化的混杂特征，一直都无法使得任何对种族身份和非种族身份、有本真性的民间文化和没有本真性的流行文化之间关系简单化的理解（本质主义或反本质主义的）站稳脚跟。这里种族群体以家庭的概念被调用，作为表示连接性和经验上的延续性的方式，被处在去工业化废墟之中的黑人生活的世俗现实完全否认。我想问，在黑人政治和学术话语中家庭比喻的核心地位的不断增加，是否指向了一种独特的、后国家的种族本质主义的出现？对家庭的诉诸，应当被理解为一种新民族主义——它最好被理解为一种灵活的本质主义——的症候和标志。这种理想的、想象的和田园般的黑人家庭与对黑人性乌托邦、权威主义式的再现的关系，在最后一章会再次得到探讨。

一些黑人思想家试图赋予本真性重要的价值，流行文化已经准备好给予选择性的支持，甚至在所谓的世界音乐的推广中采用了这种特殊的逻辑。本真性加强了被选择的文化商品的吸引力，并在种族化模式的机制中成为重要部分——要让流行音乐市场接受非欧洲和非美国的音乐，这种模式的机制是必要的。本真性的话语在把黑人文化形式推销给白人听众的过程中有着突出的存在。乡村布鲁斯和城市布鲁斯之间的区分是说明这一点很好的一个例子，不过在论述本真的爵士和"融合"的爵士之间的关系时，类似的观点也存在："融合"爵士被认为受到摇滚乐的影响或真实乐器和数字仿真器之间的冲突的腐蚀。在所有这些情况下，批评家们仅指出对本真性的再现必然包括欺骗（artifice）这是不够的。这一点可能是真的，但在试图评价或比较文化形式甚至试着理解文化形式的变化的过程中是无用的。更重要的是，这种回应使得我们失去了通过音乐打破僵局的机会——最近对黑人文化政治的讨论中，两种不令人满意的主导性立场导致了这种僵局。

灵魂乐和反一反本质主义的形成

如我在第一章中提到的，在有关身份和文化问题的批判性对话和讨论中，目前存在两种结构松散的观点的对立。二者在对抗的过程里，被困在一种完全无益的相互依赖的关系中。两种立场都在当代有关黑人音乐的讨论中被再现，并促成了两类人之间的对话：一类人把音乐看成批判性探究和政治性再生黑人性的必要种族本质的首要方式，另一类人否认这种统一、有机的现象的存在。无论这些观点的对抗发生在什么地方，其基本冲突形式是某种例外主义的观点（经常但不总是带有民族主义的特征）与另一种更多元主义的立场之间的矛盾。后一种立场对总体化黑人文化的要求充满怀疑，更不用说将文化融合的社会动力与在非洲及其他地方建立国家的实践和种族解放的计划等同起来的要求。

第一种观点总是把音乐和传统、文化连续性等同。它的保守主义有时被它肯定性政治修辞的激进特征、对音乐和过去记忆之间的关系值得赞赏的关注所掩盖。它目前用流行标语"这是黑人的事情，你不会了解的"来宣告自己的阐释目的。但它似乎对这种冷峻的、带有种族特征的音乐体裁和风格（能够使得上述声明看似可信）没什么兴趣。目前没有能与20世纪70年代支持激进的埃塞俄比亚主义的混音（dub）或是20世纪40年代反种族同化主义的不可理解的比波普（bebop）爵士乐的挑衅性力量相比的音乐形式。通常神秘的"非洲中心主义"使得这种立场有了活力，它不认为黑人文化的内在分化是有问题的，而认为世界各地的非洲人文化创造的分化**只是**表面上的而不是真的，因此不能阻挡潜在的种族美学和它的政治关联因素的力量。

这种例外主义的观点与自称后现代的实用主义（常常反对前者，却又不充分），共有一种精英主义和对黑人流行文化的蔑视。第二种观点的"反本质主义"精神，体现在更早且同样有历史性的黑人通俗话语"不同的人喜欢的东西不同"中。这种观念上的多元主义是误导人的。它对有关阶级和权力等令人不适的问题的厌恶，让人们觉得深思政治十分危险（如果不是不可能的话）。第二种观点轻蔑地称第一种观点为种族本质主义，它朝着一种对黑人性的随意且傲慢的解构发展，同时忽视了第一种观点对黑人文化强有力、民粹主义式的肯定。

这种精英主义把华盛顿的硬核朋克乐队坏脑（Bad Brains）看作是黑人文化表达的最新体现，这明显是倾向于彻底放弃黑人通俗文化的基础。这种后退只会把通俗文化的空间留给种族保守主义者——他们在两种感性之间摇摆不定，一种是民族主义、支持法西斯主义的感性，另一种是用受害者身份产生的道德优越感包装自己的感性。忽视种族主义自身未消减的力量是有问题的，放弃那些黑人大众——他们继续通过种族特殊性对他们的影响来理解自身的特殊性——也是有问题的。不用说，在政治领域中体制化了的种族主义的持续后果被忽视，就像它在文化工业——它提供了这种排他性的美学激进主义的主要载体——中的印记未被评论一样。

考虑到音乐在离散黑人的习俗中的重要性，这场激烈讨论的双方都没有非常严肃地对待黑人音乐，这一点是具有讽刺性的。双方的自我陶醉体现在他们都放弃了对音乐及相伴的戏剧、表演、仪式和姿态的讨论，而过度痴迷于表演者的身体。在无愧的本质主义者一方，尼尔森·乔治谴责做面部整容手术、戴着蓝色或绿色隐形眼镜的黑人音乐家；而在相反的阵营，科贝纳·默瑟（Kobena Mercer）把迈克尔·杰克逊的声音先是化约为身体，然后化约为头发，最终化约为他去身体化的形象[62]。我想强调，即便这些僵硬的观点之间的对立曾是塑造智识领域的重要力量——在这一领域中对黑人文化的政治分析得以发生，现在它成了批判性理论化的障碍。

单是黑人表现性文化融合式的复杂性，就给我们提供了抵制以下观点的强大理由，即认为这些文化形式中存在一种未受影响、原始的非洲性概念，能产生一种强大的外部力量，持续触发对绝对身份认同的感知。借鉴阿米里·巴拉卡（他之前的名字是勒罗伊·琼斯）很久之前提出的概念，我认为可以把黑人音乐看作一种**变化**而非不变的同一（a changing same）。如今，其中包括了这样的困难任务：通过断裂和中断，而不是固定本质在时间中毫无疑问的传承，来理解黑人文化传统的再生产。这些断裂和中断暗示了对传统的调用本身就可能是一种秘密但独特的对后当代世界不稳定变化的回应。新传统在现代经验的狭口中被发明，有关现代性的新概念在我们持久的传统——非洲的传统，以及黑人通俗文化有力、积极地铭记奴隶经验形成的传统——的长长阴影中产生。这项工作也使得我们有必要更加密切地关注为不同黑人文化的联系提供初步证据的表演仪式。

黑人群体特有的自我认同、政治文化和落地美学，常常是通过他们的音乐以及音乐生产、传播和消费过程中产生的更广泛的文化、哲学意义而被建构的，因而音乐对打破拘谨的、民族主义的本质主义与怀疑性、狂欢性的多元主义之间的对立困境是极其重要的——后者使得我们不能想象一个掺杂了政治意涵的世界。大西洋离散黑人群体中音乐的突出地位，本身就是他们之间本质性联系的重要一部分。但是这种音乐文化中包含的借用、替换、改变和持续记录的历史，是一份不应当被物化为离散群体的基本象征、不应当被用来替代固定性和植根性的吸引力的鲜活遗产。

音乐及其仪式可以被用来建立一种模式，其中身份既不被理解为固定本质；也不被理解为模糊和极其偶然的构造，可以由美学家、象征主义者和玩弄语言文字游戏的人根据其意愿和兴致重构。黑人身份不单单是一个社会和政治的范畴，根据那些支持和合理化它的修辞说服力的大小或在机构中影响力的强弱而被使用或抛弃。无论激进的建构主义者怎么说，黑人身份都作为一种内在一致的（如果不总是稳定的）对自我的经验性认识而存在。尽管黑人身份常常被认为是自然和自发的，但它依然是实际活动的产物，这些活动包括了语言、姿势、身体意义和欲望。我们可以用福柯有洞察力的评论来阐明这种必然是政治性的关系。它们指向了一种把种族化的主体性看作是理应源自其社会实践的产物的反—反本质主义[63]："人们不应把现代灵魂视为某种意识形态的死灰复燃，而应视之为与某种支配肉体的权力术语相关的存在。如果认为灵魂是一种幻觉或一种意识形态效应，那就大错特错了。相反，它确实存在着，它有某种现实性，由于一种权力的运作，它不断地在肉体的周围和内部产生出来。"[64]

这些意指可以在音乐表演的过程中全部体现出来，当然，并不只有这一个过程能体现。在黑色大西洋的背景下，它们把通过表演者和观众之间的亲密互动形成的认同和承认的机制作用于身体上，从而产生了一种内在的种族核心或本质的想象性后果。即使音乐的最初制作者和它最终的消费者在空间和时间上分隔，或是被声音再现的技术和黑人音乐试图反抗的商品形式分开，这种相互关系仍可以作为一种理想的沟通情形发挥作用。我在其他地方曾讨论过反对商品形式的斗争是如何体现在黑人大众文化作品的形构中的。在这些作品中，与商品地位的协商是公开呈现的，并且成为主导这些文化形式的反美学的基础。生产、传播和消费这三个干瘪的关键术语，不足以阐明它们指涉的超出国家的复杂过程。这三个术语以对照的方式，通过政治经济学和欧洲文化批评在尝试分析族群和文化时使用的范畴——有时显得粗糙，指涉了一种让人难以把握更不用说充分理解的有关种族和权力的政治。"消费"这个词能让人产生特别有疑问的联想，需要被仔细分析。它强调了消费者的消极性，贬低了消费者创造力的价值以及消费者的行动对于理解日常生活中的反规训和抵抗形式的微观政治的重要性。米歇尔·德·塞尔托（Michel de Certeau）在一般性层面上指出了这一点：

> 如同法律（这是它的模式之一），文化接合了冲突并逐次地合法化、代替或控制了更强的力量。文化在一种紧张、常常是暴力的环境下发展，为环境提供了象征性的平衡、兼容和妥协的契约，这些都或多或少是临时的。消费的策略——弱者利用强者的一种有独创性的方式——因此赋予了日常实践一种政治的维度[65]。

数字仿真时代的一些黑人艺术品

我在第一章中指出，嘻哈文化产生于非裔美国人的通俗文化和加勒比通俗文化的混合，而不是完全源自布鲁斯内部。嘻哈文化发展直接的促成因素是 DJ 酷赫克（又名克莱夫·坎贝尔）从牙买加金斯敦迁移到纽约布朗克斯区的 168 号街。一种明显拉美式的对霹雳舞动作的改编——它在嘻哈发展的早期阶段帮助界定了其风格——使得嘻哈融合性的动态变得更加复杂。但是嘻哈不仅是这些不同但交叠的黑人文化传统的产物。霹雳舞在嘻哈文化中的核心性以及之后数字采样带来的剪辑和混音技术的提高（它使得嘻哈不再停留于表演者用手操作转盘的阶段），意味着主导嘻哈文化的美学规则是建立在救赎性的挪用和重新组合的辩证法之上的。这种辩证法带来了特殊的愉悦，并且不限于它源自的技术复合体。嘻哈音乐明确的碎片化形式值得思考。它让人想起阿多诺在另一个不同背景下的典型性评论：

> 他们称这是没有创造性的，因为它悬置了他们有关创造的概念。它拥有的一切都已经在那儿了……以一种庸俗化的形式，它的主题是被征用的。但是没有什么听上去像是习惯的那样，所有一切都像是被磁铁分离开了。被耗尽了的屈服于即兴的手，用过的部分以变体的形式获得了第二次生命。就如司机对他的旧二手车的了解可以让他按时到达目的地且别人不会意识到他开的是辆二手车，弱拍旋律也能这样……它能到达那些被认可的音乐语言从不能到达的地方[66]。

在数字时代的音乐中，原声和电子乐器的声音与数字合成的声音、各种各样现成的声音非有机性地混合，典型的现成声音有尖叫、说话或唱歌中的片段和先前录音的样本（既有人声也有器乐声）——它们开放的文本性是通过嬉戏式地肯定一种不屈服的精神产生的，这一精神把这种激进形式和黑人性的一种重要定义联系起来。欧洲文化批评家称为蒙太奇的非线性手法,是分析数字时代音乐的有用的结构原理。的确,布莱希特式的观点容易获得人们支持,即某些"蒙太奇"与一种适合形成它的极端历史情形及前所未有的现实主义相对应。但这些紧凑、内爆性的对完全不同的声音的组合,超出了在对一种鲜活、世俗的种族身份的不稳定性进行欢乐、人为的重构中所用的技术。美学强调绝对的社会和文化距离,它过去把音乐中不同的部分区分开,现在因为这些部分挑衅性的声音并置(aural juxtaposition)而有了新的意义。

罗尼·劳斯(Ronnie Laws)最近发布的单曲《身份》(*Identity*)[67][1]值得讨论。这张专辑由一家独立唱片公司制作,技术条件简陋。它值得关注不仅是因为它的名字,而且因为它是旧体裁的新表达——要求过去能在当下被听到——开启的更激进的可能性的最新例子。专辑的调音师、不同寻常的加利福尼亚吉他手克雷格·T. 库珀(Craig T. Cooper),用了一种让人想起巅峰时期沮丧乐队(The Upsetters)黑方舟录音棚的烟熏过度的配音环境风格。《身份》这首歌包含了大量不同来源的采样:平均白人乐队(Average White Band)《收拾残局》(这首歌本身就是对詹姆斯·布朗的乐队 JBs 风格的苏格兰式模仿)的合唱片段、摇摆舞的节拍、能部分听清的尖叫以及由詹姆斯·布朗自身强有力的呼气声采样重构形成的稳定和融合性的工作歌旋律。在歌曲展

---

[1] 它被收录在同名专辑中。

开棱形旋律[1]并嬉戏性地表现出其内在动力后,劳斯的高音萨克斯管的声音装饰并且突出了节奏轨明显的混乱。被谨慎运用的号的声音,让人回想起黑人教会中被应答轮唱仪式训练和规训过的人声。《身份》是所有这些影响的产物,它的名字邀请我们去识别在即兴演奏和对无序音乐的有序表达的关系中可以短暂体验到的统一性和相似性。本可以将这种对黑人身份的脆弱表现打破的混乱,因为每小节第二、第四拍的低音鼓的数字脉冲的声音而被阻碍。这张专辑的制作者通过将它印在白色的黑胶唱片上来强调它的政治意义。

值得重申的是,这些黑人离散风格赋予表演过程的重要价值,是通过表演根本上未完成的形式而被强调的。这个特征使得它们作为奴隶制产物的印记不可消除[68]。我们可以在将音乐快速凝固和出售的商业消费的基本单位(即唱片)被种族政治的实践系统性地改变的方式中看出这一点,后者殖民化了前者并在这个过程中实现了鲍德里亚(Jean Baudrillard)所说的从客体到事件的转变:

  艺术品——一件新的、胜利的物,而不是一件悲哀、异化的物——应当解构它自身的传统灵韵、权威性和幻觉的力量,以在商品纯粹的猥亵中闪闪发亮。它必须消灭作为常见客体的自身,变得极有异域性。但这种异域性不是被压迫或

---

[1] 棱形旋律(angular melody),现代派作曲家在音乐创作中,对某些滑音乐器的记谱,往往不用通常的音符,而用线条标出音的走向及其高度变化。当高低音交替进行时,谱线常显出棱角形状,这种曲调进行为棱形旋律。

异化的客体的令人不安的奇异性；客体并不因为被扰乱或一些秘密的剥夺就发光；客体因为来自其他地方真正的诱惑而发光，在超出自身形式并变成纯粹的客体、纯粹的事件后[69]。

从这个角度来看，如12英寸的单曲唱片这样的商品，在由跨国公司发行时，即预示着甚至要求未来公共政治互动的隐藏空间中的补充性创意投入，就不那么令人奇怪了。但是，我们的确需要对"消费"有更好的理解，从而可以阐明其内在运作的过程，以及植根性和迁移、本地性和传播之间的关系，这些关系使得消费过程在反文化的背景下充满活力。12英寸的单曲唱片在20世纪70年代晚期作为一种市场创新物出现。它是唱片公司对围绕黑人音乐体裁（雷鬼、节奏布鲁斯）产生的舞蹈亚文化的要求的回应。通过创造一种能够最大化经济利益的新型音乐产品，这些要求得到了部分满足，但这些音乐产品也带来了其他未预期的结果——12英寸单曲唱片形式的引入带来的额外的时间和增加的曲目，在推进亚文化的创造性方面成为有力因素。一旦配乐、刮擦和混音作为新因素在把生产和消费结合起来的解构和重构的计划中出现，12英寸单曲唱片就开始包含为了不同地方或目的而制作的同一首歌的许多不同混音版本：舞蹈混音、录音混音、无伴奏和声混音、配音混音、爵士混音、贝斯混音等等。在最基本的层面上，这些多元的形式使得变化的同一这一抽象概念成为鲜活、熟悉的现实。唱片公司喜欢这种安排，因为不断处理同一首老歌比录制新的内容要便宜，但这也产生了新的创造的可能性。听众和歌曲之间的关系由于不同版本的出现而改变。哪一版是原初的？对某个版本的记忆如何改变了之后的版本被聆听和理解的方式？一首混音版本的歌曲分解后的组成部分，可以被更容易地借用和混合来产生进一步的意义变化。LL 酷 J（LL Cool J）的混合节奏布鲁斯和嘻哈的热门单曲《周围的女孩》(*Round the Way Girl*) 的 12 英寸单曲唱片有五个版本：在对玛丽·简女孩（Mary Jane Girls）1983 年摩城唱片发行的流行灵魂乐热门歌曲《整晚》(*All Night Long*) 进行采样的基础上发展出的密纹唱片版（LP cut），以及通过加入格温·麦克雷《放克感觉》(*Funky Sensation*) 的节奏记号扩展并改变了最初的说唱和第一个版本的几个混音版本。《放克感觉》这张 1981 年放克风格的南部灵魂乐唱片是说唱版本，它被创造了嘻哈的旧派 DJ 和嘻哈歌手用来打节拍。因为这些借用被用来指涉酷 J 对本真性的黑人女权主义的定义，它们特别值得关注。《周围的女孩》这张唱片的广泛吸引力，产生自人们用黑人通俗风格衡量酷 J 对本真性的定义：它一方面被非洲中心主义者贬斥为是前意识的流行风格，因为它不符合对"非洲王后"的高贵形象的期待；另一方面被娱乐工业（白人制定的奇异标准主导了其中的女性之美）反对。在这个例子中，非本真的就是真实的：

> 我想要一个接了头发的女孩
>
> 她至少戴着两对竹制耳环
>
> 背着一个芬迪包，态度不好
>
> 那就是让我拥有好心情的一切[70]

嘻哈音乐内在的混杂性,未能阻止嘻哈被用作种族本真性的极其有力的符号和象征。颇有意味的是,当这发生时"嘻哈"(hip hop)这个词常被"说唱"(rap)代替,恰恰因为后者更带有非裔美国人影响的标记。这些问题可以在昆西·琼斯的例子中得到进一步探讨。琼斯对种族提升的个人描述,最近成了阐释黑人创造性特别是黑人音乐天赋的范例。对黑人音乐天赋的认可,构成了一种重要的文化叙事。它讲述和重复的不是弱者胜过强者的故事,而是有不同优势的团体拥有不同能力的故事。直觉型的黑人获得创造性发展的故事,在对琼斯这样的人物的叙述中被个性化[71]。它说明了痛苦和磨难在美学和商业上的收益,并且因为音乐家在黑人试图证明其创造性、创新性和卓越能力的长期过程中地位极为突出而显得重要。昆西·琼斯是企业家、卓越的音乐制作人、唱片公司总监、有着极强能力的编曲家、比波普乐手、杰西·杰克逊竞选的资金筹集人、新兴的电视巨头,是源自奴隶制和像道格拉斯这样有种族代表性的英雄长名单中的最新"榜样"。

琼斯最近成了一部自传性电影《听好了:昆西·琼斯的多样人生》(*Listen Up: The Many Lives of Quincy Jones*)的主角,与电影配套的还有书、CD/电影原声带和单曲,这样的待遇并不常见。《听好了》的各种密切联系的文化形式都在赞美昆西的生命、忍耐力和创造性[72]。最重要的是,它确认了黑人在娱乐工业中的参与,琼斯用对英国广播公司(BBC)独特的口号(启蒙、教育、娱乐)令人惊讶的调用来总结这种参与[73]。这一过程在《听好了》新颖的纪念系列中发展到顶峰,它无疑被琼斯在电视界更多的参与促进——琼斯是《新鲜王子妙事多》和《杰西·杰克逊秀》的制片人,但它更早地开始于他1990年的专辑《回到街区》(Back on the Block)的发布[74]。这张专辑用说唱作为琼斯完成奥德赛之旅的方式,他从芝加哥南区到西雅图、纽约、巴黎、斯德哥尔摩再到洛杉矶,从贫穷到富有。《回到街区》的积极价值,在于它为隐藏在非裔美国人音乐文化代际区分之下的延续性作出了有力且必要的证明。但是,这里面也有其他更一般性的问题。这张专辑中的一首歌是乔·扎温纽(Joseph Zawinul)《鸟国》(Birdland)的新版本,琼斯通过将梅莱·梅尔(Melle Mel)、库尔孟迪(Kool Moe D)、冰茶(Ice T)和凯恩老爹(Big Daddy Kane)这样的旧派和新派说唱歌手与上一代的歌手和乐手联合,体现了这个计划的精神。乔治·本森(George Benson)、迪兹·吉莱斯皮(Dizzy Gillespie)、莎拉·沃恩(Sarah Vaughan)、迈尔斯·戴维斯和扎温纽这些人的音乐中的人声和乐器声被琼斯综合,形成对如下观点令人兴奋的史诗性呈现:嘻哈和比波普爵士乐拥有同样的基本精神。琼斯这样描述它:"嘻哈在很多方面和比波普爵士乐是一样的,因为它们都是叛逆类型的音乐。嘻哈源自一种被剥夺了权利、被抛弃了的亚文化。这些人说:'我们会创造自己的生活。我们会有自己的语言。'"[75]

说唱通过其接合和构造的原则产生了这种蒙太奇(也可以说是混合)的效果。说唱是琼斯实现他目标的文化和政治方式,琼斯通过它来回归美国黑人本真的创造性的标准。他在唱片中以现实中不太可能的"纨绔子弟"(the Dude)的身份说唱,并解释道他希望这个计划"包含美国黑人音乐的全部……从福音到爵士,所有是我的文化的一部分的音乐"。专辑中加入了巴西和非洲的音乐模式,它们与他对美国黑人音乐遗产的呈现是连续的。琼斯说,它们由共有的"如今被说唱者延续的非洲口述历史的传统"连接。此时不同文化介于一致和差异之间的脆弱关系不再存在。旧的和新的、东方和西方的文化消融进彼此之中,或者说消融进非裔美国人的文化力量和持久性的宏大叙事为它们的互动提供的基础中。无论琼斯对巴西旋律和非洲语言的挪用是多么引人注目,它们完全从属于他合理化非裔美国人特殊性的需求。因而一种真正混合的离散性甚至全球性的文化——它能够使得对黑人文化创作的理解远离族群特殊主义和绝对主义的狭隘视角——迅速消失。嘻哈的内在混杂性体现的潜力,以及使得琼斯对不同文化的混合看似可信的音乐形式的外部融合主义(outer syncretism),突然且过早地消失了。它结束于对回到街区的男孩的刻画,这些男孩通过他们本真性的种族艺术的救赎力量摆脱了城市的种族歧视。

过去和现在的黑人青少年

昆西·琼斯告诉我们,"时间永远都藏在旋律中"。假设大部分黑人文化批评家不愿意通过仪式——无论是守灵还是洗礼——简单地回应黑人主体的天真概念的终结,我们是否可以尝试提出一些有关黑人主体的新概念?这些概念不那么天真、不那么轻易地受到本质主义的指控。或者我们是否可以把自己与(在种族压迫的残酷机制以及试图回应它们的各种各样的政治能动性下)塑造甚至要求黑人主体形成的世界分离开来?

当我在伦敦,还是个成长中的孩子和年轻小伙时,黑人音乐给我提供了一种方式,让我得以接近构成了英国黑人的黑人性概念的感觉来源。加勒比、非洲、拉丁美洲以及(首要的)美国黑人都有助于英国黑人对种族自我的认识。我们接受这些音乐形式的都市背景,加强了它们的风格吸引力,并促进了它们对英国黑人的身份认同的形塑。黑人音乐是英国黑人定位自己的斗争和经历的黑人性话语的源头,它也因为这一点而是重要的。

二十年后,我青少年时的声轨重新循环在嘻哈这种令人兴奋又名声不佳的形式中[1]。我走在康涅狄格州的一座黑人城市纽黑文的街道上,试图寻找一家有黑人音乐的唱片店。这次徒劳的寻找中看到的荒芜、贫瘠和悲惨的景象,迫使我面对这样一个事实:我到美国寻找的是一种不复存在的音乐文化。我对从克鲁梅尔冷酷的评论中延伸至今的有关家庭、种族、文化和国家的叙事的怀疑,意味着我无法赞同昆西·琼斯对它们消失的悼念或琼斯试图在它们的消失中拯救一些民主的可能性的愿望。当我还是个青少年时,我试图掌握艾尔伯特·金(Albert King)和吉米·亨德里克斯的复杂技术,探究詹姆斯·詹姆森(James Jamerson)、拉里·格雷厄姆(Larry Graham)、查克·瑞尼(Chuck Rainey)音乐的微妙,理解Sly、詹姆斯·布朗和艾瑞莎·富兰克林(Aretha Franklin)的尖叫如何能够穿透并扩展形而上学的模

---

[1] 即嘻哈音乐融合了作者年轻时喜欢的许多歌曲。

式到达黑人主体。回看这段时光，我意识到音乐依然能教给我们的最重要的一点是：音乐内在的秘密和族群规则可以被教授和学习。像鲍比·伊莱（Bobby Eli）、唐纳德·邓恩（Donald Dunn）、提姆·德罗蒙（Tim Drummond）、安迪·纽马克（Andy Newmark）、卡洛·凯伊（Carol Kaye）、约翰·罗宾森（John Robinson）和罗德·坦普尔顿（Rod Temperton）这样不为人知或不为人记住的幽灵般的人物，在我的肩头对此表示沉默的赞同，然后他们消失在黄昏中的狄思威路（Dixwell Avenue）。这些人对节奏布鲁斯的典范性贡献留下了一个低声警告：黑人音乐不能被化约为思考中的种族自我与稳定的种族群体之间的固定对话。撇开别的不说，黑人音乐的全球化意味着我们对应答轮唱的理解必须改变。呼叫和回应不再汇集在秘密的、族群编码的对话中。最初的呼叫变得越来越难定位。认为最初的呼叫比之后互相竞争以成为最合适的回应的声音地位更高是不对的，我们要记住这些沟通性姿态并不表达一种本质，一种存在于表现它们的行为并借此把种族情感的结构传播到更广和未知世界的行为之外的本质。

第四章

"鼓舞疲惫的旅客":

W. E. B. 杜波依斯、德国和（非）定居的政治种族似乎是一个动态而非静态的概念,典型的种族不断地在变化和发展、融合和分化……我们在研究人类大家庭中肤色较深的那部分人的历史,没有绝对的物理界限或确定的智力特征将那部分人与其他人分隔开来,但他们作为整体却形成了一个在历史和外观、文化天赋和成就方面或多或少有些独特的社会群体。

——W. E. B. 杜波依斯

把有部分非洲血统、如今分散在世界各地的人们连接在一起的不是文化,而是对强烈情感的认可。我们共有一种对欧洲人在殖民和帝国时期强加给我们的异化的仇恨,并且我们更多地是被共同的苦难而非肤色所捆绑。但是即便这种认可被大多数非白人共有,并且有强大的政治价值,它的文化价值几乎为零。

——拉尔夫·艾利森

在分隔罗伯特·约翰逊（Robert Johnson）的《追着我的地狱之犬》（Hellhound On My Trail）、哭泣者乐队的《继续前进》（Keep on Moving）和最近双重灵歌乐队的《继续前进》的空间和时间中，黑色大西洋世界的表现性文化被一种特殊的不安情绪主导。这些歌曲与在同一个互文序列中的许多其他歌曲一样，导致并证实了这样的情形：黑人的被迫迁移被赋予的负面意义发生了改变。最初认为这是一种诅咒——对无家可归或被迫流亡的诅咒——的意见被收回。黑人的迁移得到肯定并被重构为一种有优势的立场的基础，从这种立场出发，某些有关现代世界有用的和批判性的观点变得更为可能。很明显这种不寻常的视角是在种族压迫的经历中形成的。我想指出，这种视角也代表了对接连不断的（强迫和非强迫的）迁移、移民和旅行——它们构成了黑人文化特殊的存在条件——的回应。

如我在第一章中指出的，黑人文化的另一个更明显的特征——对根源和植根性的诉诸和要求，需要在这种背景下被理解。只有在离散黑人试图形成一种政治议程时——其中植根性被认为是确保黑人渴望的民族和国家地位的文化完整性的前提条件，找到根源才成为紧迫的议题。确定文化或族群的根源，然后通过与它们的联系重新描绘离散和流亡情形的需求，或许最好被理解为对一种与之不同的种族主义的简单和直接的回应——这种种族主义否认黑人经验的历史特征和黑人文化完整性。

本章通过聚焦W. E. B. 杜波依斯的生活和他大量著作中的一部分来探讨这些问题。这样做是有益的，因为在杜波依斯的思想中，现代黑人政治理论与欧洲浪漫民族主义特别是德意志民族主义的关系，比在他的前辈亚历山大·克鲁梅尔、爱德华·布莱登、德拉尼和道格拉斯的作品中体现得还要清楚。

除了考察这种关键的关系，我还想在历史性地思考20世纪早期杜波依斯于非洲以外帮助创建和塑造黑人运动的背景下，阐释他的一些作品。这必然包括分析非洲离散群体在有三重目标的政治参与过程中创造的组织形式、文化政治和政治文化，这三重目标是：第一，积极追求从奴隶制及与其相伴的恐怖中自我解放出来；第二，追求获得被奴隶制所剥夺的实质性公民权；第三，追求定义了西方现代性的正式政治关系体系中的自治空间。接下来我会试图描绘这些不同形式的政治行动的某些发展，它们在两种基本趋势或选择之间摇摆不定。第一种是导向对良好生活的理性追求的社会运动，第二种运动可以被最贴切地描述为接受如下事实：在一个被种族结构化了的社会中，它必然带有反社会而且可能带有防御性的特征。第一章中提到的实现的政治和变形的政治之间的张力改头换面出现在这里，它和杜波依斯的双重意识理论完全相符。奴隶制之后形成的泛非运动融合了朝向现代黑人政治发展的这两种不同途径，同时带有国家性和跨国性的特征[1]。这些运动使我们能够看到不安的黑人政治感性的呈现，这种感性被迫在大西洋上来回移动，跨越民族国家的界限以有效发挥作用。这些运动常常被其之后的计划、变化及相伴的把黑人斗争与被认为是西方文明目的论式的进步过程分离开来的行为主导。杜波依斯的作品在这些运动的几个不同发展阶段都有所助益。他的作品可以阐明一种对待现代性成果的矛盾立场，这种立场可以被界定在上文提到的两种对立性回应之间的空间里。

杜波依斯关于现代性的理论试图从奴隶的视角对进步概念进行持续且毫不妥协的质疑，这是第二章的主题。这一理论既有空间也有时间的维度，但是时间的维度是占主导的，这体现在杜波依斯对19世纪的新奇性的强烈感知，以及他对在一个变化了的世界——由自我和社会前所未有的共生性概念（它们的民主潜力受到白人至上主义的损害）构成——中发挥作用的独特社会力量的理解：

> 19世纪是人类怜悯共鸣的第一个世纪——此时我们有些疑惑地开始在他人身上发现美化了的神性光芒，我们称之为自我；当乡下佬和农民、流浪汉和小偷、百万富翁和（有时是）黑人都变成了跳动的灵魂，他们温暖的生命力如此亲近地打动我们，以至于我们几乎惊讶地喘不过气来，大叫道："你们也是！你们经历过悲伤与无望的阴暗海域吗？你们了解生活吗？"接着我们全然无助地凝视着那些其他世界，并悲叹道："哦，这么多不同的世界，人们怎么把它们合而为

一的?"[2][1]

这种分析是如此深地植根于后奴隶制时期新世界的历史之中，以至于很难将当代非洲纳入杜波依斯对现代性的理解。非洲作为美洲现代性的神话般的对应物出现，它是杜波依斯在费斯克大学的非洲藏品中短暂看到过的精致物品传递的道德象征，但在他的描述中几乎消失了，从而使得他对种族非正义的地方性呈现和全球性呈现之间留下了令人不适的空白。但是，杜波依斯在20世纪头十年接受了弗朗茨·博厄斯（Franz Boas）严肃地研究非洲的意见后，开始系统性地重建对西方文明的叙述，强调其非洲的源头，并表达出与现代思想的更深层次的分离——现代思想因为和白人至上主义一贯的做法相互关联而丧失信誉。杜波依斯对现代性的分析也表现出他对美国的摒弃。在杜波依斯认识到对个人正直和公共理性的信仰（他曾为此强有力地呼吁）并不足以带来北方和南方的黑人要求的全面改革之后，美国就不再是他施展政治抱负的地方了。杜波依斯碎片式地运用非洲历史来增强他对美国和西方的批评，并标记他话语中那些不可避免要超越西方种族化真相的时刻，这种运用最早出现在使得他成为美国黑人领袖的《黑人的灵魂》一书中。

在早期泛非主义的旗帜下出现的极其有流动性的政治集体行动，只能部分被"运动"这个不让人满意的术语定义。探讨这些行动本身是有

---

[1] 译文参考《黑人的灵魂》，何文敬译，台北：联经出版公司，2018年，第284—285页。

难度的。比如,有必要认识到这些颠覆性的政治组织的历史既不能通过关于政党、阶级、种族群体的传统术语,也不能通过种族和国家这样更有力但更模糊的概念令人满意地得到记录。我们试图命名为泛非主义、埃塞俄比亚主义、移民主义、华盛顿主义和加维主义的现象与这些术语并存,但也体现出了对来自权威学科的更正统概念在黑人政治思想中的有用性的深刻质疑。在西方但不完全从属于西方的黑人的持续斗争,挑战了欧美现代性社会结构内部被认可的政治空间的极限。有关现代公民权的传统概念有时被扩展,以将黑人的希望包括在内;在其他时候这些概念因为黑人苦难的重量而被压缩到要内爆的程度。换种方式说,内在于黑人为追求自身利益创造出的动态对抗性结构中的民主和相互关系的特殊形式,要求我们使用不同于社会科学传统所支持的政治和哲学词汇。杜波依斯的作品在这方面能提供许多启示。正是因为意识到需要一种新的分析语言和程序,杜波依斯远离了他最初的历史研究,走向了心理学和社会学。杜波依斯作为美国第一个黑人社会学家和学科先驱的显赫地位,是用他的生平和作品来发展本章论点的另一个重要理由,他的社会学也体现出他的矛盾态度。杜波依斯在对赫伯特·斯宾塞作品的评论中讨论了社会学的吸引力,这出现在他的自传之一《黎明前的黑暗》中《科学和帝国》一章的开头:

> 生物学的类比、大量的概括令人吃惊,但是实际的科学成果并不能支持它们。对我而言似乎出现了一个机会。我不能通过把"类群意识"这样的短语看作科学法则来自我催

115

眠。但是当我不再关注无意义的词语建构，而是面对自身所处的社会情形和种族世界的现实时，我决心通过对黑人群体的情形和问题的研究将科学带入社会学中。我要研究有关美国黑人和他们的困境的所有事实，并通过衡量、比较和研究得出我所能得到的任何有效的概括[3]。

从弗雷德里克·道格拉斯[4]开始，处理现代性二律背反的黑人作者就运用社会科学和相关学科的概念工具，来阐释种族压迫的社会关系并合理化他们战胜种族压迫的策略。这类写作同等地远离了残余的反奴隶制政治语言和黑人教会带有道德意味的说辞，朝向这类写作的发展是衡量黑人位置的复杂性更进一步的方式——他们有时存在于西方现代性的社会和道德成规之中，有时存在于与之相对的位置。尽管杜波依斯完全熟悉精密的社会学研究和理论，但他有选择性和不连续地使用这些工具。他在《黑人的灵魂》中开启、在之后的作品（特别是《暗水》）中进一步完善的现代主义写作体裁，用个人和公共的历史、小说、自传、民族志与诗歌补充明显带有社会学特征的书写。这些著作形成了一种自觉的复调形式，这种形式来自杜波依斯的思想困境，这一困境与他对已有学术语言的不满同时出现。这种风格上的创新不能像杜波依斯的一位传记作者认为的那样，被归因于对爱默生、卡莱尔、威廉·哈兹里特和查尔斯·兰姆的散文形式的持久喜爱[5]。我更愿意把这种面向读者的不同调式和模式的组合看作是一种有意的实验，它的产生是因为杜波依斯意识到，任何单一的表达方式都无法传达他认为书写黑人历史和探索种族化的经验所要求的感觉密度。这种独特的融合对黑人文学现代主义的发展也有重要的影响。

用杜波依斯的生平和作品发展我关于现代性的论点，建构有关现代黑人历史和政治文化的跨文化和反种族中心主义的描述，还有许多其他原因。杜波依斯是美国黑人，但不同于下一章的主角理查德·赖特，他成长于新英格兰[1]的一个小的黑人社区——马萨诸塞州的大巴灵顿镇。与南方相比——在那里杜波依斯会发现并内在化一种新的身为黑人的方式，他北方的出生地由于离奴隶制较远而被某些评论家认为是非本真和不够黑人的地理位置。种族化的本体论和身份的问题——身为黑人和成为黑人之间的张力，因此被深深铭写在杜波依斯的一生中。当杜波依斯离开了其受保护但仍是种族隔离的成长环境，成为欢庆歌咏队的母校、田纳西州纳什维尔市费斯克大学的学生时，他对自己必须亲身了解种族化生活的符码、节奏和风格的方式持开放态度。正是在费斯克大学，杜波依斯首次听到了后来在他对黑人文化的分析中起到极其重要作用的音乐：

> 费斯克大学教给我的一件难忘的事，是引导并扩展了我对音乐的欣赏。在大巴灵顿我们仅有的音乐是旧的英格兰赞美诗，它们中的一些是以德国音乐为背景的。那些音乐往往是好的，但歌词通常是没有逻辑或愚蠢的……费斯克大学有

---

[1] 新英格兰地区包括美国的六个州，由北至南分别为：缅因州、新罕布什尔州、佛蒙特州、马萨诸塞州、罗得岛州、康涅狄格州。

> 欢庆歌咏队的传统，他们曾藏在布鲁克林的风琴楼厢中，以免虔诚的公理会教徒在听到他们美妙的声音前先看到他们的黑脸……然后整个国家聆听他们的声音，整个世界向他们张开双臂，欢庆歌咏队在英国君主面前演唱……我在费斯克大学遇到了其中的一些人并听了他们的音乐[6]。

杜波依斯把这些学习的经历纳入他的作品里，并用它们提供的关于黑人身份社会建构的灼见来分析所有种族的身份构成。一些更公开和持续的自传书写，清楚显示了在费斯克大学对黑人予以肯定的文化中，杜波依斯自觉地重构了对自我的认识和对社群的理解："我来到了一个世界被分为白人和黑人两部分的地区，其中黑人被种族偏见、法律契约、深度的无知和极端的贫穷所压制。但在费斯克大学，面对这一切的并不是一个迷失的群体，而是一个微观的世界和潜在的文明。我带着激情进入这个世界。一种新的忠诚代替了我之前的美国主义——从此之后我是一个黑人。"[7]这种重构和自我发现的过程，只可能出现在受保护的环境中——由族群绝对化和种族同质化的文化背景产生。杜波依斯把这看作使他倾向于高度个人化的分离主义的原因，这一倾向也与他的社会性尴尬状态相符："无疑地，当我到南方的费斯克大学时，我成了一个有仪式和归属感、有历史和共同未来、有艺术和哲学的紧密种族群体中的一员。我迫切地接受并扩展它们，因此当我到哈佛时，种族隔离的理论几乎已经成了我思想的一部分。"[8]

尽管杜波依斯在漫长的一生中意识形态观点不断变化，从达尔文主义经由精英主义变为社会主义，从泛非主义经由自发的种族隔绝最终到正统的共产主义，但他是一位能够把这些对立的追求和严肃的学术研究结合起来的政治行动家，即便在大学冷落他并忽视他卓越的生产力时也是如此。他所代表的超出学院的行动型知识分子可能会为当代政治文化提供教益。但是，他变化的观点最明显的产物似乎是对他留下来的政治遗产的激烈争论，这被一些评论家用极端保守的术语加以描述，被另外一些评论家理解为对一种激进形式的民主社会主义的支持[9]。

从本书的观点来看，杜波依斯其人也是有吸引力和重要性的，因为他漫长的游牧式一生虽缺少固定的根源，但发展出了很多路径。他不断地旅行，在放弃美国公民身份定居加纳之后，他最终以95岁高龄在非洲去世。他在有关非洲之旅的叙述中，把美国黑人和他们疏远的故乡的关系描写得很严酷，如马丁·德拉尼对尼罗河之旅的描述一样。杜波依斯和欧洲长期且复杂的关系，进一步提出了关于黑人文化的同一性和非同一性的问题。对杜波依斯、道格拉斯以及通过作品与他们进行了互动式对话的其他思想家而言，对现代性内在矛盾的焦虑和与此相关的对进步意识形态的根本怀疑，由于他们在美国之内和之外的旅行经历而被复杂化。因此杜波依斯作品中浮现的旅行、移动、迁移和重新定居是本章主要关注的问题。

现代性、恐怖和运动

接下来，通过离散黑人群体自身存疑的术语，我会试图从几个方面呈现他们的社会和政治斗争，并试着考察他们独特的文化动力来自哪里。特别是我会借鉴杜波依斯的双重意识概念,扩展他曾暗示的观点——离散黑人的文化可以被有益地阐释为对现代性和黑人在其中的位置所产生的矛盾的表达和评价。

书写这种矛盾的历史的最初动力,是对现代性以一种白人至上主义的恐怖实践来建构理性复杂性的深刻理解。它出现在杜波依斯对现代性的阐释的核心位置、对奴隶制相对于现代文明的定位里、对种族恐怖在形成现代黑人政治文化的基本作用的强调中:"我们时代的特征是欧洲文明和世界上未开化的人们的接触……战争、谋杀、奴隶制、灭绝和堕落——这些一直是把文明和基督教的福音带到海上的岛屿和没有律法的异教徒之中的结果。"[10]

恐怖是(借由上帝和理性神圣化了的)奴隶制的关键特征,对这一点的强调是杜波依斯作品中反复出现的主题。比如,杜波依斯对教育在黑人解放中所起作用的讨论,开始于把奴隶船作为他自己的怀疑与"思潮和回想的纠缠"的出发点——时代的批判性伦理和政治问题必须在"思潮和回想的纠缠"中被决定[11]。当美国重建阶段的暂时性成果被19世纪晚期的私刑反革命狂欢及相关的野蛮公共景观侵蚀时,杜波依斯以更复杂的形式描述了同样的观念。奴隶制的这些可憎的残余物,使得南方变为"恐吓黑人的武装营地"。因此在杜波依斯对现代性的控诉和肯定中,种族恐怖的意义和功能成了他关注的核心。种族恐怖的重要性体现在《黑人的灵魂》和《黎明前的黑暗》的联系中,后者比前者晚三十七年出版,但其中反复提及私刑是一种社会仪式和政治管理的手段。在《黎明前的黑暗》中,杜波依斯对山姆·豪斯被烧死和肢解尸体的事件带给他的影响进行了强有力的描述，豪斯是佐治亚州的一名工人，在和种植园奴隶主因为钱的问题争斗后被处以私刑[12]。豪斯被切断的指关节被放在米切尔街的杂货店橱窗中公开展示，而此时杜波依斯就在附近的亚特兰大大学担任社会学教授。杜波依斯如此总结了这一事件带来的内在转变："当黑人遭受私刑、被谋杀和饿死时，没有人可以做一名沉着、冷酷和超然的科学家。"要评价这句话，就有必要认识这个阶段私刑作为一种景观的常见程度和公共影响力。豪斯的案例对此作出了一定说明，杜波依斯则在《黎明前的黑暗》提到的第二个案例中强调了私刑作为权力的大众剧场的地位："田纳西州的一名黑人在极端残酷的条件下被公开活活烧死。报纸杂志提前公开宣传了这次聚众焚烧。三千辆汽车载着前来的观众，其中还有带着孩子的妈妈。十加仑的汽油被倒在这个可怜的人身上，他被活活烧死，而数百人争夺他的身体、衣服和绳索的碎片。"[13]

仪式的残酷性对塑造美国南方现代文明生活具备一定重要性，杜波依斯对此的理解，既通过他对其延续奴隶制期间建立的残酷模式的论证，也通过他对美国原住民种族灭绝的片段式评论得到发展。他接合了这些种族灭绝的恐怖的历史，将它们与他对现代性未能实现的承诺的讽刺性描述紧密结合，后者是他透过种族隔离车厢车窗的移动视角建构的："我们必须赶紧上路。当我们靠近亚特兰大时经过的是切罗基人[1]的古老土地，这一支勇敢的印第安族人为他们的家园抗争了

---

[1] 切罗基人（the Cherokees），美国原住民部落。

如此长的时间,直到命运和美国政府把他们赶离密西西比河流域。"[14]即便黑人受压迫的历史被恢复到合适的位置、白人极端的残酷行为被常规性地视作一种政治管理机制,种族压迫的经验仍然不足以解释西方黑人防御性、变化性斗争的丰富性和延续性。意识到这一点使得我们有必要追随杜波依斯,去问一些有关是什么把这些政治形式和其他(人们可能更熟悉的)形式区分开来的简单但棘手的问题。比如,这意味着探究反对奴隶制、追求公民权和政治自治权的国际运动自我定位在什么地方。这要求我们研究这些国际运动被隐藏的历史,并且不把它们在文字和声音中再生产和传播的方式当作是理所当然的。由于这些问题的答案不能总是在便捷的(如果不是误导性的)记录中找到——这些记录突显的是在官僚理性原则下进行的政治斗争的组织工作,这些探究变得更加复杂。在奴隶制时期(之后同样如此),很少有公开的委员会记录、宣言或其他旨在记下这些运动的目标和策略的程序性文件。这些运动的自反性自觉意识必须到别处寻找。尽管可以找到有关这些运动的书面记录,但它们通常更可能出现在更具虚构性也更为短暂的源头中。杜波依斯认为它常常体现在文化实践而不是正式的政治实践中,这些文化实践因为和以种族名义进行的极端社会压迫相关,所以对外来者而言是极其复杂甚至难以理解的。这种复杂性对维持奴隶及其后代构成的阐释性共同体的完整性极其重要,但它并不是不变的,它随着文化融合对政治压力和经济情形的变化的回应情况而变化。再次声明,《黑人的灵魂》使黑人意识到通俗文化——它能调和种族恐怖的持久影响——的意义,正是因为这种方式它可被视作是极其重要的文本。该书通过黑人音乐展现黑人表现性文化中不可言喻、崇高、前话语性和反话语性的部分，表明其认同这一点。如我在前一章中说明的，在《黑人的灵魂》之后，音乐常常被用作许多不同的有关黑人共通性概念的象征，该书开创了这种策略。

黑人社群主义更神秘的版本常常被用来说明这样的论点：在新世界的黑人风格不可化约的多元性表面之下，能够找到一种固有或根本的统一。但是，这种种族身份观点的本质主旨是"非洲"符号及与其相关的黑人民族主义，它们在帝国主义时代黑人政治文化的表现中极其重要。这些有关民族身份、民族文化和民族归属感的观念常常是浪漫的且必然是排外的，它们的历史和起源，需要在别处仔细讨论。此处我的目的是呈现和捍卫另一个有关联结的更适度的概念——它被离散的概念及其统一和分化的逻辑主导，作为对上述这些熟悉立场的替代。杜波依斯对此作出了重要的贡献，但这常常被非裔美国评论家忽视，因为杜波依斯作品的这一方面不符合他们狭隘的品位。杜波依斯作品的基调有时是更为一般性、不太特殊主义的，他试图证实非洲离散群体作为一个抽象概念而存在的努力，不应被解读为他认为更小、更直接或局部的变化是不重要的。杜波依斯似乎认为更加仔细地关注黑人文化内在的不对称和区分，是达到种族相似性的宏大修辞性理论能够带来或预设的关联层次的唯一方式。但是很明显，关注黑人性的这些常常互相矛盾的局部组成部分，会让我们停止思考把西半球黑人的生命和经历连接起来的特殊模式——不论他们自己是否直观意识到这一点。换句话说，在记住现代西方黑人不同经历的差异的同时，详细说明其中存在的相似性也是重要的，下面我们将会看到这是泛非主义自身的政治抱负所要求的。离散概念的价值，在于它试图以一种允许个人在二元框架（特别是把本质主义和多元主义对立起来的框架）之外思考种族共同性问题的方式，说明西方黑人的分化和同一。《黑人的灵魂》是第一本包含种族主义政治以及克服种族主义政治的离散性、全球性视角的书，这种视角打断了美国黑人例外主义的平滑流动。在该书中，杜波依斯对民族主义的渴望与对民族主义的超越共存。随着杜波依斯不只像德拉尼和克鲁梅尔那样，简单地用欧洲历史生成有关被否认的民族性和被压迫的族群身份的比较性例子，他们渐渐地彼此冲突。与欧洲单向影响非洲的描述相反，杜波依斯系统地描述了非洲、欧洲和美洲之间的联系，从而使得有关美国黑人受难和自我解放的例外主义叙事复杂化。国际性的奴隶制为这种视角提供了基本原理，但它和杜波依斯渴望展示黑人内在情形的愿望有关——这些黑人被紧紧困在奴隶制造就的现代世界之中。为此，杜波依斯小心翼翼地展示出对西方文明文化遗产完全熟悉的程度，他声称整个黑人种族都有权利接近西方文明，并创作出了一个显示他如何把这种遗产看作是他个人资产的文本。杜波依斯以一种极具策略性又有些虚张声势的方式，在白人读者面前不经意地炫耀自己的博学，并同时用这种博学反对追随布克·华盛顿的黑人读者。华盛顿否认自由和教育之间的基本关系，认为"更高的教育让人远离确保种族存活和繁荣的必要实际任务"。

第四章 "鼓舞疲惫的旅客"：W.E.B.杜波依斯、德国和（非）定居的政治

我与莎士比亚坐在一起，他并不避开。我越过肤色界限挽着巴尔扎克和大仲马的手臂，微笑的男人和热情的女人在镀金的大厅里悄悄走着。从悬吊在枝干强壮的大地和星星的细纹构图之间的夜晚的洞穴外，我召唤亚里士多德、马可·奥勒留及其他我渴望认识的灵魂，他们都很谦和地一一出现，既不蔑视也不俯就。于是我与真理结合，住在面纱的上方。这就是你们不愿意让我们过的生活吗？……你们何等恐惧，唯恐我们会从菲利斯人和亚玛力人之间的毗斯迦高山眺望，看到应许之地，是吗？[15][1]

杜波依斯对黑人大学的描述是这个论点的核心。与布克·华盛顿对技术性、职业性和实用性的反学院式强调相反，杜波依斯捍卫高等教育的理想，既把它作为目标本身，又把它作为新的教育体系建立的基础："若非以最广博与最深奥的知识为根基，我们该将知识奠基于何处呢？树的生命来源，是树根而不是树叶；从历史的开端，从阿卡德摩[2]到剑桥，大学文化一直是主要的基石，幼儿园的入门知识即建立在这基石上。"[16] 这个有关教育的观点，可以把塞德里克·罗宾逊

---

[1] 菲利斯人（Philistine）和亚玛力人（Amalekite）均为以色列的仇敌。毗斯迦山是约旦山峰，摩西曾在此山顶眺望上帝应许之地迦南福地。译文参考《黑人的灵魂》，何文敬译，台北：联经出版公司，2018年，第189—190页。
[2] 公元前387年，柏拉图在朋友的资助下在雅典城外西北角的Academus墓地建立学园。这是欧洲历史上第一所综合性传授知识、进行学术研究、提供政治咨询、培养学者和政治人才的学校。以后西方各国的主要学术研究院都沿袭它的名称叫Academy。

（Cedric Robinson）提出的"黑人激进传统"[17]与黑人的生活世界、落地美学——促进了黑人追求自由和自我的社会抱负——进行有趣的文化结合。尽管罗宾逊的这个概念明显是有力的，但它既是有启发性的也是有误导性的，这既因为它暗示黑人传统的主要特征是激进性（杜波依斯复杂且变化的立场可以反驳这一点），也因为传统的观念可能听上去太封闭、太绝对以及与庶民对现代性的体验太过对立——现代性部分塑造了这些文化形式的发展。在由共同的阐释活动、需求构成的团结群体（黑色大西洋文化倚靠于此）变为思想和政治上的多元体的地方，这些文化有了一种分形的结构，其中相似和差异之间的关系是如此复杂以至于它可能让我们不断产生错误的判断。因而我们概括和比较黑人文化的能力被分析的规模所限制，对这些运动的理解由于观察者位置的不同而不同。我在前一章中已指出，离散黑人形成的文化是一种混乱、鲜活、无序的形构。如果它能被称为传统，也是一种不断变化的传统——一种不断朝向无法达到的自我实现状态的变化的同一。但是，在它不均衡的变化过程中有三个阶段可以被试探性地指出，并因为和杜波依斯《黑人的灵魂》的三部分结构松散地对应而具有用处。第一阶段可以被定义为整个新世界反奴隶制的斗争，这些是为了从强迫劳动、生产世界市场上所出售商品和与之相关的独特现代种族压迫体系中解放出来的斗争。第二阶段是为现代化和工业化国家（其中自由、正义和权利"只是为白人的"）中的自由黑人争取人的地位及之后资产阶级式权利和自由的旷日持久的斗争[18]。无论这些斗争是在国家管理的移民劳工体系还是在更非正式、更分散的种族压迫结构中进行的，它们首先是追求公民权的斗争。这种动态既和它之后的政治形式有关，也和先前的奴隶制有关。从使奴隶制成为可能的集体政治行动的独特和有活力的模式中，它获得了许多力量和象征性的影响。第三阶段是追求独立空间的斗争，在其中黑人群体及其自治能够按照自己的速度和方向发展。这包括了美国和加勒比黑人在利比里亚和其他地方建立独立非洲家园的渴望。它也和欧洲殖民者对非洲大陆的入侵、围绕解放非洲产生的复杂政治冲突有关。尽管非洲的解放本身就是个重要的议题，但它同时也是黑人获得自治权的一次模拟。非洲的解放常常被呈现为一个同质性的参考点，地方甚至个人追求不同形式自决的进步过程可以通过与全球性动态的比较而被评估[19]。

在反对种族主义的所有三个阶段的斗争中体现的不均衡特征，提醒我们这三个阶段并不是以线性顺序依次出现的。每个阶段的影响体现在其他阶段的政治和文化想象中。追求特定策略性目标的斗争常常并存，甚至因为它们设置的政治优先项、盟友和概念性议程完全不同而互相矛盾。在杜波依斯的作品中，他和民族观念的变化关系可以被用作一种粗略手段，标记运动从一个阶段或一种情绪到另一个阶段或另一种情绪。第一阶段表现为获准成为美国国民和进入美国公民社会、政治社会的需求，第二阶段表现为让美国国民实现内在于美国政治和司法话语中的承诺的需求，第三阶段表现为在美国国民群体本质上虚伪的特征被识别之后，融入或脱离这个群体的需求。在第三阶段，其他地方性、都市性甚至国际性的种族联系，或许会被认为比未兑现的成为美国人的机会更重要。

还能以其他方式对这些政治冲突的非线性、自相似的模式进行分期。比如，在受到种族压迫的群体——他们获得特定文化形式（如识字）的权利被剥夺，而其他方式（如歌曲）发展为超越和补偿具体的不自由经历的方式——可用的文化再现方式上存有纷争。在第一阶段，黑人不被允许识字并被恐怖手段限制在这种状态里。在第二阶段，通往识字的大门没有被法律制裁封闭，黑人要活下去可能在掌握书写语外还要掌握某些特定编码的语言和口头表达[20]。杜波依斯和华盛顿之间的纷争显示了教育如何作为政治活动的焦点出现。第三阶段明显包括了有意和自觉的超越语言的运动，这种超越受到早先经历——被迫与一个用书写沟通的世界分离——的社会记忆的影响。对仅凭字词不能传达某些真理的反文化的意识，开启了对现代性将艺术和生活强制分离的控诉以及一种独特的美学（或反美学）的立场。音乐是审视这种立场的最好方式。

从另一个角度来看，也许可以通过每个阶段中解放计划的不同形构和文化在其中的位置，对黑人政治文化的这三个阶段进行分期。第一个阶段可通过（从比商品拜物教这样的概念所描绘的更深的物化经历中）解放奴隶身体的企图而被界定，第二个阶段可通过将文化（特别是语言）的解放作为一种社会性自我创造的方式而被界定。尽管音乐在这两个阶段中都起到了重要作用，但第三个阶段可通过把音乐从纯粹商品的状态中解放出来及相关的用音乐展现艺术和生活的调和的渴望而被界定——不仅将音乐提供的艺术甚至美学经验看作对黑人被从现代性中排除出去的补偿，而且将它看作黑人群体自我发展所偏爱的渠道。

思考《黑人的灵魂》

现代黑人政治文化的这三个相互关联的方面，在《黑人的灵魂》中得到有力的表达。这部经典权威作品首次出版于1903年，那时杜波依斯35岁，是亚特兰大大学的经济学和历史老师。这是一部精心编排的作品集，其中九篇是杜波依斯之前发表过的，他稍微进行了修改，又撰写了前言和五篇新文章。无法用简单的结论来概括该书，它涵盖了杜波依斯在美国北方和南方的生活，并包括了对重建后美国南方的社会和经济关系的详细分析。其中有对亚特兰大市、自由民事务局[1]、黑人地带[2]、棉花、亚历山大·克鲁梅尔的思考以及和布克·华盛顿就黑人教育的价值和质量做出的强有力辩论，还包括一篇短篇小说和一篇悼念死去的儿子的文章。文集以讨论奴隶音乐及其对黑人政治文化的重要性的文章作为结尾。

杜波依斯之所以把美国黑人的特殊历史和经历看作形成黑人离散群体的更一般化、不连续和极度分化的过程的一部分，受到几个不

---

[1] 自由民事务局是美国历史上第一个联邦福利机构，其全称为"难民、自由民与弃地事务局"，隶属陆军部。它是1865年3月3日、距离内战结束十多天时建立的，主要任务是战后监督和处理内战期间被遗弃的土地，处理与难民及自由民（内战中被解放的黑奴）相关的一切问题。
[2] 黑人地带是指黑人人口特别稠密的南方部分地区，尤其是佐治亚州和亚拉巴马州。

同方面的影响。它被杜波依斯对历史唯物主义的学习带来的良好历史感塑造，也被他作品中体现出的完善的社会学感觉所标记，还源于他对种族、民族和文化的关系的复杂理解——这种理解被杜波依斯对德国唯心主义的熟悉所塑造。如我已经提到的，种族恐怖在奴隶制之中及之后时期的核心位置被用来质疑美国政治文化及其所谓理性的正当性。类似地，通过展示美国的内部分化和奴隶贸易的跨国特征，生产方式和民族国家结构之间的关系被复杂化。杜波依斯对种族压迫和种族身份的特殊动力的关注，形成了他有关政治能动性的理论，其中阶级关系的优先性被否定，相对于被粗略地归为经济决定性的因素，文化和意识形态因素的自主性得以显现。他在关于费斯克欢庆歌咏队巡演的文章中阐明了这些要点。

《黑人的灵魂》代表的风格上的创新，体现在它运用音乐力量的方式和通过乐谱来架构、证明文字所能表达的内容上。每一章正文前都有两段引用。第一段通常[21]来自欧洲文学正典，第二段是一首黑人灵歌的乐谱节选，本书最后一章讨论的正是黑人灵歌。

无论批评家用什么术语描述该书，他们中的大部分都同意该书可以分为三个相对独立的部分[22]。第一章到第三章主要是历史性的内容，第四章到第九章基本上是从社会学的视角出发，第十章到第十四章不再采取这些固定视角，用传记、自传和小说等不同形式来研究黑人的艺术、宗教和文化表达。该书针对并表达了美国黑人的经验——他们是戴着肤色面纱的人，但它也面向黑人以外的世界。它直接与美国白人对话，挑战他们对被肤色标记的文明和国家文化的理解，还面向当前和未来更广大的跨国读者群体。它试图赋予后奴隶制时期西方黑人的特殊经历一种全球性的意义。这部作品以不同方式将杜波依斯构想的种族、民族、文化和共同体的对立概念进行投射或空间化，我想通过这些方式关注作品中的这种张力。我的出发点是"双重意识"的概念，它开启了《黑人的灵魂》并为该书的组织原理提供了深层结构。双重意识的概念最初被杜波依斯用来表达黑人内化于美国人身份的过程中产生的特殊困难："一个人总是感受到自己的双重性——既是美国人，又是黑人；两种灵魂、两种思维、两种无法调和的奋战；两种交战的理念同在一个黑色的身体中，凭其顽强的力量才不至于被撕裂。"但是我想指出，杜波依斯在他的哲学和心理学兴趣的接合点提出这个概念，不仅是为了表达美国黑人的独特立场，也是为了阐明后奴隶制时期黑人的普遍体验。除此之外，他还用双重意识概念作为激活有色人种全球合作的梦想的方式，这在他后期的作品中才完全成熟。这种观点在小说《黑公主》（*Dark Princess*）中得到了最完整的表达，但它在其他地方也不时扰乱杜波依斯更种族中心主义的关注，比如它奇怪地出现在《黎明前的黑暗》的泛非主义遐想中：

> 我面对非洲，问自己：我们之间的什么构成我能感受到但不太能解释的纽带？非洲无疑是我的故乡，但我的父亲和祖父都未曾到过非洲，也不了解它的意义或过分关心它。我妈妈的家族和非洲关系更亲近，但他们在文化、种族上和非洲的直接联系已经变得很弱；然而我和非洲的联系还是很强

烈……有一件事是确定的，那就是自从15世纪开始我的祖先们有共同的历史，受到共同的灾难的影响，并有共同的漫长记忆……肤色作为标记是相对不重要的，它带来的亲密感的真正本质是奴隶制的社会遗产、歧视和侮辱。这种遗产不仅把非洲的后代联系起来，而且贯穿黄种人的亚洲直至南太平洋。正是这种一致性把我吸引到非洲[23]。

被杜波依斯置于他思想和诗学核心的二重性，在扩大《黑人的灵魂》的影响力上起到了极其重要的作用。其影响力遍布整个黑色大西洋世界，直接启发了让·普里斯-马斯（Jean Price-Mars）、塞缪尔·柯勒律治·泰勒（Samuel Coleridge Taylor）和利奥波德·塞达尔·桑戈尔（Léopold Sédar Senghor）这些不同的人物，并间接启发了更多的人。该书的影响力还体现在"灵魂"这个词在现代黑人政治话语和文化价值论中引起的特殊共鸣里。

双重意识产生于思考、存在和观看的三种模式不和谐的共生中。第一种是种族特殊主义的；第二种是民族主义的，因为它源自尚未成为公民的前奴隶所处的民族国家中，而不是源自他们想要建立自己的民族国家的渴望；第三种是离散性或西半球的，有时是全球的，偶尔是普遍主义的。这三种模式在杜波依斯的思考中交织成某些不太可能形成但又精巧的模式。由于杜波依斯自觉地把他在美国黑人模糊世界之内和之外的旅程包括进文本的叙事结构以及（通过对内战后美国南方历史的扩展研究进行的）对西方政治和文化的批判，《黑人的灵魂》

变得更复杂。

杜波依斯在泛非主义的指引下，以及对一种建基于固定观点——现代民族国家是黑人文化的发生场域——的分析模式的明确反对中，发展出一种理解西方黑人政治和文化的历史的方法，它能够聚焦西方黑人之间及其与非洲黑人的明显差异（过去的以及现在的）。杜波依斯在许多作品中完善了这种观点[24]，但对此的早期表达出现在《黑人的灵魂》中，在该书中这种观点与一种相当理想化、民族主义的非裔美国人例外主义的概念艰难地共存，后者在当代非洲学思想中可以找到同类。

《黑人的灵魂》因对 20 世纪的问题是"种族分界"问题这一观点优雅、朴素的坚持而出名。这也引起了有关民族性和跨国政治团结的关系的问题。杜波依斯在导论中做了这个判断，并在第二章开头和结尾重复了这一点。他把改变了非裔美国人经历、助长了残酷反革命的美国种族主义——它阻碍了美国南方实现杜波依斯致力于建构和推广的种族正义，描述为从美国到亚洲、非洲和海上岛屿的更大的**全球性**冲突中的一个阶段。它是这些地方深肤色和浅肤色的人们之间更广泛冲突——"导致了内战"——的一个"阶段"。因此 20 世纪初美国黑人面临的挑战，是要去理解把他们目前的困境和过去的特殊恐怖联系起来的延续性，并把他们当下的苦难和其敌人施加给其他人的种族压迫联系起来：

我曾见过一片随着阳光而充满欢笑的土地，那里儿童在歌唱,起伏的山脉像热情洋溢的女人般展现繁茂的枝叶。在国王的公路上坐着一具模糊、弓形的人影,旅客经过时随即加快脚步。被污染的空气中笼罩着恐惧。三个世纪的思想都是为了提升和揭示那屈服的人的心灵,如今另一世纪的责任与行动于此开始。20世纪的问题是种族分界的问题[25]。[1]

杜波依斯带着对种族例外主义的诱惑的谨慎态度,提醒他的非裔美国兄弟姐妹们:美国黑人经历的奴隶制尽管可怕,但它"不是世界上最差劲的奴隶制,不是让整个生活无法忍受的奴隶制,而是有点友好、忠诚和快乐的奴隶制……"[26]。《黑人的灵魂》正是因为体现了杜波依斯不同愿望——理解非裔美国人的特殊性和理解一种更模糊、更普遍的臣属经验——之间的持续张力而特别具有价值,他把后者暗示性地描述为"在20世纪的开端身为黑人的奇怪意义"。记住上述内容后,以下这点便具备了重要性,即杜波依斯双关的书名并不因指涉它所源起的美国独特情形而是族群上受限制的或封闭的。在某种意义上,书名所唤起的黑人性与它背后的"人"之间有一种复杂、不调和的关系,前者窄化了书名的意义并把它和极其具体但同时也是极其神秘、有机的共同体概念联系起来,这种共同体的概念并不为书的内容所直接支持。

我已经指出,杜波依斯对他关于现代性的矛盾态度的巧妙陈述,

---

[1] 译文参考《黑人的灵魂》,何文敬译,台北:联经出版公司,2018年,第128页。

首次出现在对布克·华盛顿的攻击中[1]，在从奴隶的角度对进步概念所能具有的意义进行反思的下一篇文章中得到仔细阐发。在《论进步之意义》中，杜波依斯描述了他在费斯克大学的假期到田纳西州乡下做老师的快乐经历。他遇到了乡村的黑人，试图赞美和肯定他们"无聊和单调"的生活，这种生活和他自己在新英格兰的成长经历非常不同。乡村黑人对杜波依斯提供的教育的冷漠，成了他只能短暂地解决的一个关键问题："我知道老人家对书本学习的怀疑又占据了上风，因此我跋涉上山，尽可能走进小木屋里面，用最简单的英语道出西塞罗《为诗人阿尔基亚辩护》[2]的意思并融入当地用语，这常常能说服他们——一周左右。"27 乡村黑人的宗教信仰也使得他们和杜波依斯分道扬镳，使得杜波依斯的牧师和教师身份的脆弱统一破裂，他"曾是这群人的理想的化身"28。杜波依斯在一般性层面上肯定教会的作用，认为教会提供了"美国黑人生活的社会中心，是对非洲人个性的最典型的表达"29。但当杜波依斯融入这些黑人中时，他的反应变得更加矛盾。因为虽然教会等重要的社会机构巩固了这个"小群体"的"部分觉醒的共同意识"——由于生活困境、种族主义和奴隶制的影响与"葬礼、婴儿出生或婚礼时的喜悦或悲痛"的共同经历而产生，它们也再生产了反现代的保守主义。在杜波依斯对南方黑人基督教的社会和政治特征进行更详细地讨论的文章中，恐怖的主题再次出现——作

---

[1]《黑人的灵魂》第三篇为《论布克·华盛顿先生等人》，下一篇是《论进步之意义》。
[2] 西塞罗在演说中将为诗人阿尔基亚辩护引申为替艺术对社会的贡献辩护。

为塑造了基督教仪式的重要因素，并为杜波依斯提供了阐释这些仪式的关键。正是在宗教实践中，有关最初的恐怖的（被埋葬的）社会记忆得以保存，它被仪式频繁唤起："当我接近那村庄和朴素的小教堂时……空气中弥漫着一股压抑的恐怖，我们似乎感受到了它——一种阿波罗神的疯狂，一种魔鬼附身，让歌曲和话语显得生动恐怖。"[30]

杜波依斯把他对这些乡下人如奴隶般辛苦劳作的细致描述置于美国重建时期和全球资本主义发展的历史的更广框架下。这些群体没有抓住重建提供的机会。相反随着美国进入"就好像上帝真的死了"的未来，他们又面临着新的悲剧。一些年后杜波依斯回到他年轻时曾教书的乡村，他被迫面对村民没有被历史发展的目的论式动力带着向前的事实。在谈及新楼代替了他充满感情的记忆中的旧木屋校舍时，他告诉读者进步"必然是丑陋的"。在谈及进步影响并改变了旧楼的使用者及他们家庭的悲惨生活时，杜波依斯的讽刺性语调与他的下述观点相比是不重要的——他认为这些黑人的生命遵循一种特殊的模式，这种模式使得对进步的评估无法进行："深黑色脸孔的乔茜死在这里，人们要怎么衡量这里的进步？多少悲伤才能和一蒲式耳的小麦相抵？对这些卑微的人而言，生活是多么艰难，但又多么有人情味和真实！而这一切生活、爱、冲突和失败，究竟是黄昏的余晖还是黎明的曙光呢？我悲哀地沉思着，乘坐种族隔离车厢前往纳什维尔。"[31]

这个主题的重要性，由于杜波依斯在该书的结尾再次提到它而显现。在结尾杜波依斯对"悲歌"及它们（作为对黑人受难几个世纪的珍贵、补偿性的礼物）对世界文化的重要性的著名讨论中，他发展出一种更相对主义的对文化和族群的理解，这种理解会挑战种族优生学——在他看来是"这个时代默默滋长的臆断"——的逻辑。

> 社会学知识没有条理到如此可悲的地步，以至于进步的意义、人类行为的"快"和"慢"的意义以及人类能达到完美的限度，都是科学海岸上模糊、未解的狮身人面像。为何埃斯库罗斯在莎士比亚出生两千年前就歌唱？为何文明在欧洲达到鼎盛，在非洲却闪烁、燃烧和消亡？只要世人在这些问题前胆小无言，这个国家就会通过否认那些把悲歌带到至高者王位的人获得自由的机会，显示其无知与亵渎的偏见吗？[32][1]

很明显，《黑人的灵魂》在美国内外的现代黑人政治思想的文献中占据了特殊的位置。在美国黑人中，詹姆斯·韦尔登·约翰逊将其描述为"《汤姆叔叔的小屋》后对美国黑人影响最大的书"[33]，从而在美国政治文化中定位了该书。约翰逊自己的写作证明了该书的重要性，他1912年卓越的小说《一个曾经是有色人的自传》(*The Autobiography of An Ex-Coloured Man*)从杜波依斯对美国现代性的怀疑态度中获得启示，并试图把这种独特的立场变为对黑人现代主义的文学倡导——它"试图打破传统的狭隘界限"[34]，允许"未来的黑人

---

[1] 译文参考《黑人的灵魂》，何文敬译，台北：联经出版公司，2018年，第328页。

小说家和诗人给这个国家带来新的、未知的内容"。约翰逊对杜波依斯的借鉴太多，这里不能具体描述。约翰逊在他的自传《依循此路》（*Along This Way*）中承认了杜波依斯观念的"集中性影响"。约翰逊在他的小说中，既回应了杜波依斯的问题，也扩展了杜波依斯的观点，这鼓励我们遵循罗伯特·斯坦普多（Robert Stepto）对二人关系的解读方式，将二人的作品阐释为对封闭和内在连贯的种族文学的对话性传统的世代性呈现[35]。《一个曾经是有色人的自传》和《黑人的灵魂》有许多相似之处。约翰逊和杜波依斯一样，关注常常基于阶级的跨种族差异，同时都对乡村黑人的宗教仪式有着人类学层面的兴趣。约翰逊重复指出欧洲文明的根源在非洲，并提出了和杜波依斯的看法类似的有关黑人身份的社会建构性和可变性的观点："黑人真是一个适应能力非凡的人种。我曾在伦敦见到一位来自西印度群岛的黑人绅士，他的言谈举止完全就是英国人的样子。我曾在巴黎见过来自海地和马提尼克岛的人，他们比法国人还要像法国人。除了辫子留不起来之外，我确信黑人完全可以成为中国人。"[36]

约翰逊也把双重意识的概念置于他叙述的核心，将它重新命名为"双重个性"（dual personality），并通过小说主人公的经历——他将杜波依斯的书作为"开始"，但他愿意时可以超越种族界限并扮成白人——使得它的内在矛盾更加尖锐。主人公的双重性因为同时身为黑人和白人而显现。这个人还是个有天赋的音乐家，他的表演才能超越了"单纯卓越的技巧"，并被他对庄严歌曲——他以此娱乐白人来维持生计——"包含的不只是旋律，在其中还可以听到难以捕捉的低音、耳朵难以听到的音符"[37]的详尽了解所塑造。一场私刑为约翰逊无名、流浪汉般的男主人公提供了一次机会,去反思自身地位、种族恐怖在促进黑人创造性和文化创作中的核心作用、现代性在美国南方的失败,这与杜波依斯的主题导向是完全相符的。约翰逊不快乐的主人公对可言说之物与不可言说之物的力量——它们由我称作"奴隶崇高"(slave sublime)的持久影响所联结——有所察觉,发现这种残酷仪式的音轨极其令人不安:

> 在正午之前,他们把他带了进来。两名骑士并排骑马,中间半拖着那个可怜的人,他跟跟跄跄地走在灰尘中。他的双手被反绑,身上捆紧的绳索被牢牢系在两匹马的鞍角上。那些在午夜严厉而沉默的男人,现在发出令人恐怖的声音,所谓的"反抗呼声"。人群中很快空出一块地方,他的脖子上系了一根绳子,此时人群中有人提议"烧死他!"……**他发出了我永远无法忘记的呼号和呻吟声。呼号和呻吟声被火和烟呛住**……人群中有人叫喊欢呼[38]。

男主人公怔怔地看着这个戏剧性的场面,不能移开眼睛。他在见证了这一场面之后说出的痛苦的话,呼应了弗雷德里克·道格拉斯在半个世纪前对种植园体系的弊端的诊断(见第二章的引文):"南方白人还没有完全活在当下,他们的许多观念还是上个世纪的,一些观念是中世纪黑暗时代的。在其他时代这些观念可能值得称道,但今天它们往往是残酷且荒谬的。"[39]

如同之前的杜波依斯和道格拉斯一样,约翰逊的男主人公曾到过欧洲,他对"种族"、自我和社会性的意识也被美国之外的经历深刻改变。这些改变以几种能参考上一章对本真性的讨论的有趣方式表现出来。约翰逊让其主人公在德国产生融合欧洲"古典"音乐和黑人通俗音乐的冲动,从而质疑了阐明种族化存在本质的最明显的策略。这位前有色人只有在美国以外、远离其根源——之后会成为黑人文化创造的必要条件——才能想象去完成他在美国只能初步设想的特殊创造性计划。这种刺激源自主人公在欧洲与一位白人平等的创造性会面:

> 我走到钢琴前,演奏了我所知道的最复杂的拉格泰姆[1]曲目。在大家还没对我的演奏发表评论之前,一位戴眼镜、头发浓密的大个子男人冲了上来,把我从椅子上推下来,叫道:"起来!起来!"他自己坐在钢琴前,准确无误地弹了我刚才弹的旋律,然后又把拉格泰姆变换成各种常见的音乐形式,这让我大吃一惊。我把古典音乐改编成拉格泰姆,这是相对容易的任务;这个男人却把拉格泰姆转换成古典音乐。随后我立刻就问自己:他可以做到,为什么我不行呢?从那一刻开始我下定了决心。我清楚地看到实现我儿时形成的目标的方式[40]。

---

[1] 拉格泰姆(ragtime),19世纪末出现的一种爵士音乐形式。

将种族比喻成家庭，为意指种族本真性提供了另一种关键方式，它在该书中也以一种复杂且模糊的方式被承认。如威廉·威尔斯·布朗的女主人公克劳特尔在伏尔泰旅居的日内瓦湖边的费内遇到了她失散许久的父亲一样，约翰逊即将成为白人的男主人公也在欧洲遇到了他不来往的父亲和妹妹。他在巴黎的一家歌剧院偶然遇到他们，那天晚上凑巧三个人都去听《浮士德》。他无法向他们表明自己的身份，这个真正的家庭悲剧使得"舞台上演的爱情像是个嘲讽"。这是一次令人向往却又难以实现的家庭重聚，约翰逊将其部分达成的背景设置在欧洲，突出了无根的世界主义的危险以及美国的种族符码的荒唐。在小说中的这个时刻，主人公不属于任何一个人或地方，这更像是个诅咒而非机会。

这些在美国之外的旅行，被在美国之内的旅行模式补充。如果说对奴隶制和中间通道的记忆代表了一种地理和文化迁移的形式，到欧洲的观光客式的旅行代表了第二种自由选择的类型，那么普尔曼搬运工[1]的形象和作为时空体的火车（他们也构成了杜波依斯和约翰逊作品的另一种联系）就代表了第三种更复杂的旅行体验类型。最近有很多有关旅行和位置政治的著作[41]。这些主题在对身份和政治文化的研究中是重要的，因为基于固定性的方法已经达到极限了。这些主题在黑色大西洋的历史中是极其重要的，这里移动、迁移、移位和不定是

---

[1] 普尔曼搬运工（Pullman porter）是被雇用在铁路上工作的人，他们是卧铺车上的搬运工。

常态而非例外，而且正如我们所见的，这里存在把对自我的探索与对新领土的探索、处于种族群体之间和之内的文化差异联系起来的漫长历史。杜波依斯和约翰逊的作品指向了更富成效地理解根源和路径之间张力的方式。可以用他们的作品来指出把非强迫性或休闲性的旅行看作只由白人享有，而把黑人的迁移等同于难民、移民和奴隶进行的旅行这一做法的缺陷。普尔曼搬运工受益于增强的流动性——由现代技术促成，但以一种从属的角色管理他人的旅行经历和为他人的需求服务（以无法满足自己家庭的需求为代价），在两位作者看来他们是黑人在19世纪晚期获得的新机会和新限制的重要象征[42]。搬运工的工作方式既延续了奴隶制期间建立的剥削模式，也预示了与当代服务工作相关的贬低和羞辱人的新方式。他们在白人主体之内和周围工作，这要求特殊的规范和规训。为了挣取工资，普尔曼搬运工被要求把体力劳动之外的东西卖给客户，客户对他们的期待包括处于经济理性极限的类似照顾的亲密行为[43]。

我们已经看到早期黑人现代主义的关键特征不可避免地与新世界特别是美国的历史交织在一起。但极度讽刺的是，《黑人的灵魂》很大一部分的思想动力来自对黑人例外主义的执迷，它本身是杜波依斯在美国之外旅行的明显产物。该书表达了作者对种族、民族和文化之间关系的理解，即便杜波依斯是在美国获得了这种理解（这是可讨论的），但他是在德国因接触黑格尔和新黑格尔主义思想[44]（杜波依斯在柏林学习时这种思想正流行）才极大地完善了对此的理解。德国当时的思想环境并不总是令杜波依斯感到舒适。他描述了听到海因里希·冯·特赖奇克的普鲁士沙文主义时的复杂情绪,特赖奇克和俾斯麦有着鲜活的联结,也是19世纪晚期德意志民族主义的重要建设者:

> 非洲被认为既没有文化也没有历史。即便谈论的是混血儿,他们明显和自觉的劣等性也会被提及。我永远不会忘记在柏林的一个早晨于海因里希·冯·特赖奇克的课上听到的……他的话像洪水般涌来,"混血儿,"他大声说道,"是低一等的。"我几乎感到他的眼睛看着我,但他可能并没有注意到我。"他们感到自己是低等的!""他们的行动证实了这一点。"他强调。对这种权威主义的主张能有什么反驳呢?[45]

尽管杜波依斯反对这种论述,但这些联结种族、民族、文化和历史的欧洲式方式的确对他产生了极大的影响。他自己有关历史、种族特殊性、文化和文明的理论,有选择性地运用了黑格尔的主题并把它们和文明发展进程的非洲—亚洲系谱融合。在最基本的层面上,这些影响体现在杜波依斯试图把美国黑人呈现为世界历史的第七种人的努力中,他以一种修辞方式扩展了黑格尔的名单(这也体现了他的灵感来源):

> 在埃及人与印度人、希腊人与罗马人、条顿人与蒙古人之后,黑人在美国是一种第七子,生来戴有面纱,具有预知

的天赋；美国并未赋予他真正的自我意识，只让他通过另一个世界的启示来认识自己。这种双重意识是一种奇特的感觉，总是透过他人的眼光观照自我，利用白人世界的卷尺衡量自己的灵魂。白人觉得好玩之余，面带轻视和怜悯的神情旁观[46]。[1]

此时，这种"预知"是一种真正的优势还是某种缺陷并不重要，在这段话中两种可能性都被指示出来。目前而言，重要的是杜波依斯的名单源自对黑格尔历史哲学的阅读，并且是来自黑格尔将非洲排除在历史发展进程之外的文本[47]。这种黑格尔主义的高度矛盾的变体，引起了杜波依斯的传记作者对他早期作品中政治变化和意识形态含义的争论。杜波依斯无疑更能接受黑格尔把世界历史看作"除了自由意识的进步之外什么都不是"的观点，而不是他的欧洲中心主义和把历史的真正舞台定位在"温带地区"的观念，更不用说黑格尔把历史进步看作普鲁士国家机器的实际成就的观念。杜波依斯的自传对他钦佩德意志民族主义和普鲁士政府的成就的事实（特别是在他访问德国前）十分坦率，这一点是重要的。或许值得思考的是，是否因为杜波依斯是个美国人他才会被这些对秩序的追求深深吸引。引导了杜波依斯的自由概念无疑受到这些作品的深刻影响。黑人不断被引导着去发现由于屈服于绝对的种族集体——其政治和哲学追求被确保是有历史

---

[1] 译文参考《黑人的灵魂》，何文敬译，台北：联经出版公司，2018年，第95—96页。

性的——的权力所获得的自由。

杜波依斯不断在女性身上描绘这种完整的种族文化。先前的思想家通过理想化和英雄性的男性气质体现种族文化的完整性，与之相反，杜波依斯笔下众多的女性形象体现了和谐、相互关系和自由，这些可以通过将个体性消融进种族身份的浪潮中获得。第一个这样的女性形象是他的曾祖母维奥莱特，她"肤色黝黑、个子娇小而肢体轻盈"，"为两膝之间的孩子轻哼异教徒的旋律"。这份遗产一代代流传下来直至杜波依斯，并赋予他与非洲之间"一种直接的文化联系"。第二个女性形象是极其美丽的莉娜·卡尔霍恩，她是莉娜·霍恩的祖母。卡尔霍恩是杜波依斯在费斯克大学的同学，也是他在这儿的初恋。杜波依斯在费斯克大学的第一个快乐的夜晚就见识到了卡尔霍恩的美丽，在杜波依斯不熟悉的南方种族隔离规范中，她的美丽传达出他作为一个"黑人"在文化上再生的希望和快乐[48]。第三个黑人女性是杜波依斯死去的母亲，他25岁生日时在柏林住所的特殊庆祝仪式上将自己的藏书献给她。第四个是非洲自身，杜波依斯在20世纪20年代早期首次前往非洲后将其化身为这一形象："我相信非洲的颜色和曲线是世界上最美丽的；尽管她的脸庞不是那么可爱，但也算得上是标致的，她有着完美的牙齿和闪烁的眼睛，而且还有纤细的四肢、发达的躯干和丰满的乳房。"[49]杜波依斯的文化宇宙中第五个黑人女性的形象，源自他在1938年《美国的黑人重建》(*Black Reconstruction in America*)中将黑人文化创造性化身为女性身体。"她"在一段对黑人音乐的奇怪描述中出现，被聆听音乐但无法理解它的白人"强奸和玷污"。这种文化的女性气质补充了其中受教育男性公民的男性气质，形成了一个完整的家庭：

> 在南方有快乐。它就像香水一样出现——像一种祈祷。男人们颤抖地站着。深肤色的苗条女孩有着卷曲的头发，既狂野又美丽，默默地哭泣；年轻的女人们有着黑色、茶色、白色和金色的皮肤，举起了颤抖的手；年老、绝望的母亲们有着黑色和灰色的皮肤，发出很大的声音向上帝呼喊，声音横跨田野，直达岩石和群山。一首伟大的歌响起，它是海的这边产生的最可爱之物。它是一首新歌。它不是来自非洲，尽管非洲古老的节奏和节拍穿透其中。它不是来自美国白人，无论这种凡俗和缠绕人的音调传得多么远，它从不来自如此苍白无力的人。它也不来自印度人、热情的南方人、冷漠的东方人或深刻的西方人。它是一首新歌，它深刻和哀伤的魅力，它的伟大的旋律和狂野的吸引力，在世人的耳朵旁哀号、跳动和呼啸，带有从未被人发出的讯息。它像香一样扩散和弥漫，从远古的时代即兴产生并焕然一新，将词和思想中的新旧旋律编织进其肌理中。
>
> 那些听到但不理解的南方白人嘲笑它，那些没有用耳朵听的北方白人强奸并玷污它。但它依然存在并发展，它总是发展、扩大并长存，如今它的美就处于上帝的右手中，就像是美国给美的一个礼物；就像是奴隶制的一种救赎，从它的

渣滓中提取出来的救赎⁵⁰。

杜波依斯在非虚构作品中通过黑人女性的身体对种族文化和群体进行的理想化描述，与他小说中出现的不那么美化的非裔美国女性形象形成对照。杜波依斯以性别化的形式呈现种族文化、血缘关系、民族和群体而产生的歧义，是对他的研究中尚未被探讨的大问题。

尽管有关杜波依斯的一些批评是有洞察力的，但其中很大部分正是建基于杜波依斯如何理解和确定种族群体的文化和地理边界的问题。双重意识效应在非裔美国批评家对杜波依斯作品的分析中产生了广泛的影响。康奈尔·韦斯特从一个开放式的激进立场书写，将杜波依斯定位在实用主义系谱提供的典型美国式的背景中。对韦斯特而言，杜波依斯的作品是对美国实用主义在19、20世纪之交的危机的回应。杜波依斯远离以认识论为核心的学院哲学的举动，被解读为是智识工作中直率、实用的美式风格的体现，这使得杜波依斯成为爱默生、杜威和威廉·詹姆斯的真正继承人。韦斯特把杜波依斯在欧洲的时期主要看作是他的反帝国主义和反美国主义发展的阶段。韦斯特低估了黑格尔对杜波依斯的影响，但强调《黑人的灵魂》形成于杜波依斯仍然强调美国黑人的"落后"的时期。在韦斯特看来，杜波依斯认为这种落后可以被一种精英主义和家长式的政治议程所修正——它把种族主义看作是愚蠢的表现，并认为有才能的十分之一的黑人所提倡的进步、理性的社会政策和维多利亚式的美德可以提升黑人大众。这种观点有重要的价值。无疑，杜波依斯的确"为美国实用主义提供了它所缺乏的东西"[51]。我不想低估杜波依斯思想中的这些部分,也不希望忽视杜波依斯的思想与爱默生及其他代表性的美国实用主义者思想的相似性。但是,我认为这种看待杜波依斯作品的方式会使得他对现代性的批判的新意和力量被忽视。比如,《黑人的灵魂》对进步论的预设的揭示及对进步论在种族改善策略中的作用的批判,就被完全忽视了。更糟糕的是,杜波依斯特意建构出的双重性灼见被遗忘了,它成了一种对美国思想中的种族中心主义的不必要的确认[52]。

罗伯特·斯坦普多[53]从一个文化和政治上更加保守的位置进行书写,他忠于文学批评的方式,就像韦斯特忠于哲学学科的方式一样。斯坦普多用应答轮唱的概念,为促进了黑人群体产生的文化关系划定界限。斯坦普多对《黑人的灵魂》进行了细致且有洞察力的评论,认为它是非裔美国人而非美国人特殊性的象征性地理投射。他将这种对种族本质的理解,与作品本身以及它在身体、位置、血缘和群体之间建立的令人挫败的有机无缝联系的概念——它在文化上是特殊的,在空间上是连接的——关联在一起[54]。对斯坦普多而言,《黑人的灵魂》是有关种族和地方的诗学。该书成为一种"文化渗透的仪式",其中新英格兰的黑人杜波依斯在南方的黑人地带中找到自我并将自己重造为一个新的黑人。杜波依斯的书被看作一种表演,需要在道格拉斯、韦尔登·约翰逊、华盛顿及其他人提供的跨文本和跨文化背景下欣赏。斯坦普多对该书显著的空间转向的强调也是正确的。斯坦普多对《黑人的灵魂》基于的应答轮唱仪式的理解,在理论上被维克特·特纳(Victor Turner)的仪式地形学(ritual topography)的概念支持[55]。在此基础上，斯坦普多识别出一块不同作者以不同程度的辛劳跨越的通俗文化的场域。他欣赏杜波依斯对移动、移居和迁移的价值的关注——这个主题被火车、种族隔离车厢和普尔曼搬运工这些核心符号的出现所强调。但是，他主要把该书看作是浸入一种封闭的族群文化的过程，我认为这是错误的。斯坦普多的种族上保守的文化主义，使得他误解了杜波依斯对移居的快乐和危险产生兴趣的意义。斯坦普多将杜波依斯的场域的边界设定在美国的内部边界中，从而封闭了杜波依斯不关注非裔美国人特殊性的那一面。从这个观点出发，同样很难解释该书最后一部分（斯坦普多认为是上升阶段的最后五章），即北方/南方/北方三者中最后一部分的超越性，在我看来这部分是有关从种族特殊性中显现而非沉浸其中的叙事。

以不那么种族中心主义的方式审视《黑人的灵魂》的最后一部分，要求我们注意其中涉及的许多主题，这些主题在最后几页达到高潮。结尾的章节确认了完整的种族自我的变化和分化——杜波依斯对前往南方和在那里的旅行的描述伴随并表达着这一点。更重要的是，《黑人的灵魂》的这部分不仅可以被读作是逃离南方甚至美国的尝试，而且可以被认为是远离**任何**对族群划分的限制性或绝对性理解的封闭符码。这在杜波依斯对他年幼儿子的死亡的描述中得到了最有力的表达，但《论长子之去世》这一章常常被批评家忽视。在这篇感人的文章中，杜波依斯将种族特殊性作为把握父母的悲痛中包含的普遍性悲剧的明确策略，这样做部分是为了证明黑人的人性被白人荒谬的统治所否定的程度。但是杜波依斯再次回到使得黑人精英和普通黑人区分开来的经验分歧。他的挽歌被对黑人知识分子体验到的压力的研究所补充，这些知识分子试图达成种族反文化强加在他们身上的要求：培养与死亡共生并将死亡看作解放的能力——一次获得未被白人的敌意和世间对黑人受难的冷漠污染的实质性自由的机会，"不是去世，不是去世，而是解脱；不是束缚，而是自由"[56]。

杜波依斯对他成为父亲的复杂感情及他对孩子缺少自发的爱（他通过对孩子母亲的感情来爱孩子）的开放讨论，可以被用来建构一种有关黑人男性气质的不同寻常的话语——它不同于在民族主义政治文化中常见的话语。种族、国家、父权制家庭、完整男性身份的有机性和同构性，突然被一种本可以为它们提供最强大证明的悲剧所扰乱。这种苦难没有任何救赎性的机会。杜波依斯在之后一章中将亚历山大·克鲁梅尔呈现为一位替代性的父亲，说明了非生物性亲属关系的明显力量，并带有同样苦涩的味道。克鲁梅尔是黑色大西洋上的另一个游牧者，杜波依斯称他的旅程为"奇怪的朝圣之旅"，他在英格兰和非洲生活数年后最后回到了美国并与美国和解[57]。美国这个目的地也使得种族家庭/国家的边界成为问题。《约翰的归来》这篇悲惨的短篇小说出现在杜波依斯论灵歌的最后一章前，并因为对如下观点令人不安的坚持而值得注意：在美国黑人生活的极端情形下，他们的进步所必需的教育给其受益者带来了痛苦。但是，这是美国黑人不会放弃的痛苦，因为它带来了个人和社会性的灼见。书中这篇唯一的小说也注意到了可以在黑人群体内部发现的阶级和文化差异。它对知识分子精英提出警告：他们必须留心和尊重自身所处群体中他们希望提升的对象人群的不同感觉和优先选择。

黑人群体对少数精英的特权地位有一种特殊、有时是不理智的关注，但所谓的精英提升大众，其意义更在于它象征了变化的可能性，而不在于它是促成改革的具体方式。当我们发现七年前离开家乡到北方学习的约翰在返乡后不能说家乡人的语言、在家乡人的世界中感到不适，就完全能理解乡村黑人的保守主义了。约翰回来在本地的学校当老师，但这次返乡给每个相关的人带来的只有悲惨和混乱。在约翰保护他的妹妹免遭另一个约翰的性骚扰后——后者是一个白人男孩，也是用铁杖统治这些种族隔离群体的法官的儿子——他被暴民处以私刑。这篇小说半真半假地将杜波依斯自己在柏林的一些经历投射到主人公约翰身上，例如约翰在纽约的音乐厅听瓦格纳的音乐时遇到和自己同名的白人。黑人约翰在见到前来杀害他的暴民之前，"对着大海闭上了眼睛"，他轻柔地哼着《罗恩格林》（*Lohengrin*）中德意志新郎唱的歌曲，这应当构成对以更加种族中心主义的方式阐释杜波依斯遗产的有力反驳。总的来说，这些章节构成了一部对种族意识的面纱持矛盾和失望态度的作品，它们是杜波依斯早期的叙述，颠覆性地否定了美国和非裔美国人的民族主义，这种叙述在杜波依斯的第二本小说《黑公主》中最为完备。这种对《黑人的灵魂》的解读的价值，体现在该书结束的方式：它结束于一个明显躁动的音调，这来自杜波依斯对灵歌《鼓舞疲惫的旅客》（*Cheer the Weary Traveller*）的静默的引用。"旅客做好准备，面向早晨，然后踏上旅途。"[58] 如这些话说明的，这次旅途的方向既不是向北也不是向南，而是向东。

我想通过探究这些有关身份和特殊性的观点在《黑公主》中出现的形式来结束本章，该本 1928 年的"浪漫小说"是杜波依斯口中他最喜欢的书。《黑公主》是温德姆·路易斯（Wyndham Lewis）久被遗忘的一次长篇演讲的主题，他在《白人》(Paleface) 中使用了这一主题并考察了其他非裔美国作家的作品，来开启自己对种族互动、白人性和"大熔炉哲学"产生的种族问题的检视[59]。但是，这并不足以确保该书在黑人现代主义文学正典中的位置。《黑公主》在出版后销量很低，并且常常被非裔美国批评家沉默地忽视或谴责。弗朗西斯·布罗德里克（Francis Broderick）提出了普遍的贬低性看法："杜波依斯处理了从纪实性现实主义到个人幻想的不同材料，前者是如此精确以至于《芝加哥卫报》的一名评论者亲切地认出了一个人物，后者是如此难以理解以至于只对作者有意义。"[60] 阿诺德·兰珀萨德（Arnold Rampersad）对这部作品也不太欣赏："这个故事呈现了奇怪的组合——彻底的宣传和阿拉伯式的寓言、社会现实主义和离奇的浪漫曲，对一般读者而言是个挑战。"[61]

该书分为四个部分：流亡者、普尔曼搬运工、芝加哥政客和堡德泊王国的大君。表现了男主人公医学生马修·唐斯的不同生命阶段。故事开始于一次跨大西洋的旅行。如杜波依斯的前辈马丁·德拉尼在哈佛一样，马修无法在一个白人机构中完成他的医学训练，因而去了欧洲。不久之后他就成了典型的黑人漫游者，在菩提树下大街[1]上喝

---

[1] 菩提树下大街（Unter den Linden）是位于德国柏林的一条著名的林荫大道，因栽种着许多菩提树而得名。

茶。马修因为想要保护一位美丽的"有色"女性免受一位粗野的美国白人的不文明骚扰而奋起行动,他遇到并爱上了堡德泊王国的考迪利亚公主。公主邀请马修与一个来自世界"深肤色人种"的代表委员会共进晚餐。这些人正计划着反帝国主义式的对全球力量的重新排列,并讨论美国黑人是否真的能够参与到这项事业中。餐桌上唯一的非洲代表是一位埃及人,他怀疑美国黑人是否有权利参与。这位埃及人蔑称美国黑人血统不纯,却被公主驳斥,公主告诉他印度文明源自非洲,"正如我们有黑色和卷曲头发的佛陀在无数地方证实的"[62]。在一次有关康定斯基、毕加索、马蒂斯、勋伯格、普鲁斯特、克罗齐以及(令温德姆·路易斯没想到的)漩涡主义画派[1]的彬彬有礼的讨论后,马修对《去吧,摩西》进行了精彩绝伦的演绎,怀疑者闭上了嘴。读者后来了解到这是公主开始爱上他的时刻。

>去吧,摩西!
>
>降临到埃及大地上,
>
>告诉年迈的法老
>
>让我的人民走吧!

马修像他开始时那样快速结束,感到羞愧,额头上冒出不少汗珠。现场一片沉默,几乎屏息的沉默。一位中国女性的声音打破了沉默:"这是一首美国奴隶的歌曲!我知道它,

---

[1] 漩涡主义画派(vorticism)指20世纪初期欧洲的一种绘画流派,由艾兹拉·庞德命名,与立体主义和未来主义相关联。代表人物有温德姆·路易斯。

多么——多么精彩啊。"一片赞同声响起,带头的是那个埃及人[63]。

马修现代、民主的作风并没有使他得到这个国际性、反帝国主义联盟中身份更尊贵的成员的喜爱。这些成员对西方的仇恨与对被现代性威胁的传统的捍卫是紧密相连的,他们既不喜欢公主的原初女权主义,也不喜欢她的布尔什维克倾向。尽管成员们试图阻止,公主还是代表委员会给了马修一项任务。马修必须回到美国,并与正在精心策划起义的黑人地下政党建立联系。他还必须按时发送包含其感想和建议的简报,说明美国黑人是否适合加入其兄弟姐妹的阵营——他们同样受到种族压迫但更受尊重。马修偷偷上了一艘回美国的船,船上的船员是多种族且彼此分化的,他在途中作为一名船员工作。在纽约,马修成为一名普尔曼搬运工,因为这提供了"认识和了解这片土地上的黑人的最佳机会",然后马修联系上了曼纽尔·佩鲁贾——一个黑人组织的加维式的领导人,这个组织致力于通过种族化的反恐怖行为回应白人至上主义:

"知道怎么废除私刑吗?"他低声问道。

"为什么——不——除了——"

"我们知道。炸药。炸死每个参与私刑的人。"[64]

马修并不同意这些策略,但当他被困在一个类似理查德·赖特曾描写的事件中——一位未穿衣服的白人女性指控马修在她的卧铺车厢对她进行性骚扰,另一个搬运工代替他被处以私刑——马修陷入了痛苦,并同意参与炸毁三K党人参加集会所搭乘的火车。但马修发现他深爱的公主是同一辆火车上的乘客,于是一场屠杀得以避免,但马修却由于在其中所起的作用令人难以捉摸又不明确,以共谋罪被判十年。马修在三年后被提早释放,因为他的案子受到了芝加哥政客莎拉·安卓斯的关注,安卓斯是一位狡诈、优雅、看上去像白人的美人,她认为"这场世界性的种族争斗是对地盘、权力和时机的贪婪争夺"。马修娶了安卓斯,后者为他安排了显赫的政治生涯。马修渐渐厌烦了政治世界的腐败,这十分关键地显示出杜波依斯自身区分善和美的斗争:

> 他心中形成了对正在玩的政治游戏的反叛心理。这不是道德上的反叛,而是审美上的不安。不,在马修的灵魂中慢慢累积的对政治游戏的反叛不是道德性的;他没有找到任何可用于提升或改革的实用性计划,对政治方法自身也没有新的厌恶(只要权力是权力,事实是事实)。他的反叛是反对糟糕品位中不合适、难调整的东西,基本和谐不合情理的缺失,不必要的肮脏和污染——所有一切的丑陋,也使得他生理上产生厌恶之感[65]。

马修在这个虚幻、肤浅的世界徒劳地寻找一些文化和情感上的本真性。他在艺术和音乐中寻找庇护，这些是他没有教养、渴望权力和贪图钱财的妻子不能理解的。马修不再追求金钱和权力的决心，在公主救赎性地再次出现在他的生命中时得以确认。公主曾在弗吉尼亚州做过女仆（其间遭遇过性骚扰）、女服务员和卷烟工人，从而扩展了她之前受到的高贵教育。如今公主是盒子制造商联盟的高级职员，并在纽约下东区组织血汗劳工的抗争。这对恋人在阁楼上一起布置了一个田园般的家。马修发现艰苦的体力劳动带来的尊严——它们对提升考迪利亚公主帮助巨大，也可以对他起到作用，特别是当它与定期参观艺术画廊结合在一起时。考迪利亚还曾与马修的母亲见面，正是她们的关系初步显示了书中美国调和非洲和亚洲的迹象："哦马修，你有一个很棒的妈妈。你看过她的手吗？你看过她因粗糙和伤疤而充满光辉的手吗？……你的妈妈是一位卡利女神，黑人女神；湿婆的妻子，世界的母亲！"66 马修和公主的爱情迅速发展，他们从彼此的身体中获得愉悦。他去工作，她煮咖喱。但附近的孩子并不支持他们僭越的爱情，并用石头和嘲笑表达对种族混合的不满。这对恋人听贝多芬、德沃夏克的音乐。"他们有来自音乐的祝福，《威廉·退尔》的序曲似乎描述的是他们的生活。他们一起在风暴后哼着旋律甜美的调子。"考迪利亚告诉马修她在殖民地世界的特权生活、她爱的英国奶妈，以及尊贵的马尔科姆-福特斯克·多德上尉向她求婚的事。考迪利亚解释了她的王室义务和责任，并告诉马修她的小王国的故事——以一种使得印度的斗争和她现在助力的美国黑人斗争相连的方式。他们是幸福的一对，直到"漫长笔直的脱离之路"将他们引向不同的方向。考迪利亚坚持认为马修对莎拉有义务，他应该给莎拉第二次爱他的机会——以他当前一个伪装下的体力劳动者的身份。公主必须回到她的王国，她需要在那里做出有关去殖民化斗争的严酷决定，履行找一个合适的丈夫的义务。他们分开后通过写信来延续亲密关系。马修的苦行生活继续，直到他被传唤去拜访她的王宫，它在美国弗吉尼亚州的詹姆斯王子县得以重建。

马修坐飞机抵达，直到最后一刻他才意识到参加的是自己的婚礼。世界有色人种的代表出席了婚礼，不过整个过程由一个在场的弥赛亚般的孩子所主导，这个孩子将马修和公主的过往联系在一起，并进一步将他们指引向前，参与到反对全球范围内白人至上主义的下一代斗争中。黄昏时这对恋人结婚了。马修的母亲在旁看着，一位美国南方的黑人牧师读着《启示录》第七章的片段。

> 他远远地看到她，站在那条漫长的回家的路尽头的门口，在一棵古老的黑色大树旁。她又高又苗条的身体像棵随风摇摆的柳树。她穿着东方风格的衣服，颜色是王室的，没有丝毫对欧洲的让步。随着他走近，他看到她脖子和臂膀上戴着珠宝，两胸中间有大量的黄金，耳朵上戴着血红宝石的坠饰，金棕色的腰上戴着君主们争夺的那种腰带。随着他走得更近，所有的丝绸、黄金和珠宝慢慢变得清晰，他不知说什么。然后他突然发现在她张开的手臂上有个小东西。他惊讶地将眼睛从她脸上往下移，看到了一个孩子——一个赤裸

的婴儿，像一块跳动的黄金饰品般躺在她手上熟睡[67]。

这段夸张的叙述中有几点值得探究。《黑公主》的结尾对解读黑色大西洋政治的重要性体现在许多方面。如果我们将它读作一个开始而非结束，它会提供一种混杂和混合的意象，这是极其有价值的，因为它不支持文化融合包括背叛、丧失、腐蚀或稀释这一观点。对生育的惊人描述——文化形成和变化——被如此建构以至于双方附属品的完整性未因它们的影响而打折扣。这不是两个纯粹本质的融合，而是两个异质的多重体的交融，二者在让步于彼此的过程中创造出某种持久并且完全适合困难重重的反殖民时代的东西。一方面，由于有牧师的祝福，那位生出马修的有文化和皱纹的老妇人成了可以与亚洲融合而不背叛其非洲源头的美国黑人的种族代表。另一方面，杜波依斯对族群和宗教群体的蒙太奇式描述塑造出一个同样文化相异的、复合的印度。正是这些多重性的内部分化和它们不可化约的复杂性，支持了一种新的融合——弥赛亚般的男孩的现身使之具体化。这一点之所以有趣，还因为它预示并肯定了一种全球性的政治关系——这体现在杜波依斯死后，马丁·路德·金将甘地的概念和方法用于他有关大众、非暴力的民粹主义的阐发中。反殖民政治和非裔美国政治文化发展的这种联系是重要的，它可以追溯到20世纪早期，当时杜波依斯和甘地（当时是南非的一名律师）共同参加了1911年伦敦的世界人种大会，参会的还有安妮·贝赞特、格奥尔格·齐美尔、维尔纳·桑巴特和斐迪南·滕尼斯。在"族群"相似性的至高吸引力阻碍了人们与差异共存的今天,这是一段可以有益地恢复和重新考察的历史。尽管我们可能会觉得考迪利亚将日本贵族看作世界非白人群体的民主希望的天真想法不可思议,但这种跨文化、跨国家和反帝国的联盟并不是杜波依斯凭空想出来的。《黑公主》表现了 20 世纪 20 年代反帝斗争的高潮。玛丽·怀特·奥文顿(Mary White Ovington)在 1928 年提出,正是在上文提到的伦敦会议中杜波依斯瞥见了虚构人物考迪利亚公主的女性原型[68]。这些跨国的政治联系及批评家——他们厌恶干扰到其种族纯洁式正典建立过程的全球性关注——对它们的回应,会在下一章的另一个不同背景下被再次考察。

第五章

"没有眼泪的慰藉":
理查德·赖特、法国以及共同体的矛盾

除了强加给我的种族之外,我没有种族。除了我不得不属于的国家之外,我没有国家。我没有传统。我是自由的。我只有未来。

——理查德·赖特

某天应该有人对美国黑人在欧洲的精神和生活中起到的作用以及美国黑人在欧洲面对的极大危险进行深入研究,这些危险与他们在美国遇到的危险不同,但并不小于它们。

——詹姆斯·鲍德温

赖特的每部作品都包含了波德莱尔所说的"同时存在的双重假设":一个词指涉两个背景;两种力量被同时用到一个短语中,并决定了他的故事具备无可匹敌的张力。如果赖特只对白人发言,他会更加啰嗦、说教和恶语相向;如果赖特只对黑人发言,他会更隐晦、同仇敌忾和悲伤。在第一种情况下,他的作品可能接近讽刺;在第二种情况下,他的作品可能接近预言式的哀歌。耶利米只对犹太人发言。而为分裂的大众写作的作家赖特,既能维持也能超越这种分裂。他把这作为艺术作品的前提条件。

——让-保罗·萨特

第五章 "没有眼泪的慰藉"：理查德·赖特、法国以及共同体的矛盾

理查德·赖特是世界文学中第一位公认的重要黑人作家。赖特1939年获得了古根海姆奖，在1940年出版《土生子》(*Native Son*)和1945年出版《黑孩子》(*Black Boy*)后，他无疑是世界上最著名的黑人作家。赖特的作品在全世界都有读者，其读者规模之大在黑人作家中前所未有。他的作品被翻译为多种语言[1]，并把美国南方黑人遭受种族压迫的经历传达给美国之内和之外的大量黑人读者[2]。如果我们考虑到这些成就出现的时期，它们就更显得卓越了。在这一时期，赖特作品中揭示的种族恐怖下的非正义和政治管理令美国政府极其尴尬，这既源自美国政府反纳粹的姿态，也来源于此后它对新兴反殖民主义政治解放运动的处理方式。

赖特的成功也标志着出版黑人作家的书这一行为中包含的文化政治和政治经济学的重要变化。一方面，赖特与出版了《土生子》的每月书局的关系，对于尝试进入美国社会主流文化的黑人作家来说是前所未见的。另一方面，赖特的作品在国际共产主义运动的激进政治文化中占有核心位置。正是后者通过反抗法国和意大利极右翼势力的反法西斯地下组织把这部作品介绍到欧洲[3]。

赖特的历史重要性还与他在发掘年轻作家的才华中起到的直接或间接的作用有关，这些作家的成功以他的成功为基础[4]。在某种意

上赖特是一种新类型的黑人作家,他公开的政治倾向和要求、对愤怒的无畏表达,产生了新的创造可能性,并改变了文学中表达种族政治的术语。由于这些和许多其他原因,赖特的作品提供了一个有用的机会,扩展了我们对从黑人与西方现代性的关系中产生的问题的思考。引用乔治·肯特(George Kent)令人难忘的描述,通过赖特我们可以研究"黑人性和西方文化的探险"[5]。赖特的作品本身、他作为一个公共人物的国际性职业生涯、他的政治轨迹和所有这些引起的激烈讨论,引发了许多问题:族群和种族身份及它们的限度、西方内部黑人分歧的重要性、黑人政治的发展以及黑人文化的政治和哲学特征。这些问题已经被其他人在不同的历史背景和著作中考察过了。

赖特的思想遗产特别有趣,它经常被误解。赖特深刻的哲学兴趣,被主导了他作品分析的文学研究忽视或误解。"黑人"和西方文明的关系是赖特非常关注的一个问题,特别是在他生命的最后几年。赖特尤其吸引人的一点在于,他的生命和作品中,种族特殊性的主张与那些似乎要超越种族的现代普遍性诉求之间的张力以最尖锐的形式出现。赖特对这种对立及它带来的各种冲突性身份形式的理解,给双重意识的结构增加了又一层的复杂性和痛苦。

赖特对西方世界**内部**不可见的黑人意识形式的理解,与他思考中一种逐渐的变化——对反殖民政治斗争的紧迫性的认识,取代了早期对把美国黑人从他们特殊的经济剥削和政治压迫中解放出来的唯一兴趣——同时发展。我们不一定要把这种对新兴、全球性、反帝国主义和反种族主义[6]的政治的激情,看作是赖特对美国黑人斗争的投入的简单替代，赖特试图用多种方式把前者与美国黑人通俗文化联系起来。比如，在《局外人》(*The Outsider*) 开头对来自其他行星的游客肤色的幽默讨论中，这种联系被建立起来。对从火星到地球的游客是否是黑人的讨论，使得赖特笔下一位来自芝加哥的人物对现代种族主义进行了有力评论，这种评论与地球上有色人种潜在一致的明显反种族中心主义的陈述是不可分离的：

> 四百年来这些白人的行为使得地球上每个人都觉得自己不属于人类，而是局外人。白人粗暴而轻率地对待其他人种，叫唤他们的名字……中国人对白人而言是什么？辫子拖到背部的中国佬，只适合烹饪和洗衣服。印度人对白人而言是什么？喜欢鬼和亲吻牛的黑人。黑人对白人而言是什么？上帝造的用来伐木和取水的猿，总有强奸白人女孩的愿望。墨西哥人？油腻、充满臭气的无赖，应该工作至死然后被射杀。犹太人？杀死基督的人、骗子、叛徒。日本人？黄皮肤的猴子……现在我们来自火星和木星的有色人种兄弟们要来拜访我们了，那些白人正惊慌失措呢[7]。

在1950年赖特给贾瓦哈拉尔·尼赫鲁的一封信中，他再次表达了同样的意思："这个世界变化的物质结构和现代社会的历史发展要求人们了解他们共同的身份和利益。全世界被压迫者的情况是普遍一致的，他们有必要团结起来——不仅要反对压迫，而且要为人类的进

步而战斗。"⁸

下面我们将会发现赖特对人类进步的理解和杜波依斯相当不同。赖特的怀疑论、尼采式的倾向，与杜波依斯的马克思主义式的通过明确严谨的理性方式追求完美社会的观点截然相反。这些有关一个超出肤色区分的世界的乌托邦观点重复出现，并提供了评价什么是实质性进步的指标。在1955年29个亚非国家在印度尼西亚万隆召开的会议中，赖特看到了一个种族团结和有着反帝国主义共同认同的世界的有力构想：

> （代表们）在西方统治下生活了几个世纪，对他们彼此之间的差异之大有深刻的认识。但是现在面对面，他们放下了意识形态的防御……他们开始理解结合起来的力量，他们开始尝到甜头……他们感到白人敌人很遥远……日复一日，暗褐肤色的托洛茨基分子和深肤色的穆斯林相伴，黄皮肤的中南半岛人和褐色皮肤的印度尼西亚人亲切交谈，黑肤色的非洲人和肤色黝黑的阿拉伯人在一起，黄褐肤色的缅甸人和深棕肤色的印度人交流，肤色微暗的民族主义者和黄皮肤的共产主义者一块儿，社会主义者和佛教徒交谈。尽管他们都有同样的被征服、被区分肤色的殖民经验背景，但他们发现不需要这种意识形态来界定他们的关系……种族现实有其自身奇怪的逻辑⁹。

赖特从未被政治分析诱惑，他甚至在重构了的民族主义模式中将黑人看作是"美国的隐喻"[10]，一种和种族奴隶制密切相关的历史和社会建构，不符合黑人共有的任何固定的文化或生物学特征。"真的，你必须知道在美国'黑人'（Negro）这个词指的不是种族或生物学的内容，而是**纯粹社会性的**内容，一种美国制造的东西。"[11] 这个简单的观点，在一种（以我们今天的眼光来看）反本质主义的种族身份概念中被反复表达，这一观点也使得赖特的许多美国批评家感到困惑和为难。赖特在"社会的"和"种族的"之间进行的区分，让某些评论家感到尴尬，特别是那些试图把他放在20世纪非裔美国文学的正典万神殿领衔地位的评论家。赖特有意挑衅性的反本质主义在他之后的非洲旅行中得到完善，并在《非洲存在》(*Présence Africaine*) 杂志1956年于巴黎举办的黑人艺术家和作家首次会议中，引发了有关种族身份及其界限的激烈讨论。但是，这些主题可以追溯到他最早的非虚构作品：

"黑人"这个常被口头或书面用来指代我们这些在美国的黑人的词，并不真的是一个名字或一种描述，而是一座心理上的小岛。这座岛的客观形式是美国历史上最一致的命令，一种被民众和国家的传统所支持的命令……这座我们生活于其中的岛屿，根植于数百万人的感受，位于我们每天见到的白人面孔的海洋之中；总的来说，尽管三百年的时间把我们的国家带入了20世纪，但这座岛布满岩石的边界仍未因为我们希望的海浪的冲击而消失[12]。

赖特1947年离开美国，生命的最后时光定居在欧洲。除了这次彻底的迁移，赖特也是一个频繁旅行的人。赖特写的三本反思性的关于旅行的书，是他留给当代文化批评的思想遗产中另一个重要但常被忽视的部分。这些书既没有被美国黑人读者大众很好地接受，他们在这些看似难懂的书中找不到对自身经历的反映；也没有被那些批评家很好地接受，他们对赖特的兴趣首先在小说，其次在自传性作品。赖特转向这样一种写作风格——通过游客的眼光呈现自我探索和与世界的疏离——后的作品，甚至被他的主要传记作者贬低为虽是"好的读物"但"仅仅是好的新闻报道"[13]。即便是乔治·肯特这位有洞察力并且一贯卓越的赖特著作的评论家，也讽刺这些书，说"这些作品呈现了从聪明但有点暴躁的西方游客到西方学究的作者形象"[14]。与此相反，我将试图阐释赖特的人生证明了只有通过不安定甚至无家可归的状态（他有时将这些转化为分析的机会）才能获得批判性灼见的价值。

记住拉尔夫·艾利森对赫拉克利特的格言"地理即命运"[15]的认可。我想就这些游记的价值做一些阐述，它们远不止是一系列让人们接受长期无根情形的失败尝试。我们似乎可以在不同意赖特的结论的情况下，把这些作品看作跨文化解释学的扩展练习，它们对赖特关于"种族"、现代性、身份及它们之间的关系的理论有重要的影响。在最有争议性的《黑人力量》(*Black Power*)一书中，赖特有意（即便最终不成功）地试图把他批判性的自我理解与进行浅显易懂的政治、社会和历史分析的艰难工作接合起来。

如同杜波依斯、道格拉斯、威尔斯·巴内特（Wells Barnett）和其他非裔美国前辈一样，赖特的旅行自美国内部开始。在1960年于巴黎过早地去世之前，赖特去过非洲、西班牙、亚洲、美洲中部和南部。他的三次主要旅行——去往革命时期的加纳、佛朗哥治下的西班牙、印度尼西亚——被他在对自己思想和政治发展的公开描述中极大地"理论化"。在旅行之中和之后的书写，使得赖特有大量机会反思不同的历史、策略和哲学问题，这些书写也成为他评述的一部分，涉及西方文明的价值、传统与现代性的关系、帝国主义血腥和恐怖的统治强加给殖民地人民的阶级区分。

在本书的整体论证中，赖特的地位是重要的，因为他的一生构成了国际性社会和政治运动——被"泛非主义"这个标签模糊且不充分地描述——的历史的一部分。这一运动如同它所建基的反奴隶制运动一样，挑战了我们对现代政治的理解，因为它超越了民族国家的限制性结构，并全面地质疑了社会和文化变化的历史学和社会学解释常常赋予这些结构的优先性。我已经提到赖特曾积极参与《非洲存在》杂志的工作，这本杂志试图把非洲人、泛非主义者的思想与（至少是）美国黑人、加勒比黑人和欧洲黑人的思想联系起来，使得他们的相似和差异之处可以得到系统的研究。

在衡量黑人对现代性的回应时，赖特是个典范，他是富有经验、思维敏捷的批评家。他对社会完善和进步的可能性有所怀疑——至少在发达国家内。赖特不自在的立场——在西方之内但并非有机地属于西方——产生的矛盾性，在《黑人力量》这一对夸梅·恩克鲁玛（Kwame Nkrumah）革命政府领导下的加纳的研究中以及他的其他作品中变得让人难以忍受。在这些其他作品中，他详细说明了对前资本主义的传统社会与技术现代性及哲学现代性的动态、宏大结构之间关系的理解。

赖特的这些作品在他活着时销量就很差，如今也很少有人阅读。作家赖特为人所知的作品主要是作为对美国种族主义的文学阐释而被推广，它们表现了美国种族主义在黑人内心深处未被预见的影响，而这是美国白人从未想过的。尽管这些作品——《汤姆大叔的孩子们》（*Uncle Tom's Children*）《土生子》《黑孩子》和其他许多短篇小说——大多是虚构的，但它们因为其来自密西西比州的作者具有的无可置疑的种族本真性而在白人世界中获得某些特殊的文化权威和文学地位[16]。阿利森·戴维斯（Allison Davis）在对非裔美国领袖的心理学描述中指出，赖特这位美国佃农的儿子直到13岁还没有在学校度过完整的一年[17]。赖特很大程度上是自学的，他受益于共产党的非正式教育机构以及在芝加哥生活时结交的路易斯·沃斯（Louis Wirth）和霍拉斯·凯顿（Horace Cayton）这样的学者朋友的指导。后来赖特给凯顿和圣克莱尔·德雷克（St. Clair Drake）对芝加哥南区贫民窟的经典社会学研究《黑人都市》（*Black Metropolis*）写了令人难忘的前言[18]。

赖特的文学声望使他即刻成为黑人种族的代表，因而也就是贫穷黑人（赖特部分逃离了他们的世界）的发言人。考虑到赖特是来自南方黑人农民阶层的逃亡者，未受过正式的教育，他早期著作的文学丰富性一定更让其评论家感到困惑。赖特的成功无疑向现代美国文学提出了有关文化价值和美学判断的新问题。赖特对黑人意识的探索，要求我们把种族提高到阐释性工具的地位，即便批评家想要令人信服地反对他的作品也是如此。赖特揭示了包容性美国主义的虚伪承诺，更重要的是，他的作品不断让人想起把美国黑人和白人分隔开来的经验、认知、道德和文化上的分歧。这里有两个相互联系的问题：第一是将赖特的种族典型性作为定位和阐释他的作品的方式，这种方式在黑人和白人评论家中都有支持者；第二是接受这样一位意想不到、资质不足的人作为精心建构的现代主义文学的源头，一定会带来有关种族思考的变化，这给美国文学界带来的震惊，一定不比菲丽丝·惠特利的质疑者在波士顿[19]决定性的那一天感到的少——当时想象性写作的力量被首次提出以说明和证实黑人作家的人性。的确，如果说惠特利的诗集代表了人们认为黑人具有普遍人性的特征（这体现在他们的想象性文学的创作中）这一过程的开端，那么《土生子》标志着这个过程的结束。《每月书局书讯》宣称赖特的书是"表现人性的，正如它是表现黑人的"，并解释说《土生子》的作者把"一个残酷暴力的故事"扩展为一个"人类的悲剧"。

赖特在1937年的著名文章《黑人写作的蓝图》（"Blueprint for Negro Writing"）中，首次在分析黑人写作的作用和方向这一更宽广的背景下讨论他自己作品的历史和社会定位。一些年后他在一次关于黑人文学在美国的地位的讲座中，从一个稍微不同的角度重谈了这个话题，这次讲座最终成了《白人听着！》(*White Man Listen!*)这本1957年出版的演讲集的一章。在前一个文本中，赖特探讨了他和自身种族典型性的观点的关系，并通过一种深思熟虑的、非还原的历史唯物主义，避免了种族特殊性和人类普遍性之间过于简单的对立。这篇文章指出了黑人写作的特定风格所需的社会和经济条件，并通过对它们之间差异的讨论来阐明在美国黑人"民族"群体**内部**能够发现的政治和美学冲突的次序。此时，赖特只是暗示了之后他最爱的主题之一，即我们所认为的种族群体之间的差异与这些种族内部对差异的压制有关。因此，文学和其他文化形式给赖特提供了理解一个种族如何可能变化的机会。赖特放弃了美学和政治判断中典型性和种族再现的概念，因为它们阻碍了这些差异的运作。

这些抽象的问题很快成了赖特具体的障碍。《土生子》第一版书的护封上宣称他的小说是"美国黑人写过最好的……一部只有黑人能写的小说，它的主题是我们每天看到的黑人的心灵"。这种有限的赞扬说明了，根据种族隔离制度下文学质量的贬值标准来判断黑人作家作品质量的问题，如何在赖特的思考中与白人读者、批评家的自主性及他们误读一个种族化文本的程度（有意和无意地错误理解其论点并错误阐释其对自己生活的影响）产生关联。令赖特感到极其恐怖的是，他的大量白人读者可能从黑人作为种族主义受害者的形象中获得极大的愉悦，或更简单地说，白人读者可能对作家再现黑人苦难的文字感到完全自在，这些不可避免地与严肃对待美国社会种族主义系统运作的努力背道而驰。赖特在另一篇现在通常被当作是《土生子》导论的文章中讨论了这个问题。在这篇《比格是如何诞生的》("How Bigger Was Born")中，赖特指出他写《土生子》部分是为了找到一个解决方案，去克服把黑人描述为受害者的有害后果，他的第一本著作《汤姆大叔的孩子们》出版后出现了未预想到的后果："当对那本书的评论开始出现时，我意识到自己犯了一个极端幼稚的错误。我发现我写了一本即便银行家的女儿也能阅读、为之哭泣并评价良好的书。我对自己发誓，如果我再写一本书的话没有人会为之哭泣；它会是十分沉重和深刻的，以至于读者必须在没有眼泪的慰藉的情况下面对它。正是这个动机让我非常认真地投入工作。"[20] 赖特将想象中的误读者描述为一位白人女性，这引起了有关他的厌女症的复杂问题，我会在下文回到这个问题。呈现受害者角色之外的黑人的渴望，是在赖特的意识形态转变和哲学观点的深刻变化之下把他的作品联系起来的因素。即便赖特在研究自发的"虚无主义"的程度时——他认为这是现代美国种族主义对黑人文化最重要的贡献，他关注的也是黑人在最受限的条件下可拥有的能动性的大小。正如赖特和摄影师爱德温·罗思坎（Edwin Rosskam）令人哀伤的合作《1200万黑人的声音》(*Twelve Million Black Voices*)所表明的，这有时和他的马克思主义、决定论式的社会心理学是相矛盾的——后者产生自他对精神病学和精神分析的兴趣。

如同许多紧随其后的美国黑人作家，理查德·赖特的创造性发展被他迁移到美国之外的决定所促进和改变。这次迁移极大地促进了赖特去呈现美国内部反种族压迫的斗争与更宽广的、全球性政治对抗间的联系，后者包括反法西斯主义、反帝国主义与殖民统治下的政治和经济解放。这些是赖特思想中极其复杂的部分，并且不像有些评论家认为的那样：在赖特接受的马克思主义训练的持续影响下，美国黑人成了被剥削和被压迫的反抗者的象征。赖特在小说、文化批评、自传和更折衷风格的写作中，呈现了对西方文明的特征和种族主义在西方文明中的作用的大量哲学性反思。这种质询被他的政治关注和对新世界黑人受压迫历史的理解所调和。它产生并且检验了一种微妙且复杂的现代性理论，其中一些（尽管不是所有）有关美国黑人特殊性的主张被赖特公开放弃。值得重申的是，赖特独特的观点受到下列因素的决定性影响，包括他在共产主义运动中的长期参与、他在芝加哥和纽约时发展出的对社会学和精神分析的兴趣、他生命最后十三年在巴黎生活时所处的思想氛围。这些对现代性及其种族二律背反的大量反思，经过了赖特思想网格——同时背离了共产主义和资本主义——的过滤。这使得奉命监控赖特在欧洲的政治活动的美国政府人士很困惑，在今天仍使得他的一些读者很困惑[21]。

种族写作和种族批判

赖特1908年出生在密西西比州。他1925年离开学校并来到北方，先是在孟菲斯市，然后去往芝加哥，在芝加哥他做过的工作包括邮局职员、洗碗工、殡葬费征收员。赖特的作家生涯最初是在约翰·里德俱乐部（John Reed Clubs）内发展起来的，这是共产党的文化组织[22]，他对此的忠诚维持了十年。在一系列苦涩的不和之后——

在此过程中赖特被贬斥为托洛茨基分子和知识分子，最终他放弃了共产主义[23]。赖特在二战后搬到欧洲是由于格特鲁德·斯泰因（Gertrude Stein）的鼓动，也正是斯泰因在赖特及其家人到达巴黎北站时迎接了他们。

赖特的作品范围广博、非常多样，由于批评家对他在美国写的作品与在欧洲生活期间写的所谓次一等的作品间进行的区分，这些特质被遮蔽。赖特一共写了十三本书，四本是他在美国时出版的，他20世纪30年代在美国写完第五本书《今天的上帝》(*Lawd Today*)，但直到他去世几年后才出版。赖特还写了三本小说《野蛮假期》(*Savage Holiday*)、《局外人》、《长梦》(*The Long Dream*)，三本游记《异教徒西班牙》(*Pagan Spain*)、《黑人力量》、《肤色的帷幕》(*The Color Curtain*)，一本演讲集《白人听着！》，以及一本尝试探索黑人男性气质的短篇故事集《八个男人》(*Eight Man*)。这些都是为在欧洲出版而写或编的。对赖特的批判性写作主要围绕他的前四本书展开：《汤姆大叔的孩子们》《土生子》《1200万黑人的声音》和《黑孩子》。无疑，其中《1200万黑人的声音》获得了最草率的对待[24]。最近阿诺德·兰珀萨德再版了赖特有趣的第一本小说《今天的上帝》并试图为它正名，兰珀萨德认为它比赖特后来在欧洲写的有瑕疵的小说要好，后者错误地处理了白人人物的经历，并屈服于弗洛伊德主义和存在主义的异质性影响。

  尽管《今天的上帝》无疑是有缺陷的，但它很可能是赖特写的第二重要的小说，仅次于里程碑式的《土生子》（1940）。《今天的上帝》在主题上没有《局外人》（1953）那么宏大，也没有这本存在主义小说那么冷酷和说教。无疑《今天的上帝》比《野蛮假期》（1954）要更令人信服，后者是赖特根据弗洛伊德的理论，对一个因为精神错乱谋杀他人的孤独白人男性（小说中没有黑人）所做的单薄和不可信的描述。尽管《今天的上帝》在人物和情节上明显不如《长梦》（1957）那么丰富（至少在常规意义上如此），但它却比这本赖特去世前出版的最后一部小说更充满活力和本性，更能体现作者的积极态度[25]。

兰珀萨德的评论典型地体现了围绕赖特的作品建立起来的批判性共识。这种共识认为，就赖特的艺术成就而言，他搬到欧洲的后果是灾难性的。这一共识包含几种类型不同的观点，需要被认真对待。它完全忽视了赖特有权拥有关于现代性的观点，并对我们在有关黑人现代主义的讨论中如何定位他的作品有极大的影响。第一种观点认为，赖特搬到法国后的作品因他涉猎哲学性的、与美国黑人历史和本土风格完全不同的思考模式而受到不良影响。第二种观点认为，赖特在搬到法国前就有的对精神病学和精神分析的兴趣，在欧洲的环境中变得不可控制。第三种观点认为，赖特定居欧洲后远离了活跃的美国黑人民间文化，正是其使得他早期作品蕴含了独特力量。批评家们一边因为这些方面责备赖特，一边因为赖特对种族隔离下美国南方的生活进行了最生动的描述、对芝加哥新一代黑人群体的悲惨境况进行文学上的揭露而赞扬他。因为赖特以前和黑人大众亲近——对这些人的情感再现是评价种族文化本真性的标准,他对非裔美国本土文化的最终背叛就显得更加深刻和彻底。这种对大众的尊崇带有欧洲浪漫主义的明显印记,它们通过多种路径进入了黑人知识分子的生活[26]。伯纳德·贝尔(Bernard Bell)对非裔美国诗歌的民间源头的有影响力的研究中,展现了有机主义的赫尔德式(Herderian)的关于民间艺术价值的概念及其与其他文化生产类型的关系如何主导了对黑人艺术和文学的批评,并如何成为19世纪和20世纪黑人民族主义信条的重要部分[27]。赖特是这种处理价值论和美学的方法的受害者。他一直对民间文化和所有流行文化形式有着深刻的矛盾态度,他在其中既观察到种族主义的影响,也看到了黑人在面对困境时独到的即兴创作能力。这种矛盾态度在赖特看待音乐、教会和他眼中典型的黑人口头游戏的方式中很明显。拉尔夫·艾利森通过指出赖特"对爵士乐了解很少,甚至不知道怎么跳舞"[28],来质疑赖特的种族资质。但赖特曾为布鲁斯歌曲写歌词[29],曾在约翰·哈蒙德(John Hammond)的指导下与保罗·罗伯逊(Paul Robeson)、贝西伯爵(Count Basie)、吉米·鲁辛(Jimmy Rushing)等人一起录制歌曲。他还曾为昆西·琼斯、路易斯·乔丹(Louis Jordan)、大个子比尔·布隆兹(Big Bill Broonzy)这样的艺术家写唱片套上的介绍,甚至在1959年给保罗·奥利弗(Paul Oliver)的《布鲁斯的意义》(*The Meaning of Blues*)[30]写的引人入胜的导言中,对"邪恶的歌曲"(即他认为的"在世界各地传播的极其忧郁的民歌")进行了简短的精神分析式阐释。

赖特的文章《美国黑人的文学》("The Literature of The Negro in The United States")的中间部分讨论了布鲁斯音乐,更清晰地体现出他对布鲁斯及其源自的本土文化的肯定态度。在那里,赖特把布鲁斯和他称作"骂娘"(Dirty Dozens)[1]的即兴口头诗歌联系起来。他把"骂娘"描述为"感官绝望的顶峰",并深刻反思了"思考生活最黑暗的方面所获得的奇怪的情感愉悦"。"最黑暗的"这个词的双关含义引发了赖特的幽默表述:"精神分析家认为难解的内容,不识字的黑人能用让弗洛伊德博士震惊的话表达出来。"赖特驳斥了那种强调"斗嘴"会败坏风俗的阐释,而是认为它们直接产生自奴隶制种植园的典型现代经验,是对上帝和理性的持续攻击:

> "骂娘"者称颂乱伦,赞美同性恋,甚至天真但轻蔑地怀疑上帝创造理性世界的能力……这不是无神论,这超越了无神论;这些人不会与神同行、与神交谈,他们会一起走路并谈论上帝。他们用与道德无关的喜悦赞美处女的魅力……那些自称追随基督理念的白人竟会犯下如此多的残酷罪行,这使得某个无名的黑人诗人说道:
> 我们住在天国的父啊,

---

[1] 在底层非裔美国人中广泛流布的一种话语模式是"斗嘴"(the Dozens),其中针对对方女性亲属的侮辱是"斗嘴"游戏的重要组成部分,它被命名为"骂娘"(Dirty Dozens),以便和"斗嘴"区分开来。

第五章 "没有眼泪的慰藉": 理查德·赖特、法国以及共同体的矛盾　227

白人欠我十一块，但只给我七块，

天国到来时白人就完了，

如果我没见到天国的话，我是不会走的[31]。

赖特在其他地方对这种文化表达模式的评断更加严厉。他谴责它对"长期无力行动……畏惧行动"[32]的肯定，并认为它的首要动机是罪恶的。当赖特这么想时，音乐不过是一种对内在受到的伤害的投射，是黑人试图为自己准备的一些"补偿性的滋养品"[33]。赖特笔下的一个人物将布鲁斯—爵士的反叛艺术描述为"在被抛弃的状态中变得迷乱的人们的轻蔑姿态……喜欢不辨是非的人的音乐语言，满足于当罪犯的人的吹嘘"[34]，这无疑体现了赖特对音乐的看法。爵士充满了"顽固不化者惊恐的迷乱"[35]，它为那些从其"炫耀罪恶感的旋律、体现惊恐的快乐的切分音（这种快乐存在于被人禁止和鄙视的形式里）"[36]中获得愉悦的人提供了情感的家园。

赖特对这种世俗文化的批判或许太过严厉，而他在对待黑人表现性传统中的神圣部分时态度更加不妥协——这样他可能更容易维持与自己作为一个耶稣再临论者的早期生活的联系。赖特认为在维持种族压迫的社会和心理机制的过程中，教会是个针对特定性别、长期呈现保守性的重要因素。

一首歌结束，一位年轻的黑人女孩甩头、闭上眼睛并悲哀地唱起另一首赞美歌：

> 高兴,高兴,高兴,哦,如此高兴
>
> 我的灵魂中有了基督……
>
> 这几个词是她唱的全部内容,但随着她重复这些歌词、改变情绪和速度,并让她的语调表达出她没有意识到的意义,她的感情说出了她的歌词没有说出的内容。另一个女人随着女孩唱起来,然后一位老先生加入了她俩。不久整个教堂的会众都开始唱歌……他在歌声中低语:他们是错的。他觉得他们追求一种永远不可能得到的幸福的努力,使得他们感到自己像是犯了一些无法记起或理解的可怕罪行……为什么这种罪恶感似乎如此与生俱来,如此容易出现、想起,让人觉得如此真实呢?[37]

这些描述不应当像有些人认为的那样被阐释为对自我或其他黑人的仇恨。它们主要传达出一种强烈的意识:种族主义给被迫生活在强制性(有时是恐怖的)社会关系中的黑人的心理和社会特征造成了伤害——这些社会关系被种族差异的概念所许可。在奴隶制的社会规训下建立起来的内部压迫、罪恶、悲惨和绝望的模式仍然持续存在,即便创造它们的政治和经济秩序发生了部分改变。赖特提出的是一种至今仍不被认可的观点,即种族主义对黑人的影响不是由白人至上的利维坦机器单独产生的。他认为黑人也应该为我们对彼此做的邪恶和毁灭性的事情承担部分责任,种族主义不应该成为我们集体生活的反社会特征的借口。

赖特的现代性理论

C.L.R.詹姆斯在一篇有关将黑人研究作为一项连贯的学术计划来发展的文章中,讲述了一则与赖特交往的轶事。詹姆斯曾到法国乡村和赖特一家共度周末,他被招呼进屋内,赖特向他展示了书架上克尔凯郭尔的许多书。赖特指着书架,说道:"看这儿,你看到这些书了吗?……他在书里写的内容,我在拥有这些书前就知道了。"詹姆斯认为赖特对克尔凯郭尔讨论的问题的看似直觉性的预知并不是直觉性的,这是他作为一个在两次世界大战期间于美国长大的黑人的历史经历的基本产物:"他告诉我的是,美国黑人的身份使得他能够洞察如今有关**现代**个体的普遍观点和看法。"詹姆斯总结道,"赖特生命中的哪些经历、20世纪30年代美国黑人的哪些经历使得他能提前理解克尔凯郭尔所写的一切内容……是值得研究的"[38]。在这个观察中,詹姆斯提出的正是《局外人》以小说形式要求和开启的问题,即对黑人在现代世界中的位置和经验的分析。在成熟的赖特看来,黑人不再只是美国的隐喻,而是整个西方的心理、文化和政治体系的核心象征。黑人的形象和它帮助建立的"种族"观念是西方感性的鲜活组成部分,这种感性超越了国家的界限,把美国和欧洲及其帝国连接起来。从非洲人到黑人的转变被认为是西方文明的关键,特别是欧洲文化原始、非理性和神秘部分的关键——赖特在对佛朗哥和西班牙法西斯主义的研究《异教徒西班牙》中探讨了这个问题。

赖特并不认为克尔凯郭尔是唯一一个作品涉及移居视角——与黑

人对现代性的体验相关——的欧洲哲学家。这里我不打算讨论为什么赖特会认为胡塞尔的主体性理论有吸引力。但是，胡塞尔对欧洲及其文明独特性的近乎培根式的信仰影响了赖特，以至于赖特1947年在巴黎写《局外人》时用耐磨的黑色皮革把他的《现象学》和《观念》[39]包装起来，这样可以放在口袋里随身携带。《局外人》比赖特的其他书更能阐发黑人性的观念和支持它的种族、种族主义相关意识形态——这些不是作为要被赞美、克服甚至解构的固定和稳定的历史特征，而是作为现代世界得以存在的形而上学条件，它们与对宗教道德的克服一起产生，而且可能是从后者之中产生的。在《局外人》中，赖特第一次试图解释把非裔美国人的日常生活世界与现代欧洲哲学和文学中体现出的（由于整体上宗教感性的瓦解尤其是20世纪的生活经验而产生的）内在焦虑连接起来的一致和联系。

对赖特而言，现代性下西方意识中的关键断裂是对世界宗教性理解的破灭。赖特一直坚持这种观点。这体现在他的小说、新闻报道、理论作品和文化批评中，而且这部分地解释了他对尼采的极大兴趣，在赖特看来，尼采是另一个明显体现了美国黑人本土文化与欧洲哲学有时难懂的思想之间的重要联系的例子。赖特引用尼采，主要是为了支持他对像"骂娘"这样虚无主义文化形式的肯定性价值的理解，并用一种基于历史心理学或至少是一种（比他的马克思主义训练方法所能提供的）更加心理学式的处理意识和权力的方法，来代替一种基于意识形态的种族压迫的理论："黑人的视角是奇怪的，它是被压迫者所有的一种视角，它是从下往上看的人的观点。这是尼采曾提到的

'青蛙视角'。压迫持续存在，黑人的意识被压迫了几个世纪——如此之长以至于对他们的压迫成了一种传统，实际上成了一种文化。"[40]赖特解释了"青蛙视角"的关键概念，并用它来赋予双重意识一种明显的精神分析的维度：

> "青蛙视角"这个短语是我从尼采那儿借用的，用以描述从下往上看的人、某人感到自己比他人低一等的感觉。其中包含的距离感不是物理上的，而是心理学的。它涉及这样一种情况：因为道德或社会的原因，一个人/群体感到另一个人/群体高于自身。但是物理上而言，他们都生活在同样一般化、物质的平面上。在这种从下往上看的视角中总是包含某种程度的恨与爱的结合（矛盾），并且主体用来衡量自身的客体不断经历着变化。主体爱这个客体，因为他想要与之相似；主体恨这个客体，因为他与之相似的可能性很小[41]。

赖特笔下的黑人主体因为文化归属、公民权以及国家和种族身份的要求而内在地分裂。但是赖特将杜波依斯所说的"两个交锋的灵魂同在一个黑色身体中"的内在冲突过程进行了延伸，因此这种冲突中无意识的方面变得更重要。这种冲突具有殖民和半殖民地社会生活独有的族群—精神病学的特点。不过，赖特对现代世界中黑人的独特立场的理解，的确在其他方面与杜波依斯对双重意识的描述相呼应。赖特接受了尼采式的透视法的理解方式，称之为"双重视角"（double vision）[42]而不是"双重意识"。如杜波依斯一样，赖特很清楚这种特殊的情形既不简单是一种不利条件也不是一种持续的特权，他在小说和理论作品中重提"双重视角"内在的矛盾。随着赖特反对那些依然陷在西方肤色意识二元逻辑里的思想家的各种观点，随着他的政治焦点从单一的美国种族政治转向（反）帝国主义的地缘政治、帝国统治结构中不同种族主义的作用，他对这种敏感状态的看法也不断变化。如同西方化的精英在受殖民统治的国家中处于困境一样，赖特把这种双重视角看作是内在于西方的。它为他提供了一个机会，去观察和描述"西方和自身的斗争，西方草草地开始并且到现在都没有意识到它自己是唯一有责任的一方、唯一的煽动者的斗争"[43]。

在另一篇将双重意识的双重后果描述为一个分裂过程的文章中，赖特将它的源头确定为两种相互联系但仍是彼此独立的历史情形：既是西方文明的产物，又拥有被这种文明"深刻影响"和"源自"这种文明的种族身份。有趣的是，赖特用时间的术语描述这种西方的反主流的意识，并指出即使是分裂的主体性也有重要的优势，"我试着慢慢让你回到我的视角……我的观点是西方的，但它和西方现有的、主流的观点在几个关键地方存在冲突。我的观点比西方的主流观点超前还是落后呢？我的判断是我超前了。我不是在自夸，这个判断被那些我珍视的西方价值的特征证明了"[44]。

赖特在几篇文章和几乎每一本书中，都回到他作为一个现代人的混杂身份的问题。在《异教徒西班牙》这本研究欧洲经验中残留的前理性、异教徒或传统部分的书中，赖特直面宗教信仰对西班牙社会和

第五章 "没有眼泪的慰藉":理查德·赖特、法国以及共同体的矛盾

文化的持久影响的问题。他试着说明这种宗教遗留如何与法西斯主义的实践接合起来,为此他在书中长段引用给年轻女性的长枪党教义问答书(Falangist catechism)[1]里的内容,从而不时中断了自己的书写。面对这种传统与现代的断裂,作者忽然对他自身的位置获得了某种重要的灼见——他被困在西方现代性的承诺和诅咒之间的某个地方。赖特首次意识到从传统到现代性的跨越,与原始和文明的区分甚至黑人和白人之间的对立并不一致:

> 成为某物中起作用和有机的一部分,就是要对它几乎无意识。我曾是西方世界不可缺少的一部分,但我从不需要对我的西方性进行解释,几乎从未处在必须要这么做的情形下。(即便在亚洲和非洲我也总是知道我的世界终结于何处、他们的世界开始于何处。但西班牙是令人困惑的,它看上去似乎是西方的一部分,但这里人们的行为和给人的感觉却不是西方的)……做西方人意味着什么?……做西方人是否意味着与西班牙的生活和文明完全不同的内容,以至于成为另一类人?或者这种差异只是微不足道的视角的不同?我的任务不是定义西方文明的内容的总体性,我只对其中吸引我注意力的和西班牙有关的方面感兴趣……西班牙是个圣洁的国度、神圣的国家——如同非洲丛林中阿坎人的神圣国家般神

---

[1] 西班牙长枪党成立于1933年,是由西班牙数个法西斯主义政党和组织组成的政治联盟。

圣和神秘[45]。

这里可以考察赖特在对现代经验的探讨中强调的两个相互关联的问题。第一个问题是他对现代性的文化和政治变化的回应和分析。在这种变化中，种族主义可以为白人统治者提供短暂的稳定力量，他们以此巩固自身不稳定的位置。在发展的过程和社会、技术进步的过程（即现代化）中，种族压迫是不可缺少的，它可以促使某些被统治的群体进入现代性。第二，这种讨论提供了一个关键点，去理解现代主义美学、政治的形式和主题如何被赖特政治性的种族写作模式改变。这两种关注在赖特最后出版的一部小说《长梦》中结合得最好，该书也是他以黑人习语写哲学小说最彻底的尝试，下文将会对此进行讨论。首先我们要分析在《长梦》之前出版、但与其有很多共同追求和主题的《局外人》。该书出版于1953年，即赖特开始在巴黎生活七年后。如标题所暗示的，《局外人》被赖特对存在主义的哲学兴趣所塑造，赖特自称这种兴趣在他还在密西西比州时就已经是他对生活的种族化看法的系统性一部分了。某些非裔美国批评家认为该书只是呈现了一种伪欧洲式的渴望——逃离种族写作限制、处理更广阔和不那么特殊主义的主题，这是错误的。它严肃的思想关注对赖特而言并不是一次新的起点，他在搬到欧洲很多年前就已经尝试超越经济还原论和"黑人文学"的艺术成规。这两方面的意图在《土生子》最初出版时就已经明显体现出来。在《土生子》中，赖特试图通过比格·托马斯的个性和谋杀行为，阐明一种新型的城市工人阶级的形成，这类人受到共产主义和法西斯主义政治的同等影响。比格是一个熵化社会（entropic society）的产物——"美国社会的产物，一个内在有着共产主义或法西斯主义倾向的土生子"。他的形象完全不同于美国共产党内奉为神明的无产阶级者形象。赖特在为《黑人都市》写的前言中清晰地表达了同样的意思："不要轻视芝加哥南区的贫民窟。记住希特勒就来自这样的贫民窟。记住，芝加哥可能是美国法西斯主义的维也纳！在这些肮脏的贫民窟中可能产生鼓舞人的生活或加速人死亡的观念，给我们带来和平或将我们带入另一次战争的观念。"[46]

在比格将自己变为主体的独断且令人绝望的暴力中，可以看到《局外人》的男主人公克罗斯·达蒙的雏形，赖特告诉我们克罗斯是个"像每天生活在大众中的现代人一样独立"[47]地行动的人，他曾大胆地提醒另一个角色"黑人也可以是法西斯主义者"[48]。《土生子》的主人公比格·托马斯是无意中被吸引到他野蛮行为的存在主义层面的。但是，赖特在前一本书中就创造了克罗斯这样的人物。克罗斯选择接受他的反社会倾向中包含的道德和政治含义，惊人地预示了如今常常被称作后现代的主题，他"没有党派、迷思、传统、种族、根源、文化和观点——观点自身最为可疑这一观点可能除外"[49]。

赖特的另一个被精心移位的男主人公，是他未发表的小说《生活在地下的人》（*The Man Who Lived Underground*）中的弗雷迪·丹尼斯，丹尼斯和比格、克罗斯面对的困境类似，处于同样糟糕的情形中。丹尼斯被错误地指控谋杀，他从警察局逃跑并藏在城市下水道中，在这里他清晰地思考了他悲惨的都市生活的存在主义维度，他住在地上时是不可能想到这些的。如《土生子》《局外人》《长梦》一样，这个故事把美国黑人的哲学和政治问题定位在从种族界定下的文学现实主义模式到现代性的形而上学（其中种族特殊性的观念显得无足轻重）的变化中。

暴力行动使得这些厌世的叙事终止于悲惨的结局，它是统一这些小说的另一个主题，这不仅是赖特笔下人物的愤怒或所谓的心理错乱导致的简单结果。《局外人》从头到尾体现了赖特要写一本强大、不易消化、只能在"没有眼泪的慰藉"的情况下阅读的小说的决心。这个目标体现在每个带有明显虚无主义色彩的令人不适的形象和模式中。这是赖特针对一些问题在政治和思想层面上给出的深思熟虑的答案，包括黑人艺术家面对其作品被商业化和出售给大量白人读者，面对在性别、种族和阶级方面分裂的多元化阅读群体的竞争性需求和要求时要处理的问题。

《局外人》与赖特早期作品间明显的连续性，不应当影响这部作品的地位，这是赖特最有野心的文学尝试，他试图击败曾塑造了他的文化。该书是赖特最后一本无法调和种族政治抱负与揭示黑人经验的哲学深度的渴望的作品，两种强大的义务在文本中共存。该书还包含了赖特对黑人遭受的压迫与在马克思主义名义下进行的解放计划之间关系的最后和最深思熟虑的描述，因而值得注意。因此，该书与赖特对"造就了美国文明的种族压迫仅仅是塑造他的历史过程的一部分"的进一步理解同步诞生，这一事实是特别重要的。据赖特的传记作者所言，《局外人》在赖特离开美国后才成形。在赖特看来，离开美国对他的小说家、政治哲学家生涯的发展有最深刻的影响："离开美国不仅是地理上的变化。它是我和之前身份的决裂，一种重新考虑和定义我的身份和思想的尝试。我试着处理大问题：西方文明作为整体的问题和意义以及黑人和其他少数群体与西方文明的关系。"[50] 尽管赖特很清晰地表述了这个重要的观点，其中隐含的黑人现代主义视角的特征和发展却很少被人提及。评论家彻底忽视了赖特试图对西方文明作为整体的问题和意义做出的批判性探讨，却可疑地关注所谓界定了赖特作品的"原始的、男性崇拜的现实主义和自然主义"。为了更好地理解《局外人》的复杂性和赖特的政治、哲学抱负，有必要对一些特征进行说明，它们有助于赖特形成关于现代性、现代化和现代主义的独特观点。这些观点都被对奴隶制的历史记忆以及随之而来的美国南方种族恐怖的秩序所影响。如赖特的其他作品一样，《局外人》把现代性定义为以旧神话的瓦解为特征的时期和范围。这种灼见为赖特对法西斯主义和共产主义的讨论提供了背景，它们都是"20世纪无神论的生活方式的政治表达"[51]。

"我承认它们不同，"克罗斯说道，"……法西斯主义者的行动基于狭隘、局限的原则，他们通过民族、种族、领土、血缘、大众情感和其他蠢话来获得人心。使得一个人是法西斯主义者、另一个是共产主义者的区分可能在于他们和各自文化融合的程度。"[52]

在《黑人写作的蓝图》[53]中，赖特考察了黑人种族内部阶级差异的问题，认为一种新视角能够超越黑人资产阶级落后、自恋的美学策略，这种新视角从黑人通俗文化中获得灵感并在城市黑人贫民的斗争中获得政治力量。与赖特眼中产生自"次等的黑人天才与有钱、疲倦的波希米亚白人"之间联系的装饰性写作以及满足于作为"受过教育的黑人向美国白人乞求正义的声音"的文学相反，他定义了一种文化生产模式，它不仅从普通黑人的意识和政治行动中获得灵感，而且把普通黑人看作是重要的读者群体："强调趋势性和试验性，把社会看作处于形成过程中的事物而不是固定或理应被赞美的事物，这为黑人作家指明了在情绪和观点上与黑人工人达成一致的方式。"[54]

赖特在《黑人写作的蓝图》里对现代性和其中有异议的黑人的概略性描述，促成了文学现代主义模式的建构。赖特描述了一种"完整"且独立的黑人文化，它不能被化约为奴隶制和种族压迫的结果，后者"或好或坏"地阐明了黑人的意识，形成了与特定的自由观念和对主体性的典型理解有关的情感态度和心理特征。这种"种族智慧"源自奴隶制并在此期间产生，它在很大程度上被黑人教会与回应教会权威的世间民俗再造。在赖特看来，"斗嘴"体现的世俗虚无主义立场，是对赫尔德式的提升民间文化的主张的极限考验。尽管黑人民间文化反对把黑人排除在外的形式政治（在赖特的时代仍是如此），但它提倡特定形式的身份认同、生存策略与有关社会变化的独特概念。

在严酷和非人道的生活情形下形成的民俗中，黑人最本真和最彻底地表达自我。布鲁斯、灵魂乐和民间故事口口相传，黑人母亲对女儿说有关男人的悄悄话，黑人父亲告诉儿子秘密的智慧，男孩们在街角以最粗俗的方式相互交流性经历，在灼热的太阳下唱的劳动歌——所有这些构成了种族智慧传播的渠道[55]。

在这种有关本真性种族文化的论述中，赋予音乐和对性的讨论这二者优先地位，能够增强我在第三章列出的有关种族本真性话语的观点。在赖特看来，"黑人大众"未被书写和承认的文化与来自新兴的黑人资产阶级后代"缺乏自主性和矫揉造作的作品"是对立的。在二者的冲突中赖特支持前者，并试图重新发明黑人民族主义的概念，它能够捍卫前者有争议和必然是虚无主义的声明。这是一种能够处理民族统一体中明显裂痕的民族主义——裂痕体现在农村的农民变成类似城市无产阶级的过程中，这是一种带有特定阶级特征的平民民族主义，因此它不仅试图成为制度化了的白人至上主义排他性力量的颠覆性表达或"自反性表达"。赖特的平民民族主义能够产生一种有潜力的革命性、反资本主义的政治，改变美国社会。在他看来，这种民族主义因"黑人自主的简单事实和现代社会人们相互依赖的意识而存在"。他认为黑人作家如今获得的际遇让他们有机会创造其种族因之"斗争、生活、死去"的价值。

尽管马克思主义经济理论体系对赖特的影响有时仍是可见的，但他偏爱的做法——对"理论"和"视角"的重要但含蓄的参照——明显具备反意识形态的特征。赖特认为与"理论"和"视角"概念相对的是力量微小的纯粹的主义（isms）：

> 黑人作家必须有怎样的视角……什么视角能向他们展示现代社会发展中的所有力量……他们必须要相信某种"主义"吗？他们可能觉得只有傻瓜才相信主义；他们认为承诺只是意味着幻灭的观点某种意义上是对的。但任何缺少有关现代社会的意义、结构和方向的理论的人，都是在一个他无法理解或控制的世界中迷失的受害者[56]。

在赖特谨慎的用词中，"理论"和政治意识形态的意义可能有重叠但并不相同。他解释了"理论"如何可能因为政治意识形态色彩过重而被削弱甚至摧毁。在上段话之后对作家才能的讨论中，赖特更清晰地提出了批评，即他拒绝了政治化的黑人艺术必须带有大量说教的要求。赖特警告说过于粗俗或太过简单的政治意识形态会给艺术感带来灾难性的影响："现实和艺术形象之间的关系并不总是简单和直接的……形象和情感有其自身的逻辑。"

当赖特在二十年后的《白人听着！》中回到这些问题时，他和之前思想的联系更弱了。《白人听着！》对马克思、弗洛伊德和尼采的作品主题进行了更令人满意和更简练的综合，这些主题被赖特对西方黑人历史的政治和哲学关注所过滤和重构。更重要的是，在这个阶段赖特重新命名了他在黑人文化表达中注意到的两种共存的矛盾趋势——

尽管它们的阶级特征本质上未改变，但它们不再被简单地描述为资产阶级和无产阶级的，而是被描述为"自恋的层面"（The Narcissistic Level）和"未知事物的形式"（The Forms of Things Unknown）。赖特的兴趣一直集中在美国黑人的城市通俗文化上，他对它的意义进行了复杂、同情性的研究，这反驳了认为他远离甚至蔑视黑人文化的观点。如我们已看到的，赖特通过音乐和性征的典型例子展开了他有关种族内部的区分的论述。

《局外人》无疑是赖特处理这些主题的几个文本中最重要的一个。该书重复了他多次提及的观点：现代性的世俗特征使得它和前现代区分并断裂开来。赖特注意到，这种情形给那些奴隶制时期以及自那以后通过教会了解西方文化以及用西方的宗教意识形态捍卫政治、文化自主性的人带来了许多特殊问题，同时作出了上述判断。

赖特愈发认识到心理学的重要性，这使得他能够更好地完善这个观点。赖特反对经济决定论的预设，认为对"比他们父辈信仰的主义存活时间更久的 20 世纪西方人"而言，生活的本质不再是直接物质性的，它本质上变成了心理学的："人们可以通过武力获得权力，但要用其他方式维持权力。"统治层面心理学的重要性不断增加的观点，心理学和精神分析在黑人解放中被用作分析和政治工具的观点，与赖特对大众社会的发展及其相伴的政治—文化形式既惊恐又着迷的反应相关，也被赖特在为哈莱姆黑人群体建立独立精神病诊所的斗争中的实际参与、与精神分析师弗雷德里克·沃瑟姆（一位在巴伐利亚出生、在约翰斯·霍普金斯大学教书的精神病医生）的密切关系所塑造[57]。赖特以很多方式运用了心理学和精神分析方法,但它们在他将对殖民地社会的分析运用到对美国黑人经验的剖析中得到了最突出的体现。这尤其受到了奥克塔夫·马诺尼(Octave Mannoni)[58]的影响,赖特在《长梦》第二部分开篇的引文中承认了这一点。赖特试图证明无论在何处,压迫者与被压迫者之间的关系能够使双方都产生特定的心理疾病。赖特似乎认为马诺尼对殖民者和被殖民者的相互依赖关系的黑格尔式的坚持是特别有启发性的,对这个观点的扩展及将它应用到对非裔美国人经历的分析中是他晚期所有小说引人注意的特征。在《局外人》中,克罗斯成了赖特自身紧迫的、弗洛伊德式的疑问的重要载体:"难道所有的文化和文明不都是人们用来区分自身、把身上令自己害怕的部分和想要保护的部分分隔开来的屏障吗?"[59]

赖特在《局外人》中试图把弗洛伊德的理论与对现代性的批判结合起来,这提供了进一步理解主人公克罗斯的关键,克罗斯的虚无主义最终因其错误的信念——欲望这个"不安、跳动的恶魔"是现实的真正核心——而被谴责。正是这一点使得地方检察官伊莱·休斯顿解开了克罗斯的罪行:"欲望困住了你,我的孩子。你觉得阻碍你实现欲望的人可以被杀死,让你恼怒的人都可以被除去……"[60]

该本小说哲学性的内容引起了负面的批判。赖特与海德格尔、胡塞尔、克尔凯郭尔和尼采的作品的关系比很多批评家认为的更复杂。值得重申的是,赖特并不是要用他们的欧洲术语来验证非裔美国人的经验,而是要说明美国黑人的日常经历如何使得他们能够用一种特别清晰的视角——一种令人不快的客观性(a dreadful objectivity)——

理解这些存在主义作家在更加优越的背景下曾指认出的问题。在一本不适合按照编辑的想法塑造成谋杀悬疑小说的书中，上述作家的作品成了证实克罗斯罪行的线索[61]。这指向了赖特和文学现代主义间不明确关系的另一个特征，即内在于他对侦探小说体裁的改变中的民粹主义冲动。这一策略的作用在于把现代主义高峰的某些关注点和主题以易于理解的形式表现出来并使之去神秘化——这种形式混淆了欧洲对高等文化和通俗文化的区分，并再次显示了美国都市黑人的日常生活世界和欧洲学者的存在主义式焦虑之间的联系。

赖特强调《局外人》的主人公能够来自任何种族群体，他混杂的名字克罗斯·达蒙融合了对犹太教、基督教道德的承认以及对这些道德的尼采式的克服，其名字体现的独特性使得克罗斯比之前的比格·托马斯、弗雷迪·丹尼斯更有代表性。尽管克罗斯上帝般的感觉可能存在于种族身份之外，但他仍然受到美国城市黑人不能发声、恶劣的条件的限制。克罗斯通过绝望的行为，表达了某些美国城市黑人体验到但并不总是能表达的感受。

> 他认识到黑人是如何被迫生活在他们降生但并不归属的土地上，外来基督教的命令和白人法律的严格限制如何激起他们心中的渴望——这正是前者旨在扼杀的[62]。

> 他冷酷地走过高耸的黑人教堂，里面传来黑人吟唱哀伤的圣歌的轻柔、几乎是带有歉意的声音。这些黑人信徒是多么幸运，能够在一起感受孤独！他们的祷告多么神奇，能够

以把他们团结在一起的方式表达他们被抛弃的感觉！[63]

这些段落十分重要，尽管《局外人》有着突出的哲学主张，但它仍是一本有关种族压迫的经历和影响的书，这一点有时会被忽视。小说的叙事明显是通过美国黑人的历史和文化推进的，即便这点被忽视或像黑人教堂一样被贬低为一种可怜的慰藉。被压迫者试图借此修补他们在人类堕落的水池中的悲惨生活——美国的大都市中心已经变成这样可悲的地方。赖特认为都市生活的变化与工业发展的过程是一致的，他把后者描述为一种反人类的战争。伟大的工业城市创造了一种文化环境，它培育出像克罗斯这样的一类人。正是大都市提供的匿名性，使克罗斯有机会以新的身份重新开始并进行他的冒险旅程。交通网络创造的新公共空间中的偶遇能起决定性作用，它不仅使得克罗斯能假装已经死去，而且使得克罗斯能遇到他的敌人——残疾的地方检察官伊莱·休斯顿。

值得重申的是，赖特并没有把现代经验的这种破坏性模式看作是黑人独有的，只不过由于很多原因黑人极其强烈地承受了其后果。克罗斯是赖特试图为那些被剥夺公开发言机会的黑人大众发声、"做他们生活的见证人"的产物。赖特填入现代生活恐怖空隙的词语，即他对欧洲意识形态和文化形式的批判，产生自黑人大众在现代世界的特殊历史。这一历史源自奴隶制，并处在由工业化、资本主义和民主制度三者不均等地构成的空间的中心。如同双重视角一样，这种批判也是黑人从种族奴隶制到获得公民权、从美国南方的棚屋到大都市公寓大楼的特殊之旅的产物。克罗斯表达的是黑人大众的困境和欲望，赖特和他有很多共同点。但克罗斯不是赖特在小说中唯一的传声筒，并且他的虚无主义立场在小说最后遭到严厉的批判——它因为其非人性而被否定。这种非人性被发现克罗斯罪行的检察官伊莱·休斯顿指出："如果我没有亲眼看到，不会相信你如此没有人性。许多社会学家说美国黑人没有时间完全适应白人的道德观念，没有时间完全理解西方世界大家庭的生活。但你适应了并且走得更远，你已经成长到超越了我们的常规的地步。"[64]

赖特对欧洲哲学进行批判和实验的渴望，本身就可以被解读为对黑人文学符号和期望——赖特自己的作品有助于二者的建立——的现代主义式的抗衡。《局外人》因为这些违抗性的野心而被斥责。一些批评家攻击赖特对他实际经验以外的思想传统进行了有误导性的实验，并用该本小说证明他创造力的下降。其他人认为赖特广博的哲学知识束缚了他讲故事的能力。最近更多的批判性声音呼应了这些观点。米歇尔·法布尔（Michel Fabre）在赖特的传记中详细总结了对《局外人》的当代评论，批判了它说教性、"学者式"的方面，并指出它缺乏"内在一致的象征意义"。查尔斯·戴维斯（Charles Davis）贬低该书，只说它"本质上是一次有趣的哲学练习"；阿米里·巴拉卡从一个不同的角度称赖特的"有抱负的智识主义"是他的"毁灭"，他在流亡中的政治观点是"小资产阶级个人主义"[65]。这些对该书的错误评价，在不同的程度上都支持这样一种观点：在巴黎的赖特是个疏远和孤立的作家；萨特、布朗肖、马诺尼和巴塔耶[66]等朋友的强烈影响——这些人不适当的世界主义对赖特珍贵、本真的黑人感性造成了腐蚀性影响——使得他偏离了现实主义和自然主义的小说风格,这一风格产生自种族隔离的美国南方的经历。对许多非裔美国批评家而言,赖特最有吸引力的是詹姆斯·鲍德温曾指出的"密西西比州的黑人小孩"[67]的一面。为什么赖特的这一面最有吸引力,这个问题值得被详细回答。那些赞扬或憎恶赖特作为抗议作家的一面的评论家还进一步认为,赖特应该满足于停留在黑人文学表达的智识贫民窟中——如今它们仍常常被限定于此。赖特逃离美国主义意识形态和文化遗产的渴望,学习文学哲学语言和哲学现代主义的渴望(即便只是为了展示这些真理的寻常本质),以及寻求种族、民族身份掩盖下复杂问题的答案的渴望,都显示出他关于现代性的激进观点对黑人离散群体的当代分析者的价值。

男性气质、厌女症和种族共同体的限制

有关非裔美国文学的美学和政治传统的当代批判性写作,被一种简单化和过度对立的处理虚构作品中男女冲突的方法主导。这些讨论的参与者对赖特文学遗产的批判极其严厉。这是因为在他们看来赖特早期著作中体现的种族本真性与厌女密切相关,一些批评家认为这种仇恨体现在赖特的男性角色对女性的暴力和蔑视中[68]。《局外人》制造种族本真性(正是赖特想要解构的)效果的方式之一,是呈现黑人男性和女性之间的恶劣关系,特别是在该书第一部分《恐惧》中。除了普尔曼搬运工鲍勃聪慧的妻子萨拉·亨特是个例外,克罗斯与他的妻

子、母亲、女朋友和孩子的恶劣关系都是对一个黑人男性不能和他最亲近的人建立情感关系的具体证明。这些失败也许呼应了赖特自身生活的一些方面，不过重要的或许是这样一个事实：克罗斯被一位白人女艺术家吸引，赖特通过她讨论了艺术形式的问题。克罗斯在这位白人女艺术家"看上去不相关"的非写实画作中，发现了对现代生活危机的部分清晰的回应，这和他的答案几乎一致。二人之间的亲密关系导致女艺术家自杀。

认识到赖特小说中人物的暴力不仅是他们男性特征的产物，这一点十分重要。暴力把黑人性和一种鲜活男性气概的独特模式接合起来，但它也是区分黑人和白人的一个因素。暴力调和了种族差异，并维持了种族隔离、不同步的群体之间的界限。这使得赖特能够看到美国南方的生活与殖民地充满冲突的背景之间的联系——在殖民地中殖民者和被殖民者的生活只在警察局有交集。对赖特而言，暴力使得黑人的社会生活有了色彩，它在最亲密的关系中被内在化和再生产。这意味着黑人女性同样可以是暴力的，在赖特对黑人父母和孩子的关系的看法中，其他类型的野蛮也是必不可少的一部分。拉尔夫·艾利森对《黑孩子》（赖特人生故事的第一部分）的解读是令人信服的，他认为赖特把暴力的再生产和黑人文化特殊的养育方式联系起来，后者可以追溯到种族恐怖对美国南方黑人家庭的影响：

> 南方黑人家庭保护孩子的方法之一是狠狠地打他们——这是对黑人和白人的关系形成的暴力的顺势疗法。例如，赖

特的家人是为了他好才打他的，但孩子会反抗这种好意，从而使得家庭关系带有恐惧和敌意的色彩。这和父权制的中产阶级家庭有质的不同，因为在黑人家庭中打孩子的是母亲，孩子因而失去了父母双方的庇护。他要么必须接受与母亲的关爱同在的暴力，要么无助地全然拒绝母亲[69]。

无论这种观点是否有助于理解赖特其人或有助于建立有关黑人主体的心理源起和目标选择的唯物主义理论，它对理解赖特的作品是有价值的。我在这里引用这段话，既不是为赖特对女性的性别歧视开脱，也不是合理化黑人家庭（像所有家庭一样）中常见的虐待性养育模式。关键的是赖特把私人、家庭领域中的暴力与仪式性、公开的暴行联系起来，后者是美国南方政治管理的一种方式。公开的恐怖不仅有助于创造私人暴力得以发展的条件，它还因为家庭内的极权和暴力——这些也是种族强制性社会秩序要起作用所必需的条件——而被遮蔽。这两种暴力形式都被奴隶制社会的残留影响所塑造，其中公共和私人的界限难以区分。赖特如此广泛地讨论了黑人和白人之间以及黑人群体中频繁的暴力，以至于詹姆斯·鲍德温通过对赖特作品的讨论，阐释了暴力在黑人文学中的作用这一更综合性的问题："在黑人写的大多数小说中……很多地方本应该是性描写但实际往往是对暴力的描写。"[70] 这成了多年来讨论赖特小说的正统的批判性观点。

与前文提到的对黑人音乐和通俗文化的矛盾性呈现相似，赖特对暴力在黑人社会生活中的重要性的理解，也体现了他不可化约的矛盾态度——对封闭的种族共同体观念和有助于再生产这种观念的家庭意识形态。如果对赖特作品中暴力主题的思考过快地被我们对赖特的厌女症这一复杂和矛盾情感的讨论所主导,那么这点就会被忽视。"厌女症"这个复杂的术语综合了许多问题,在我们理解这些问题之间的联系前先要清晰地区分它们。"厌女症"的术语被用来解释赖特小说和自传性作品(特别是《黑孩子》)中对家庭的强烈批判;它还被用来阐释《土生子》中比格残忍谋杀他的女朋友贝茜的行为,这是一个有关赖特如何看待他笔下的女性角色和她们的命运的著名例子;它也被用来连接这些描写与对赖特自身和黑人女性(他的合作者和亲人)恶劣关系的描述[71]。在赖特对女性的看法这个问题上保持开放的同时,我想指出要理解赖特作品中复杂的厌女症问题,应当进行一些不那么直接的尝试,如辨认他对黑人和白人女性的描写的差异,以及把这种不均衡的厌女症与他建构黑人男性气质的开创性批判论述、他作品中少数几处吸引人的女权主义和原初女权主义的陈述联系起来[72]。例如,赖特在《非洲存在》杂志举办的首次大会上的演讲,以对活动中女性缺席的惋惜而开始:

> 我不知道有多少人注意到了,但没有一位女性在这个平台上发挥重要作用并承担责任、帮助我们塑造和组织思想。这不是对会议的批评,这不是对任何人的批评,这是对我们整个集体的批评。如果我们能举办另一次会议(但愿可以实现),我希望有对世界各地黑人女性的有效动员,让她们帮

助我们组织和集中力量。也许某些来自过去的影响塑造了我们的态度,也许这是某种疏忽。在我们排除万难追求自由的斗争中,不能忽视另一半的力量,即女性的力量和她们积极的合作。只有黑人女性自由了,黑人男性才可能自由[73]。

单单这些话就说明赖特可能被太简单化地贬斥为一个大男子气概的人,这一观念认为他对女性深深的憎恨体现了对所有其他黑人的深度厌恶——尽管有时被压制了。此种对赖特的厌女症的粗略、不充分的描述还有第二个层面,即不断把他贬低[74]为一种粗糙、抗议导向的小说的创作者,此类小说不但拒绝承认黑人文化动态的、充满活力的特征,而且否认如今被认为拥有女性气质的肯定性文学在艺术和政治上的合法性。赖特于是被定位到非裔美国文学的一端,而所谓的他的文化和政治对立面的佐拉·尼尔·赫斯顿被定位在另一端。赫斯顿的民间风格和肯定性的女性视角,被认为指向了一种更积极的方向,与赖特更消极、更自觉的现代主义作品中过度政治化和粗犷的男性气质截然不同。赫斯顿的保守主义回应了赖特的布尔什维克主义,她对乡村黑人大众的本真性声音的夸张式尊重被阐释为一种人们所乐见的矫正,矫正的是赖特对城市棚屋中黑人残酷、绝望经历的轻蔑性呈现。赖特1937年对赫斯顿的《他们眼望上苍》(*Their Eyes Were Watching God*)的著名评论[75],是维系这场冲突的关键文本。在该篇评论中,赖特攻击了他眼中乏味小说内容的不严肃性和空虚性,这些小说满足于待在"美国希望看到黑人待着的、笑与泪之间的安全和狭隘范围"

内。赖特对赫斯顿的负面评价常常被引用，来确保这种当前流行但无益的对立——它阻碍了对两位作者的充分分析。但是，目前还看不到把赖特个人和《土生子》《野蛮假期》中杀死女性的男主人公等同的正当学理解释。

那些这样看待赖特的人，无法解释《八个男人》这部大致以黑人男性气质为主题的小说集。这些人没有讨论这本有价值的小书体现赖特对性别关系尤其是男子气概和黑人男性气质的看法的可能性。但是《八个男人》中对黑人男性气质和男性性征的描述，至少应该使得对赖特作品中这些有挑战性的主题的常规描述更加复杂。这本选集中的小说由于赖特对黑人性和男性气质的关联的新理解而被统合。在这八篇小说中，《什么工作都干的男人》和《男人，上帝不是那样的》最初是作为广播剧而写，《去芝加哥的男人》是更为直接的自传性小说，延续了《黑孩子》的叙事。其他几篇小说是赖特在 1961 年《八个男人》出版前很久就构思的长篇小说的删减版。比如，《看见了洪水的男人》可以追溯到赖特 1937 年在《新群众》(*New Masses*) 杂志上发表的《泥沙》；《几乎是个男人的男人》与赖特 1940 年 1 月在《时尚芭莎》上发表的名字类似的小说相似，它甚至可以追溯到赖特在 20 世纪 30 年代早期开始写的小说《柏油娃娃的开始》；《住在地下的男人》可以说是赖特短篇小说中最成熟的作品，是 1942 年被哈珀兄弟出版社以内容太短为由拒绝出版的完整小说的一部分。这本小说形式的多样性，对那些把它当作统一的整体而不只是作者凭喜好强行放在一起的集合的读者而言构成了挑战，这要求我们密切关注每篇小说的源头以及赖特以这种方式把它们编排在一起的渊源。《八个男人》中的一些小说曾在更早的意大利语小说选集《五个男人》（*Five Men*）中出版过。不过，根据康斯坦斯·韦伯（Constance Webb）所写的传记，最终促成《八个男人》这一更大出版计划的直接动力，是赖特处于资金困难期并且他和编辑、代理人的关系不像以前那么和谐。《长梦》出版后评论不一，赖特在国际文学商品市场上的地位据说也因此受到影响。这个艰难时期给赖特造成的不利影响，导致一位评论家最近怀疑[76]赖特对《八个男人》出版的态度，质问如果"让赖特自己选"的话他是否会这样编排小说。赖特未能给该书写一篇能表明他对其主题连贯性的看法的导论，被看作是该书中的小说的确是彼此有差异（即便不是根本上的分歧）的重要证明。因此该书被看作是一种试图重振赖特衰落职业生涯的绝望商业行为。赖特在他的代理人保罗·雷诺兹（Paul Reynolds）的鼓动下，从原本十篇小说的选集中删去两个短篇《男人与男孩》和《领导人》的行为，被解读为是源自犬儒主义和财政困境的对最终作品缺少话语权的又一个证明。无论赖特没有写导论的原因是什么，黑人文学和文学批评的当代状况要求我们更深入地研究《八个男人》的内在连贯性。我认为《八个男人》的确是有连贯性的，而且如标题显示的，它的内容是通过把八个男主人公联系起来的男性气质统合的。

  第一篇小说对男子气概和拥有枪两者间的关系做出了有深刻讽刺性的评论。赖特问道，哪一种男性气质需要枪来证明？他把戴维想要拥有枪的渴望和他认识到自己是个黑人男性的特殊心理背景联系起来：黑人男性不同于周围的黑人女性，也不同于管理种族隔离下美国南方社会和政治关系的白人男性。赖特并不赞成或肯定戴维将男性气质和杀人的能力联系到一起。这篇小说的基调是批判性的，试图探究促成戴维对枪的追求的关联性问题。

《住在地下的男人》更复杂，它最初构思于赖特写作《1200万黑人的声音》和《黑孩子》之间的时期。赖特这样描述这篇小说对他的发展的重要性，称这是他第一次试图撰写超越黑人和白人区分的故事。这篇小说因为对主题的诠释和对美学现代主义的关注而特别值得注意，后者以一种民粹主义的形式得到了大胆的重新呈现。男主人公弗雷迪·丹尼斯是种族主义的残暴和武断性文化下的产物，他拥有一定程度的直觉性虚无主义，这让赖特着迷。不过，尽管丹尼斯极端地孤立并且陷入困境，但小说显示出他是一个关心直系亲属处境的顾家男人，哪怕他不关心离他很远的更广大黑人群体的情况。据米歇尔·法布尔所言，在未出版也找不到的最初版本小说的长段开头中，丹尼斯和他家庭的关系更为突出。这段开头描述了当丹尼斯被警察抓住且被迫认罪时，他的妻子临产在即，他逃离了妇产医院，躲在下水道中。丹尼斯对妻子和孩子极度关心，这显示出他和身边黑人的差别。这种差别体现在随后丹尼斯对黑人教会及其仪式的秘密观察的叙述中，并被描述为是赖特对黑人世界观的根本性厌恶的进一步证明。我们或许可以对这个场景进行一种更深刻的阐释：无法铭记奴隶制这件事本身，造成了教堂会众的集体罪恶感和对幸福的无果追求。

《健硕的黑人好男人》是这本集子中一篇体现幽默感的小说，这种幽默感与赖特后来作为一个偏爱理论和过于学术的作家的名声是矛盾的。这个故事发生在哥本哈根8月一个多雨的夜晚,它探讨了种族主义的意识形态是如何扭曲社会交往并造成跨文化误解的。这篇小说的幽默效果,源自文化差异导致的两个主人公男性气质模式的明显区别。白人奥拉夫·詹森以为那个出现在旅馆(他在这里担任夜间守门人)的健硕、不知名的黑人要勒死他。实际上,这个黑人船员只是在测量奥拉夫的衣领尺码,以便下次拜访他时能带上一件衬衫作为礼物。《看见了洪水的男人》的核心人物汤姆是另一个尽责的丈夫和父亲,他被困在一个自己无法控制的种族压迫和经济剥削体系中,这个体系严格限定了他能成为什么样的人。这个主题在《什么工作都干的男人》中被进一步探讨,在这篇文章中幽默再次发挥了重要且相当让人意想不到的作用,它说明了种族主义部分决定黑人性别角色内容的方式,以及性别、劳动剥削相互关系的方式。男主人公卡尔是另一个负责、顾家的男人,他夜间给婴儿喂食,照顾生病的妻子。他不需要杀死另一个人来发现能让他确定自己人生方向的情感坐标。卡尔在贫困的压力下,决定穿上妻子的衣服,在富裕的白人费尔柴尔德一家做厨师、管家和奶妈。卡尔被这家的丈夫性骚扰,妻子被其好色的丈夫激怒并向卡尔开枪。换装后的卡尔面对一个赤裸的白人女性所带来的危机,引发了赖特作品中许多我们熟悉的问题,不过在这篇小说中解决问题的方式不像在其他小说中那样是灾难性的。《男人,上帝不是那样的》讲述了对白人男性而非白人女性的谋杀,它关注的不是性别带来的区分,而是被殖民者将殖民者和神区分开来的能力。这篇小说中谋杀者避开了惩罚，赖特明显更关注巴黎新的非裔无产阶级的心理状况——他们在这座大都市中漂泊，缺乏必要的文化工具来正确阐释其经历——而非内在于新殖民关系中的暴力。

不同的种族群体能在对社会现实的构成内容理解相反的不同步情况下共同生活，这一主题将《男人，上帝不是那样的》和随后那篇小说联系在一起。两篇小说都关注把世界分成黑人所有和白人所有的"几百万英里的心理距离"。赖特在写作《黑人力量》时发现非洲文化非常难以理解，而这篇小说是他理解非洲人观点的另一次尝试。倒数第二篇《那个杀死阴影的男人》以新的力量再次呈现了种族、性征和性别的交融，这篇短篇小说是赖特在定居巴黎的早期写的。对那些试图帮助赖特免受过于简单的厌女症控诉的人而言，这是个难以解释的文本。像《住在地下的男人》和《土生子》一样，它直接源于真实刑事案件的法庭证词和审判记录，即对尤利乌斯·费希尔的审判，费希尔是华盛顿国家大教堂的黑人看门人，因为谋杀图书馆员凯瑟琳·库柏·里尔登而在1944年被判电椅死刑。赖特对他们悲剧性故事的想象性挪用是值得注意的，因为它惊人地倒转了将黑人看作是性掠夺者和攻击者的种族主义谬误，文中攻击性的角色是白人女性。这篇小说是描述种族对立的独特心理—性动态的又一次无定型的尝试。

《八个男人》中的最后一篇《去芝加哥的男人》，是赖特自传的一小部分。赖特的出版商相当任意地以向北的行程结束了《黑孩子》的叙述，使得赖特写的大量内容未被发表。赖特在收在《失败的上帝》(*The God That Failed*) 中的《我曾试着做一个共产主义者》中用了一些未被发表的内容。《黑孩子》第二部分的完整文本最终以《美国饥饿》(*American Hunger*)为名单独出版。需要对赖特在小说集的最后收入自传性小说这一策略加以解释。小说和自传的连续以及个人历史和想象性写作的接合,都是非裔美国文学中重要的文化和美学手法。但这篇自传性作品的作用不仅是呈现作者和小说集的联系,而且是强调他的观点——种族共同体更多地是以它的内在冲突和敌意,而不是成员的相互关系或共同感受为特征。赖特对黑人殡葬会的男性代理人与他们收取保险费的贫穷女性之间剥削、虐待关系的令人绝望的描述,显示出他能够不动感情地把黑人种族丑陋的一面公之于众。赖特揭示了自己曾参与这个糟糕体系的事实,使得他受到那些渴望看到对黑人社会生活田园般再现的人的谴责。但是,赖特是以一种困惑和惭愧的语调描述他自己的行为的,这段描述中潜在的女性主义基调不应该被误读为他对黑人种族的憎恨:"一些代理人是恶毒的。如果他们要付给一个生病的黑人女性保险金,而那个女人能和他发生性关系,他们就会用这笔钱作为诱饵去这么要求。如果那个女人拒绝,他们就会向上级报告那个女人装病。一般的黑人女性都会同意这个要求,因为她们太需要钱。"[77]

如果说赖特的小说中黑人女性和男性彼此的关系不佳,黑人男性之间的关系也好不到哪儿去。这篇小说结束于赖特对他在一家医学研究机构(附属于芝加哥最大、最富有的医院)做护理员并与三个黑人男性共事的经历的冷酷描述。小说中出现了与赖特对现代性的评论有关的两个新主题。第一是黑人被排除在现代科学机构的活动及其知识体系之外。第二是赖特愈发意识到在这个世俗的圣堂,黑人工作者在许多方面更接近于被用来做实验的动物而非做研究的白人医生。

> 我对机构中发生的事情的兴趣,让我的三名黑人同事感到好笑。他们对"白人的事"一点兴趣都没有,而我想知道因糖尿病接受治疗的狗是不是在好转,患了癌症的老鼠是否显示出任何被治疗的迹象。我想知道对兔子进行的阿-宋二氏试验、对豚鼠进行的瓦色尔曼氏试验背后的原理。但当我羞怯地提出一个问题时,我发现即便犹太医生也学会了模仿其他人羞辱黑人的残忍方法。
>
> "如果你知道的太多,你的大脑会爆炸。"一个医生某天说[78]。

在这种背景下,赖特描述了他的两个同事布莱德和库克之间的争执。他认为这两个人之间的长期冲突,象征着黑人之间难以维持亲密关系。"布莱德和库克缺乏能让他们投入的兴趣,也许他们像孩子愤怒于琐事那样,发展出对彼此的仇恨只是为了能有可以深切感受的对象。抑或许在他们身上有一种产生自长期挫败性生活方式的隐约紧张,他们不了解这种痛苦的来源,于是像那些不能发声的狗一样在旧的疼痛袭来时快速转圈和狂吠"[79]。当这两个人之间激烈的身体冲突几乎摧毁了他们工作的实验室时,这个小的种族共同体处于危险中。赖特再次展现出他不被认为具有的幽默感,他估计了一下将动物随机进行重新分类对科学知识造成的影响——那些动物是其他人根据医学研究的目的已经分好类了的。参与研究的医生未注意到动物被调换了，这显示出种族统治秩序所依赖的部分自觉状态对统治者和被统治者都有重大的影响。

也许黑人艺术家是通过一种特殊的悖论来体验共同体的。共同体既给了他们某些保护和补偿，也给他们带来了限制。共同体既给了他们阐释种族困境的想象性的权利，也限制了他们作为艺术家对种族困境的探索。《去芝加哥的男人》中种族内部惊人的对立，提出了这样一个不可避免的结论：在极端贫困和压力的情形下——这一情形为黑人界定了现代世界的限度，种族身份并不能确保黑人的团结或兄弟情义。这在现在仍是个需要被严肃思考的讯息。

在赖特的所有文本中，《异教徒西班牙》与女性社会压迫的问题最直接相关。而赖特对黑人男性气质问题最成熟和最持续的讨论，出现在他最后一部出版的小说[80]《长梦》中。这本受人忽视的书，可以被看作是赖特用黑人习语撰写哲学小说最彻底和最成功的尝试。

赖特因为似乎无法在作品中呈现鲜活、正常运转的黑人共同体而被攻击。《土生子》《局外人》甚至《今天的上帝》都未能积极描写黑人的社会性——赖特热衷于否定这种不合理的要求。在赖特的小说中，共同体通常是充满冲突的，就像在上文提到的医院实验室中那样。人们因为深刻的分歧而联系在一起，这些分歧让那些支持共同种族文化观点的人们一直感到窘迫。但是，赖特在《长梦》中描绘了一个总体性、动态的黑人社群。这个短暂的有机、系统性的黑人社群意象之所以出现，是因为赖特深深着迷于其在经济、性别和文化上的分化。该书是以雷克斯·塔克（绰号"鱼肚"）的生活为中心的成长小说。读者见证了他在经历了与父母、同伴、不同的成人和机构（其中既有白人也有黑人）的互动后成长为一个男人。赖特对"鱼肚"所在的南方共同体的描写，没有让步于描述一种田园般黑人社群景象的压力。赖特再次揭示了黑人生活中的恐同症、厌女症和其他反社会的特征，这种做法必定不会为赖特赢来多少支持者，而是带来他背叛了黑人的指控，以及认为他脱离了南方变化的生活模式的观点。这些负面的社会特征并不能直接追溯到种族主义的影响。赖特笔下的人物选择去催生有违自身利益的社会安排，这并不是必然的。在该书中总是有反思的余地以及发展黑人政治能动性的机会。几处描写"鱼肚"和他的青少年同伴折磨阿吉·韦斯特（一个在教堂弹钢琴、被他们认为是同性恋的柔弱男孩）的场景，典型地体现出赖特决心要破坏积极性写作的法则和成规——它赞成种族共同体的情感和身份认同是自发产生的这一观点。

> "快点走，同性恋黑鬼！"齐克大叫道，"走起来！"
>
> 阿吉的嘴唇分开，但他既不动也不说话。紧张的歇斯底里使得山姆上前并抢走了"鱼肚"手里的棒球棒。山姆举起球棒，击打阿吉的胸部。托尼、齐克和"鱼肚"踢打、掌掴并用拳猛击阿吉……
>
> "我要杀死他。"托尼咬牙切齿地说道……

"该死，或许我们不应该这么做。"托尼有些后悔……

"我们对他就像白人对我们一样。"齐克带着自责的笑咕哝着说。

"我从没想过这一点。"山姆皱着眉头承认[81]。

《长梦》很大部分内容关注的是"鱼肚"和他的殡仪员父亲泰利的关系。泰利是管控贫民窟的两个显赫的黑人公民之一，他们与一群腐败的当地白人合作，后者从非法活动中获利并利用当地的司法体系来维持这种局面。该书核心的哲学和心理学动力源自赖特对主人/奴隶斗争的兴趣，我在第二章中通过弗雷德里克·道格拉斯的作品探讨了这个主题。在赖特看来，这种关系是范围更广和更社会化的。赖特将这种相互依赖和承认的辩证关系，看作种族隔离的美国南方社会和经济生活持续的基础。泰利装出一副白人习惯从他以及和他一样的人身上看到的唯唯诺诺的样子，但他这么做是为了利用白人。泰利操纵白人的程度不能与白人控制的体制秩序的强大力量相比，但它无疑是重要的。泰利是表现黑人奉承谄媚的优秀演员，他如此熟练以至于"鱼肚"最初误解了这些对种族从属性的演绎：

"鱼肚"现在理解了；他的父亲在白人面前表现得卑微，他的"表演"是如此完美、看上去如此不费力气，以至于让"鱼肚"目瞪口呆。这是一个他从不了解、曾经憎恨且不想认识的父亲。泰利进了房间，用陌生人的眼光审视他，然后转身观察正在离开的白人。当白人走到走廊的转角时,"鱼肚"看到父亲的脸和身体发生了变化:泰利的膝盖不再弯曲,背挺直了,手臂自然地垂在两侧,那种心不在焉、愚蠢和含糊的表情消失了,他走出来并紧紧搂住"鱼肚"[82]。

位于该书核心的父子关系,在统治着这个城镇的种族等级制的所有其他层面被再造。通过对马诺尼作品的阅读以及对黑格尔作品科耶夫式的解读形成的心理学理论,赖特强调泰利与白人权贵(也是他经营的酒吧、妓院的合伙人)之间父子般的关系。在这种关系中黑人并不是被那些统治他们的白人当作儿子来看待,而是扮演儿子的角色来获得白人统治者的某些有利回应。泰利的表演能起作用,是因为他能够操纵分裂的自我,这种分裂的自我是我们对赖特关于现代性的看法的研究核心。泰利演绎的种族从属性的角色成了他的武器,"他的情感诉求的鱼叉"叉进了"白人男性的心中"[83]。这种吸引来自白人反复无常的同情的能力,被赖特明确追溯到主奴关系——它在密西西比州的社会生活中是核心的结构性特征。

> 奴隶用他的所有力量反抗主人。"鱼肚"在主管可怕的眼神中看到的一半是仇恨、一半是同情,以至于他不知道主管会做什么;主管可能轻易地拿起枪杀死泰利,也可能拥抱泰利……泰利开始测算主管动作的时间;泰利低下头,用低垂的眼睛看着情绪激动的白人,就像猫盯着飞奔的老鼠一

样。主管转头，不看任何东西或人。"鱼肚"知道泰利正在考虑是否要采取进一步行动，他吸气并保持沉默[84]。

这些表演给作为其目标对象的白人带来了一种矛盾情绪，这种矛盾情绪与黑人对白人、白人性的兴趣和厌恶同时存在，并在与后者的一种特殊共存中达到顶峰。赖特不是强调黑人要和白人一样为这种状态的产生负责，而是强调黑人和白人的命运就像他们的历史一样是相互联系的。赖特通过泰利让他的儿子了解成年黑人男性的生理特征这一关键情节，进一步讨论了这一点。泰利看重的一位年轻黑人男性克里斯，由于与一位白人女性两情相悦的交往而被处以私刑。泰利作为当地的殡仪员，与他堕落事业的合伙人、一位本地医生讨论了这种恐怖做法的意义。两位年长的男性试图让"鱼肚"直面残缺的身体，期望他在情感和心理上变得强大。这是"鱼肚"与死亡的几次正式相遇中的第一次。

"生殖器没了。"医生说道。

"鱼肚"看到两腿之间裂开的洞中有一个深色的凝结的污点，他作出了防御性的反应，紧张地将手放在腹股沟处……

"杀死他还不够。他们还得毁尸。你以为那群恶心的人不会破坏这名黑人男孩的这个器官……不！他们杀死他的理由之一就是能有机会阉割他，而且可以确定很多白人女人热切地看着他们这么做……"

"你得被某人极度吸引、几乎爱上了他,才会以这种方式损毁他的身体。他们恨我们,泰利,但他们也爱我们;以某种变态的方式,他们爱我们。"[85]

由于人们将赖特与有关种族化文化表达的狭隘定义过度关联在一起——这种关联正是赖特试图推翻的,对赖特遗产的分析因而变得贫瘠。赖特作品中拒绝被归为非裔美国文学伟大的种族中心正典的内容不被人们阅读,并且很多现在已经绝版了。在大西洋的两侧,研究欧洲文学和哲学的历史学家对赖特的作品及其与曾交往过的欧洲作家、参与过的表达流派的关系不感兴趣。比如,波伏娃曾承认赖特对种族、种族主义的理解在她构思《第二性》时起过作用,但这种联系对当代政治的影响未被研究且被低估[86]。研究思想和运动的历史学家一般而言更愿意停留在民族、族群的边界内,而对把一场运动和另一场运动联系起来没有什么兴趣。把赖特和热内、波伏娃、萨特以及其余他对话过的巴黎作家的作品放在一起对照着阅读意味着什么呢?

考察赖特从特殊到一般、从美国到欧洲和非洲的路径,无疑会让我们摆脱必须要在欧洲中心主义和黑人民族主义这两个不令人满意的选项之间做出选择的处境。欧洲中心主义者忽视赖特,黑人民族主义者认为赖特离开美国后发生的变化对黑人解放计划是毫无价值的。赖特既不是西方形而上学的附庸(碰巧他是个黑人),也不是个其本质性的非洲身份促使他对西方激进主义进行全面批判的非裔美国人。赖特可能比任何其他作家都更多地展现出了以下这点,即现代性既是黑人政治发展的阶段也是它的范畴。赖特的作品同时体现了对塑造他的西方文明的肯定和否认,它们现在仍是对奴隶制后局内人—局外人的二元性的最强有力表达。

第六章

"不是一个能传下去的故事":　　　　　　　187
鲜活记忆与奴隶崇高

奴隶制是可怕的，但当美国黑人最终脱离那个毁灭性的体系时，他们更加强大了。他们知道让控制你生命的人摧毁精神是怎么一回事。他们不会再让它发生。我钦佩这种力量。有这种力量的人会表明自己的立场，并全身心地投入他们相信的事业中。

——迈克尔·杰克逊

从历史的角度描绘过去并不意味着"按它本来的样子"去认识它，而是意味着捕获一种记忆，意味着当记忆在危险的关头闪现出来时将其把握住。历史唯物主义者希望保持住一种过去的意象，它出乎意料地呈现在危险关头被历史选中的人面前。这种危险既影响了传统的内容，也影响了传统的接受者。二者都面临同样的威胁，那就是沦为统治阶级的工具。每个时代都必须赋予同这种威胁所做的斗争新的内容，这样方能从占绝对优势的陈规旧习中强行夺取传统。救世主不仅作为拯救者出现，他还是反对基督的人的征服者。只有坚信要是敌人获胜即便死者也会不得安宁的历史学家，才能在过去中重新燃起希望的火花。而这个敌人不会放弃获胜。

——瓦尔特·本雅明

传统这一概念在黑人政治话语中有着奇怪的弥赛亚般的力量。思考传统的特殊力量和用法，似乎是在一本关于黑人和现代性的书中开始最后一章的合适路径。传统常常出现在与黑人政治话语形成对话的文化批评中，它是一种对文化形式和实践之间的密切关系进行肯定的方式，这类形式和实践产生自黑人经验不可抑制的多样性。这意味着，至少在某些黑人知识分子和艺术家的创作中，对社会和政治自主性的追求已经远离了现代性的承诺，并以常常被认为是现代性对立面的复杂术语展现出来。这可以通过现代性的漩涡给种族自我的稳定性和连贯性带来的威胁得到部分解释。我们已经考察了几位黑人作家的作品，他们反对这种退避——尽管外面风暴汹涌，但在黑人特殊性的百叶窗的封闭之下，种族自我能够安全地发展——并选择拥抱现代性似乎提倡的（双重和分裂的）自我的碎片化。但是，这种选择现在不太流行了，用纯洁性的概念作为种族团结的基础更为流行。这些对种族团结的诉求常常基于不变的传统这一概念，并受到实证主义的确定性和将政治作为治疗性活动的观点的同等支持。本章的第一个目的是重新思考传统的概念，使得它不再与现代性截然对立。这使得我们有必要对非洲中心性（Africentricity）概念做出简要讨论[1]，这个概念在发展群体的自律和个体的自我价值，甚至在鼓励黑人团体抵制可卡因的侵蚀时可能是有用的，但对书写文化史和评估政治选择没什么用。非洲中心主义的计划完全依赖于一种思考的、认知的种族主体模式，这一主体远离了使得黑人现代主义者着迷的双重意识。非洲中心主义计划的欧洲式、笛卡尔式的轮廓在新的基米特[1]外表之下仍然可见。"非洲中心性是从我们的历史和经历中创造、再创造、重构和发掘的最符合我们利益的非洲精神和价值……它是对一个人真实自我的揭示，对一个人核心的准确描述，而且它是黑人为了发展**必须借助的**用来审视世界的清晰焦点。"2

传统的概念合乎情理地被调用，以此来强调历史延续性、亚文化对话、跨文本和跨文化的相互影响，这种相互影响使得独特和自觉的黑人文化概念显得可信。这种用法重要且不可避免，因为种族主义不断否定黑人艺术和文化产物的历史性和文化完整性。有关传统的话语在西方黑人对现代性的批判中常常被运用，无疑它同样存在于现代性催生的种族化的反文化内部。但是，传统的概念也常是一种修辞话语的顶点或核心，这一话语肯定黑人政治文化（它防御性地反对白人至上主义的不公权力）的合法性。这种话语将传统与现代性简单对立，仿佛它们是黑色和白色一样截然相反。在人们对起源和神话的关注主导了当代政治和历史的情形下，传统这一概念能够构成一个庇护所，它提供了一个临时的家园，其中可以找到远离威胁（想象中或非想象的）种族群体的有害力量的庇护和安慰。有意思的是，在对黑人在现

---

[1] "基米特"（Kemet）是非裔美国人构想出的一种神秘主义的非洲中心主义思想。

代西方世界的位置的理解中，通往传统的门不是由对近代种族奴隶制的记忆开启的，而是在这种记忆不存在的情况下开启的。奴隶制中黑人是受害者，因而传统有意消除对奴隶制的记忆。当对（从奴隶制中艰难保存下来的）不变的传统的关注成为重点，任何试图记住奴隶制自身的愿望就成为一种阻碍。奴隶制的复杂性和它在现代性中的位置似乎必须被彻底遗忘，黑人才能获得通往传统和认识黑人当前状况的清晰指向。反叛MC在《灵魂反叛》（Soul Rebel）一歌中动人的自述"我们的历史不只有奴隶制，还有尊严"[3]，是对修正主义冲动的最佳典型体现。但是，存在这样一种危险：奴隶制除了对关注传统遗留的考古学研究有用之外，就成了一系列负面意义的集合，最好被遗忘。种植园和蔗糖厂的历史与对古代非洲的华丽设想相比，似乎没什么价值。黑人不是被迫忘记看似偏离了非洲历史宏大叙事的奴隶经验，就是被迫在其思想中心用一种神秘且冷酷的非洲概念——它毫不关注种族内部的差异，并对黑人登上将载着他们驶向痛苦和恐怖旅途的船只的时刻不置一词——代替奴隶制。阿桑特把种族身份的概念和过时、贬义的"黑人"（Negro）一词联系起来，将前者贬为有本土局限性的社会和历史构造：

> 学者在研究美国、巴西和牙买加的黑人时，不能不对作为源头的非洲历史和文化的重要性有一些理解。我们要彻底拒绝主张非洲学是对"非洲奴隶的研究"的保守观点，因为它将非裔美国人与数千年的历史和传统分割开来。因此，如

果某人重点研究美国东北部城市的非洲人,这没问题,但他必须在内心记住他研究的是非洲人,而不是没有历史深度的"美国制造的黑人"[4]。

比这更糟的是,黑人被迫在有关非洲的叙述中找到心理学和哲学的养分,它们体现为从非洲起源的角度对文明发展重新做出叙述,体现为一种虚假的安全感的认知:黑色素给黑人带来了生理优越性[5]。

深嵌在现代性中的奴隶制被遗忘,在现代性出现之前长期持续的黑人文明作为替代品被唤起:"黑人先前的历史是重要的,仅仅因为它再次证实了我们曾在整个非洲大陆上形成过复杂的文明,因而我们可以继承那些传统并发展出更发达的观念。"[6]这一陈述同样来自《非洲中心性》的修订版,它因为对进步观念的默认以及显示的与传统之间简单、工具性的关系而引人关注。这种陈述最小化了对传统进行定位(更不用说改变传统)时存在的困难,它常常被这样一种观点补充:西方声称拥有的独特文明自身即是非洲文明的产物。切克·安塔·迪奥普(Cheik Anta Diop)、乔治·詹姆斯(George James)和其他人已经证明了这些观点的力量——即便是它们最原始的形式也能辨别并拒绝伪装成"普世性"的"欧洲特殊主义"[7]。这里我不会讨论这些历史学和语言学的陈述能够被实质化到什么程度。将现代种族主义的类型投射到与它们完全不相关的过去带来的问题,可以通过对埃及黑人——根据当代的定义,他们不被看作是非洲人种中的一支——进行命名的尝试中产生的困惑来说明。非洲中心主义思想家和其对手共同采纳了18世纪种族形而上学的历史假设和方法。在这一领域中,马丁·贝尔纳是个少有的例外,他对希腊化崇拜进行了详细的重构——这种崇拜实则是混合了种族主义、反犹主义的19世纪学术产物。

如我在第一章中指出的,同等看待根源和路径的意义,会减弱非洲中心主义和它试图回应的欧洲中心主义的纯粹性吸引力。本书更关注使得中心化的愿望成为问题的流动、交流和处于之间的因素。本章会对传统与现代性之间的关系提出疑问,以此关注从马丁·德拉尼开始的在黑人政治文化中出现的有关时间的特殊概念。给黑人政治文化带来某种新的历史性,这一目标本身比我选择用来实现这个目标的手段更重要。

非洲中心主义的运动似乎基于一种线性的时间观念[8],它的每个终点都被非洲发展的宏大叙事包围。奴隶制和殖民主义短暂地中断了这种时间观念,但它们对非洲传统或黑人知识分子与传统结盟的能力没有任何实质性的影响。非洲文明早于西方文明出现的事实得到了确认,目的不是为了逃离这种线性时间观念,而是为了宣扬它并让它有关文明的叙事服务于一系列不同的政治利益(这个过程甚至都不需要改变术语)。种族形而上学的逻辑和范畴未被改变,但这些术语之间的关系被颠倒——黑人因为生物或文化上的优势处于统治地位,白人处于从属地位。人们进行这种颠倒的疯狂方式,揭示出它不过是白人至上主义的持续力量的另一种体现。

要接近和把握传统(有时是古代的,并总是反现代的)的观念,成了如今固执的传统主义者处理黑人文化创造不同过程的有序机制的核心。传统为黑人文化形式和风格的本土特征与它们的非洲源头提供了关键联系。由于传统与现代性交织、互动和冲突的历史与这个过程对非洲纯洁性的影响一起被放在一旁,传统成了显示某些被选定的当代现象与非洲过往之间的接近性的手段(后者塑造了前者但不被前者所承认,且二者只是稍有相似),非洲成了衡量当代现象的本真性的特殊标准。因此黑人对传统的激情显示的不是黑人对现代性的矛盾态度,而是现代性对黑人——扰乱了其有序文明梦想——的长期矛盾态度导致的不良影响。

使用"传统"一词时的这些特征,使得"传统"处在历史不稳定的波动之外。在某些非裔美国作家的作品中,他们有时支持一种从通俗和流行的文化到地方和偏狭的文化的可悲转变。在这个意义上,所谓的非洲中心性更像是美国中心性。非洲中心性的支持者常常试图把他们的历史定位在更大的离散网络上[9],但并不排斥让他们对非洲文化的观点占据一种特殊的地位[10]。他们的话语中反复出现的家庭的比喻,本身即可被认为是理解种族群体的限制和动态的一种典型的美国方式[11]。

鉴于这些问题,本书最后一章试图把前面章节对离散概念空间维度的关注与离散的时间性、历史性、记忆和叙事性结合起来,后者是黑人政治反文化的接合性原则,这种反文化于现代性内部成长,与之呈现出对抗性的独特关系。本章通过质疑文化批判、历史和政治中传统概念的重要性而推进。在发展一种不同且更合适的传统的形构时,我首先问的是更看重持续性和代际性是否可以被解读为是对现代社会生活的动荡模式的回应——这种模式通过奴隶制使得黑人离开非洲进入未完全实现的民主制中，后者对公民权进行种族化区分并因此常常拒绝将现代公民权的益处给予黑人。

在前一章，我们看到理查德·赖特强调传统"不再能指引"黑人艺术家的创造性追求。赖特既否定也修复了从传统到现代性中间存在单一、笔直路径的观念。他的困惑不仅表现为对现代性的矛盾态度和对现代性困境的准确认识——现代性困境支配着赖特置身其中的激进政治运动。在赖特看来，在美国或欧洲，现代性的作用顶多是暂时缓和了人类文明特有的野蛮行为。这种野蛮不仅体现在奴隶制上，而且体现在赖特成长的种族隔离制下美国南方严酷和不公的社会秩序中。但是，随着赖特对技术和帝国主义的共谋关系的理解与他在非洲和反殖民斗争中的参与同步发展，他的立场变化了，他开始明确把传统的力量看作是敌人，认为传统阻碍了黑人追求有限、不公正和不完整的民主的进程——这种民主是目前能获取的最好结果。西方注定要寻求新的不自由模式，赖特在意识到其中的风险后，敦促"发展中国家"依据自身的历史和自主性进行试验，并试着不再犯其他地方在现代化过程中曾犯下的灾难性错误。赖特在《黑人力量》（这是一本重要但被忽视了的书）的结尾给夸梅·恩克鲁玛写了一封公开信，似乎重新处理了传统和现代性的问题，这一问题也吸引了他19世纪的前辈们。但是，赖特的观察是从一种不可逆转的后殖民视角出发的：

> 首要的是自由即兴发挥！政治行动可以采取许多形式，部落的人与20世纪建立联系可以以许多方式进行……非洲生活必须被军事化！
>
> ……不是为了战争，而是为了和平；不是为了摧毁，而是为了服务；不是为了侵略，而是为了生产；不是为了专制，而是为了把思想从迷信中解放出来[12]。

类似的对前现代价值的怀疑观点，有时可以在本书引用或考察的作家、艺术家和文化活动家的作品中看到，但他们对传统社会的"迷信"的厌恶之情是复杂且矛盾的。一些19世纪的思想家把殖民看作拯救非洲的一种方式，他们对英语的爱是深刻的，他们对非洲步入文明的能力的矛盾态度值得思考。一些人把非洲浪漫化为家园和黑人感性的源头，而一些人没有。任何产生自他们对非洲野蛮主义的反思的怀疑，可以与其他"新世界"黑人对前现代非洲田园般的稳定社会生活的热衷相对应。这些对非洲的看法是关于西方现代性价值的讨论的另一种表现，这场讨论的内容从德拉尼修建铁路的计划、克鲁梅尔和布莱登在利比里亚的活动、杜波依斯和赖特在加纳的活动一直延续到当代有关传统和普世文化的价值的争议。

近些年来，这场讨论中肯定、支持传统的一面，发展成为对失落的非洲传统仪式的积极再造。人们开始用非洲名字，穿非洲衣服。支持这些活动的人认为，对想象中的非洲感性进行实体展现可以保护个人和群体免受种族主义、贫穷等的腐蚀性影响。但是极其重要的是，在这场救赎性的返回非洲之旅中，男性气质、女性气质和性征的观念特别突出。在一场有关被创造出来替代圣诞节的传统节日宽扎节（Kwanzaa）的讨论中，非洲中心主义政治立场的重要支持者毛拉纳·卡伦加（Maulana Karenga）博士从拯救和重建的角度谈论其价值："作为文化民族主义者，我们认为黑人必须拯救和重建非洲历史和文化来复兴今天的非洲文化……宽扎节的目的正在于此。我想强调重新确定价值的必要性，从历史中借鉴群体性的积极价值并用它们来丰富当下。"[13]

这种拯救和重建的意识最清晰地体现在莎拉查·阿里（Shahrazad Ali）的畅销书《黑人男性理解黑人女性指南》（*The Blackman's Guide to Understanding the Blackwoman*）中，这里对适当的性别自我的重建成了黑人群体复兴的必要条件：

> 当**黑人女性**接受她作为世界女王和文明之母的合适地位时，**黑人男性**就会重新获得他失去了四百多年的力量。**黑人女性**不应当模仿西方文明的观点和态度。白人男性清楚地知道维持家庭秩序使得他们能统治世界。这个是公开的事实。当保护文明这一准则被忽视，后果是"做自己的事"这样毫无顾忌和没有条理的个体的出现[14]。

有关时间、世代、本真性和政治权威之间关系的类似观点，证实了这样的信念：西方黑人的当代政治和经济危机，基本上是自我信念和种族身份的危机。这些危机可以通过治疗性策略来解决，如德拉尼对种族提升的提议。这些危机最集中地存在于性别关系的领域，其中对群体的象征性重构被投射到理想的异性恋夫妻形象上。父权制家庭是再生产传统角色、文化和情感——它们能够解决这类危机——的首选机制[15]。即便在不可能对父权制家庭进行重构的地方，同样的观念仍支持着有争议性的政策提议，如建立特殊学校。在学校里，黑人男孩在"正面男性榜样"[16]的指引下，能够受到合适的文化教育，成长为良好和正直的黑人男性、"人民的真正脊梁"，引导黑人群体走上正确的方向。种族的完整因此和黑人男性气质的完整是完全等同的，必须不惜一切代价恢复后者。这导致了一种情况，即黑人群体的社会和经济危机最容易被那些将此看作是长期的男性气质危机的人理解[17]。我不想忽视有关黑人男性气质的意义及它有时破坏性和反社群后果的争议，但承认这种试图恢复男性气质而不是超越它的观点存在局限性似乎也很重要。在治疗性策略（例如阿里那样基于对传统的重建和恢复的策略）与它们通过最复杂的后现代技术手段在全球的传播之间，存在一种突出但难以表述的张力，这在跨国娱乐公司无意中用黑人流行音乐作为传播这些观点的渠道时体现得尤为明显。这些传播方式能够消解相距甚远的群体之间的距离，并创造新的且不可预期的身份认同和文化联系的形式。文化空间的转变和对距离的克服，只是促成诉诸传统、时间和历史的重要性发生变化的两个因素。特别是随着黑人文化的异质性变得越来越难以避免，对传统的召唤变得更加不顾一切、更有政治性。

对于我们这些试图从黑色大西洋而不是非裔美国人的角度理解这些问题的人而言,传统、现代性和它们各自的时间性问题在与《非洲存在》杂志相关的政治活动中得到了直接处理,这一点尤其重要。《非洲存在》杂志在1947年创办,这是理解非洲离散群体作为跨国和跨文化多重体的重要时刻。杂志试图以一种新的、有力的反帝国主义形构,将泛非主义者和非洲人的活动与西半球黑人的活动同步化。这一点是《非洲存在》第二次黑人作家和艺术家大会(在巴黎计划和组织,1959年在罗马召开)的核心[18]。这场会议的核心主题是"黑人文化"的统一性,以及落在黑人知识分子身上的创造性政治责任——阐释并再造这种统一性。这场活动的计划(它受到了理查德·赖特的影响)与出版的会议记录[19]显示出,参与者不认为黑人共有的非洲历史遗产的持久力量能保证黑人文化的统一。这份遗产不论在何处被识别出来都会得到承认,会议还从许多不同领域(从古生物学到神学)对此进行了探讨,同时也对所寻求的"种族"统一性的不连续和当代的维度进行了具体说明。比如,"殖民经历"被认为是文化融合的一个源头,这个关键术语被广泛使用,以至于包括了奴隶制、殖民主义、种族歧视和被指控否认殖民主义的民族(主义)意识的兴起。最后,会议组织者认为现代化的技术、经济、政治和文化动态能够促进黑人文化统一——通过迫使黑人文化符合一种特定的生活节奏。

尽管这个三重的模型很粗略,但在我看来它比当代某些考察黑人文化的一致性和多样性的方法要先进。如今,非洲传统的力量常常被肯定,好像无须对它加以阐释和转化。罗马这场会议的不同之处体现在阿利乌内·迪奥普（Alioune Diop）开场的发言。迪奥普是塞内加尔人，通常被认为是《非洲存在》杂志的创办者，他通过大会的举办地来解释这次活动的意义：

> 如果我们只能够通过和西方的对话来显示我们个性的特征，还能找到比巴黎或罗马更好的代表西方的发言人吗？……这些城市塑造了负责建构世界的人的形象：不一定是他理应是的那种人，而是那些统治世界的人根据其信念描绘出的那种人。我们的生活是根据西方文化的定义、原则和目标而被评价和控制的。我们完全有理由关注西方文化的发展和它内在的规律。难道我们不应该在这些文化权威面前，揭示并解放我们个性的原初面貌和内在驱动力吗？
>
> 由于西方霸权的命令，我们被分散在世界的四个角落……非洲人在世界上的存在，会增加人类意识的福祉……并促进人类对更丰富和更人道的价值、节奏和主题的感知……[20]

这些话传达出的对西方的矛盾态度，比起它们对以下二者之间张力的表达方式更容易理解，即黑人经验的目的论与时间的记录。离散群体的时间似乎并不是非洲时间。"原初"和"内在"这些词属于一个文化领域，而"发展"和"分散"这些词在另一个场域发挥作用。将它们放在一起，要求一种足以与西方对话的双重的感性——既在西方之内，又在西方之外。

什么时间？国家时间！

哈贝马斯对现代性哲学话语的研究开始于对其时间意识的考察，这一点具备启示性[21]。无疑，现代化和现代性的概念直接引起了有关时间和时间意识的问题——即便这仅仅是因为在什么地方为当下和形成当下的过去划界的问题，在对进步和社会发展的启蒙式理解中不可缺少。弗雷德里克·詹姆逊注意到对存在主义时间和深度记忆的运作的关注是现代高峰的决定性特征，从而将这个问题进一步复杂化[22]。也许有一天，黑人文学现代主义理论会处理从乔伊斯的都柏林转换到赖特的芝加哥（出现在小说《今天的上帝》中）这一过程中都市同步性、记忆和身份的问题。尽管这里强调现代性是阐发黑人政治文化的背景，但更重要的是要处理不同的时间性之间的张力——它使得知识分子试图让原初的非洲时间服务于他们对离散空间及其分化动力的理解。

黑人知识分子试图重写现代性的系谱，这要求我对现代性的理解更加宏大，超越把这个术语简单等同于对当下新奇事物的意识这一最低限度的定义。值得强调的是，本书整体论点的一部分是此处讨论的许多内容不完全符合某种时间意识——这一意识源自伦敦、柏林和巴黎的公共都市生活世界的变化并仅受其影响。黑人作者（特别是那些最接近奴隶体验的作者）否认西方文明的英雄叙事，并用一种哲学方法处理奴隶制以削弱支持它的不朽时间。无论杜波依斯、道格拉斯、赖特和其他人对黑人解放的目的有怎样不同的意见，他们都共有一种认识：种族冲突构成的轴线使现代世界分裂，并且现代世界能够容纳紧密排列的非共时性、异质文化的社会生活模式。他们对现代性概念的时间分期是不同的。这种划分建立在中间通道的灾难性断裂上，而不是革命性变化的梦想中。这种分期被随着奴隶制灾难而来的同化和恐怖的进程，以及奴隶与其后代对自由、公民权和自治权的反文化追求打断。

在这些思想家的作品以及与此紧密联系、有时似乎要淹没前者的黑人通俗文化中，时间性和历史被公开以仪式化的方式——它们塑造了有共同情感和阐释活动的群体——标记出来。有关过去和现在、活着和逝去、传统和现代的关系的不同观念共存和冲突的方式，指向了现代性的问题——我一直试图悬置这个问题，同时尝试性地运用现代性的概念并用它测验黑人反文化的内容。但此时，现代性的冲突或许已经不能再被置于我的文本之外。本章试图完成的对传统的再定义也要求我们转变对现代性的理解。换种方式说，人们是将现代种族奴隶制视为贮藏室——传统文化的意识能够隐匿于其中并被压缩为更有力的形式，还是将其看作最彻底地清除了前现代传统之处，这个问题是非常重要的。类似地，现代理性对它所促成的奴隶制下的不自由是认可还是颠覆也是重要的。由于有关过去和现在的界限在何处划定的争论仍然是形成黑人文化中基本和重要的张力的源头，这些问题更加突出。离散概念自身可以被理解为对这些问题的回应：现代黑人政治中，空间乌托邦式地侵蚀线性时间秩序，这种侵蚀要求必须在和种族化存在的相互关系中思考时间和空间。这可以通过暂时回到我在第二章结尾描述的死亡转向来阐明，这种转向在对杜波依斯《黑人的灵魂》的研究中再次出现。它带来了下列关键问题：什么是可行的，什么不是；新的开始在哪里被辨认出，新的回忆模式在哪里被认为是必要的。传统、现代性、时间性和社会记忆之间的关系是把本章其余部分组织起来的主题。

死亡转向也指出了黑人文化形式如何主导甚至促进了其与死亡和苦难的动态融洽关系。这产生了特定的表达模式和一些通俗的哲学主题，后者无疑和启蒙的假设是对立的，并与此争夺黑人公众的注意力。下文我们将会探讨一些另外的例子，它们关乎黑人文化与死亡的融洽关系如何持续出现在黑色大西洋的文学和表现性文化中。比如，这种关系是有关丧失、流亡和旅行的叙事中必不可少的一部分，这些叙事像音乐表演中的特定部分一样起到促进记忆的作用——将群体的意识导向其共同的历史和社会记忆中的重要节点。对这些故事的讲述和再讲述，在社会性地形成"种族"群体意识与实现内在和外在活动——形成、维持和更新身份所需的不同认知、习惯和表演的活动——的平衡方面起到了特殊作用。它们构成了作为一种非传统的传统，一种不可还原的现代、非中心、不稳定和不对称的黑色大西洋文化集合体，它不能通过二元论的逻辑被理解。即便被用来传播黑色大西洋文化不稳定内容的网络成了销售黑人流行音乐的辅助系统，在（运用音乐文化过程中形成的）听众群体和（在这里被重新定义为不变的同一的鲜活记忆的）传统的组成部分之间仍有直接关系[23]。

"传统"这个术语在这里既不是指失落的过去，也不是指一种能够让人回到过去的补偿性文化。它既不和现代性对立，也不唤起关于非洲的积极形象，这一形象与美洲和加勒比后奴隶制时期历史的腐蚀性沉默力量相反。我们在第三章中已经看到，音乐在黑色大西洋中的传播和演变，摧毁了把非洲、本真性、纯洁性和根源与美洲、混杂性、克里奥尔化和无根性对立的二元结构。长期以来在非洲文化和离散黑人的政治文化之间（至少）存在双向的沟通。这里我们可以将一条路的时空体转变为交叉路口的时空体，来更好地理解跨文化的细节，比如詹姆斯·布朗在20世纪60年代对西非音乐中他认为来自他自己音乐的部分的描述：

> 当我们在拉各斯[1]时，曾去费拉·兰塞姆·库蒂（Fela Ransome Kuti）的非洲斑点俱乐部听他和乐队的演出。他会来听我们的音乐，我们也会去听他的音乐。我记得他开始做音乐时玩的是他们称作"强节奏爵士乐"（highlife）的一种类型，但当时他正在从非洲音乐和放克中发展出非洲节奏（Afro-beat）。他有点像非洲的詹姆斯·布朗。他的乐队有很强的节奏感，我认为克莱德[2]在打鼓时学到了这一点，布特斯[3]也发现了这一点。我的乐队从他那儿学到的一些东西最

---

[1] 拉各斯，尼日利亚首都。
[2] 全名为克莱德·斯图布尔菲尔德（Clyde Stubblefield），曾在詹姆斯·布朗的乐队担任鼓手。
[3] 全名为布特斯·柯林斯（Bootsy Collins），曾在詹姆斯·布朗的乐队担任贝斯手。

初是来自我的，但我对此完全接受。它使得音乐更加强大[24]。

爵士和非裔美国文化风格在南非小镇的变化，加勒比、英国雷鬼乐和拉斯特法里文化在津巴布韦的融合式演变可以提供进一步的证明[25]。在记住费斯克欢庆歌咏队和他们旅行的意义的同时，回想起奥菲斯·迈伦·麦卡杜（Orpheus Myron McAdoo）从费斯克歌咏队独立后的旅程也很重要——1890—1898年间，他的弗吉尼亚欢庆歌咏队在南非巡回演出了五年[26]。除此之外，还有19世纪40年代从巴西回到尼日利亚的奴隶所演奏的音乐对本真性非洲文化产生影响的例子[27]。这些都是有关混杂和混合的例子，它们使得对文化和种族纯洁性的追求落空，不论它们的源头是什么。在记住这些例子的同时，尝试用传统的观念来指涉那些使得离散对话成为可能的无名、易消失、最低限度的特征似乎是有意义的。这包括将传统的术语当作一种谈论联系的神奇过程的方式，这种联系产生自离散文化对非洲的改变、离散文化和非洲的联系本身以及离散文化中体现的非洲痕迹。

由音乐提供对这些复杂动态的最好说明是最为恰当的，因为在黑人通俗文化中听音乐不是被动的。最持久的非洲主义不像黑色大西洋文化的内容一样是可指明的，相反它可以被看作不仅存在于音乐使用和制作所占据的核心位置——这一位置由所有黑色大西洋文化赋予，而且存在于普遍的应答轮唱[28]的社会形式中——它们支持和体现西方黑人文化的多元性。表演者和观众在融为一体的过程中形成了一种同一性的关系，二者共同完成了一个由民主规则主导的创造性过程。表演者扮演了一个沟通性的角色,就像本雅明怀念的讲故事的人的角色一样。讲故事的人不复存在,因为他脱离了这样的社会秩序——它基于听故事的能力丧失和听众群体消失的事实,以新的方式组织记忆[29]。

这些对通俗文化的拯救性干预以活跃、动态的状态进行。使用神圣或世俗音乐的场所是这些仪式得以发生的最重要的地点。教堂及其世俗对应物促进了一群能够生动表达它们的表演者团体的形成,也促进了赋予参与者身份认同的民主/共同体模式的形成,这一模式成了我口中应答轮唱的伦理(ethics of antiphony)的宝贵主体间性的源泉。

在黑人文化中,故事在有音乐和没有音乐的情形下被讲述。比故事内容更重要的是这样的事实:在表演过程中,叙述形式的戏剧性力量被赞美。故事的简单**内容**,不如讲故事的仪式性行为重要,后者包括一种对语言的特殊运用和一种特殊的文化动态。这里我们要分析表演这些故事涉及的戏剧学和促成它们被接受的仪式。无疑它们最初是源自《圣经》的故事。奴隶制和逃避奴役的故事脱离了它们在非洲人延续的历史中原本的位置,然后作为非洲人在西方的斗争中必不可少的一部分被强化。讲故事和音乐创作都有助于形成一种另类的公共领域,这反过来提供了一种背景,自传性的自我戏剧化和公开的自我建构这类特定的风格在其中形成和传播——作为不屈服的种族反文化不可缺少的部分。比起构成共同体、使得封闭的传统的观念貌似可信的应答轮唱仪式,故事的内容或许是次要的,但它仍然是重要的,这恰恰是因为它远离了对奴隶制自身的纪念。随着小说成为更重要的体裁，这种社会性的讲故事活动的地位不复往昔。因为随着口头性和书面性之间的关系发生变化，小说减弱了自传的力量，改变了传统的概念。

逃离奴隶制的故事、苦难的救赎性力量和弱者战胜强者主导了19世纪黑人文化创作，但它们最终被完全不同的故事替代。要理解这种改变，不能满足于对小说的兴起、黑人作家对小说体裁的运用做出描述——即便他们对小说体裁的运用的确值得对他们的创造性予以承认。由于黑人流行文化这种更重要的对立力量的兴起，文本的力量受到限定并成为背景，我们可以借鉴休斯顿·阿尔弗雷德·贝克的观点，称黑人流行文化是作为一种（在日益被音乐、舞蹈和表演主导的文化剧目中的）黑人元沟通形式而发展出来的声音策略。

爱情战争与性的治愈：一种有关臣属的替代性诗学

黑色大西洋中表现性文化的历史过于宏大，几句概括性的话无法描述。作为替代，我想研究这样一个事实：构成这些有共同阐释和情感活动的群体的叙述并不总是对社会从属经验的评论。我不想对这种通俗文化[30]中明显政治性的话语进行分析，而想探讨这个事实：主导黑人流行文化的故事通常是爱情故事，更准确地说是拥有和失去爱情的故事。由于这种新体裁似乎不在故事和歌曲中公开传达奴隶制的痛苦细节，黑人作家们会诉诸这种体裁让人感到吃惊。但是拥有和失去爱情的叙事，系统性地转化了其他怀念和哀悼的形式，它们与分散和流亡的历史、不可言说的恐怖的记忆有关。

当我看到且欣喜于非裔美国歌手和加勒比歌手通过对一种本质性黑人性征的模仿性再现,赢得伦敦观众的喜爱并消解离散造成的距离和差异时,我在第三章中简单提到的困惑产生了。我在讨论种族本真性的背景下,曾提出我们体验到的种族身份中某些最强有力的部分常常源自根深蒂固的性别身份,特别是有关性征的观念,以及对男女之间冲突的深度体验也是对种族差异的体验这一观念。这不是黑人主体性观念的唯一源头,但它经常是最有力的一个。无论它听起来是多么有偏见,但我相信它常常能超越种族主义的影响和种族主义对种族群体的凝聚效果。查尔斯·基尔(Charles Keil)在对布鲁斯的讨论中,引用了艾尔·西伯勒(Al Hibbler)对这一音乐环境中黑人男性创造力的经验特征的定义。西伯勒列出了三样,包括"曾被女人伤害、在旧的宗教背景下长大和了解奴隶制是什么",它们的重要性依次递减[31]。基尔试图解释在阐释演奏节奏布鲁斯的能力时,曾在黑人男性和女性的爱情战争中受伤为何是最重要的。这种反抗性的世俗艺术处理犯罪、受难与和解主题的频繁程度,进一步证明了它不仅是神正论,它还可以被阐释为身份建构的过程和对种族化存在的肯定。它通过引入一种有切分音的时间性——一种有关生活和存在的不同韵律,其中"夜晚是正确的时间",并且如乔治·克林顿和詹姆斯·布朗说的"一切都在那个拍子上"[32]——阐明了种族群体同一性的边界而非共同体的边界。拉尔夫·艾利森这样描述时间脱节的后果:"让我这么来解释,不可见性让某人有了一种稍微不同的时间感,你从来不是准确地在拍子上。有时你快了,有时你慢了。你知道时间不是快速、难以察觉地流动的，你了解它的节点、那些时间静止不动或向前飞跃的点。你陷入时间的断裂中，并环顾四周。"[33]

几个相互联系的主题建构出对黑人特殊性的珍贵意识，它们在这种未预期的时间记号中达到高潮。这些主题提供了使得种族身份的表演成为可能的口音、停顿、中断和基调。其中最明显的是有关种族压迫过程的话语，可以称之为有关他者（The Other）的话语。我在其他地方分析了这一点，它既是对种族主义的回应，也是体现现代黑人政治反资本主义特征的一个例子[34]。这里最好把我的论点理解为对先前讨论的补充，它强调的要点不同：我们必须关注同一（The Same）的话语。它是一种同构，与更明显政治性的有关他者的话语共存，有助于确定和稳定种族群体封闭的边界。它们共同在过去和现在之间划定界限，这种界限在黑人表现性文化中十分重要。它们通过确认当下不可化约的优先性，避开了传统与现代性之间的对立。这种优先性之后被用于形成一种能动性的意识，它表现在黑人教会的神圣仪式和其世俗的对应物中，后者在公共和私人之间的对立影响到黑人时出现。黑人通俗文化的世俗（一些人认为是虚无）方面特别珍贵，因为它们提供了一种在基于家庭或教会的亲缘关系和共同体的模式之外思考黑人社会性的方式。它们建立在关于性、性征和性别对立的旧的谈话模式上，理查德·赖特称这些为"未知事物的形式"。这种在黑人女性和男性之间及与二者有关的世俗对话[35]，遵循严格的体裁规则。它为日常生活中个人的、亲密的和非工作的节奏建立了优先性，并用这种关注来建立一个积极的听众共同体或群体，很难在其效果和教会更神圣的效果间进行区分。在音乐活动中神圣和世俗融合在一起,它们的差异消融进崇高和无以言表的美妙中。詹姆斯·鲍德温很好地描述了这种音乐和独特的时间概念之间的联系,它拥有特殊的政治和哲学意义:"音乐是我们的见证者和盟友。节拍是认可、改变和征服时间的告解。在音乐中,历史变成了一件我们可以穿上和分享的衣服,而不是藏身的斗篷,时间成了我们的朋友。"[36]

强调这一点是重要的:音乐和声音的力量的减弱是相对于文本和表演者的力量的增加而言的,而且还伴随着视觉文化的力量的增加。在新兴的黑人形象文化中,不存在能够聚焦表演者和观众、参与者和共同体之间关键性伦理关系的表演。但因为另一个理由,黑人流行音乐及其破碎的生活节奏是重要的:在它们讲述的爱情故事中,黑人通俗文化能够保存和促进其与(源自奴隶制的)死亡的独特和谐关系,以及与此相关的我称为"处于痛苦中的情形"的本体论状态。处于痛苦中的黑人有一种激进、个人化的时间观念与对语言的历时性理解,这种理解最持久的影响是所有西方黑人通过名字和命名玩的游戏。这是赖特在美国做的黑人文学讲座中,谈到"痛苦的传统……如此复杂,有如此紧密、有机的形式,以至于大多数白人想要考察它,大多数黑人内在地持有谴责和抱怨它的特殊倾向"时试图描述的[37]。

黑人音乐中有太多处于痛苦中的例子。我立刻想起的是罗伯特·约翰逊的《当你有个好朋友》(*When You Got a Good Friend*)和比莉·哈乐黛的《上帝保佑孩子》(*God Bless the Child*),以及聆听迈尔斯·戴维斯演奏或唐尼·海瑟威(Donny Hathaway)、艾斯特·菲利普斯(Esther Phillips)唱歌的愉悦过程中的秘密美学符号。为了阐明这个概念,我只举一个例子,它来自节奏布鲁斯产生的年代,这个年代标志着非裔美国文化的变化和国际化的新阶段。它出现在珀西·梅菲尔德(Percy Mayfield)的作品中,梅菲尔德是一位少为人知的作词人和表演者,如果他某种程度上被认可的话,那是因为1960年他为雷·查尔斯的《上路吧,杰克》(Hit the Road Jack)作词[38]以及谱了《奇怪的事情正在发生》(Strange Things are Happening)和《请给我一个人去爱》(Please Send Me Someone to Love)的流行曲。梅菲尔德在一次采访中谈及,常常被错当成一首爱情歌曲的《请给我一个人去爱》(他最喜欢的歌曲)实际上是一首神圣的歌曲,这个事实表现了他的作词能力之强:

> ……它是一个祈祷。我写这首歌是表达对和平的祈祷。让我向你解释,你知道的,很多人以为我的意思是请给我一个女人。当男人唱这首歌时,他让你觉得他需要一个女人。当女人唱这首歌时,她让你觉得她需要一个男人。但实际上我是在祈祷。我是在为世界发声,而不只是谈论女人……我祈祷的是"上帝啊请给所有的人……"马丁·路德·金,他出名了并祈祷和平。爱能超越恨,你明白我的意思吧?马丁·路德·金到处演说,但突然就被杀害了。这首歌是以布鲁斯旋律包装的祈祷。我现在还在祈祷,你知道我的意思吧?马丁·路德·金在歌中以另一种形式出现,不是吗?他

变成了一个处女……我不认为这首歌是令人尴尬的。我给了它这样的旋律,以抵达大众。你看,那些整晚玩自助点唱机的混混会听这首歌是因为他们觉得我唱的是布鲁斯[39]。

节奏布鲁斯的正统历史很少提及梅菲尔德,但他的作品极其精准地呈现了忧郁——产生于生活在痛苦中的消极、失调和压力[40]。他的《河流的邀请》(*The River's Invitation*),出于几个原因尤其能够支持我的论点。这首歌通过对在水中洗礼和浸泡的意象的准确和挑衅性倒置,宣告了其世俗的特征。它通过主人公和自然互动的方式表现了明显的非洲生态学和宇宙观,还包含了对非裔美国人和加勒比人民间传说中不断出现的奴隶溺水自杀情节的回应[41]。主人公追寻他远去的爱人的无果过程,与他作为一个流浪音乐家的表演处于一种和谐的同步关系中。迷失且孤独的他看见了一条河,并与它进行了形而上学的对话。这条河邀请他在水提供的死亡中找到慰藉:

> 我对河说话,
> 河也向我讲话,
> 它说:
> "你看起来如此孤独,
> 你看起来充满悲伤,
> 如果你不能找到爱人,
> 来我这里并让我成为你的家吧。"[42]

主人公拒绝了这个邀请，但我们被告知这种拒绝只是暂时性的。一旦他找到远去的爱人，并以某种方式说服她与他共享对"浪潮中的家"的激情，他会再次接受这个邀请。

以色列的孩子还是法老的孩子？

"离散"这个词是从犹太思想进入黑人研究的词汇表和泛非主义政治实践的事实，常常被人遗忘。这个词出现在《圣经》中[43]，但在19世纪晚期开始获得接近其当代广义用法的含义，这一时期见证了现代犹太复国主义的兴起，以及黑人民族主义思想的产生，二者在追求上有很大相似性，在话语上有一定相似性。逃离、苦难、传统、时间性和对记忆的社会组织，这些主题在犹太人对现代性的回应的历史中有特殊的意义，它们从这个源头进入了几代犹太文化和宗教历史学家、文学批评家与哲学家的作品中，这些人深入研究了现代性和反犹主义之间的关系，以及理性主义和非理性主义在欧洲种族主义思想发展中的作用[44]。在这些作品中，以上提及的主题也与分散、流亡和奴隶制的概念有关，它们同样有助于处理文化内和文化间同时发生的变化的问题，这一问题从18世纪开始就吸引着欧洲犹太思想家。

这些讨论中的一部分，特别是那些与犹太传统和律法关系比较疏远或矛盾的作者的著作，对我思考黑色大西洋离散群体的同一性和差异性很有帮助[45]。在为本书做准备的过程中，我不断被犹太思想家的作品吸引，以获得灵感和资源，来描绘在现代性之内和之外的黑人矛盾经历。我想公开承认这些智识上的借鉴，希望它们所显示的联系（哪怕在很小的程度上）能在某个遥远的未来时刻为犹太人和黑人带来更好的政治关系。许多作者对这两个群体的一些历史相似性感到吃惊，但黑人思想家和犹太思想家并不总是愿意承认它们，更不用说以一种无拘束的方式研究它们之间可能的联系。如埃拉·沙哈特（Ella Shohat）[46]最近在对阿什肯纳兹犹太人和赛法迪犹太人关系的讨论中指出的，在自身复杂且内部异质性的传统之间建立简单的联系时必须谨慎。比如，在黑人和犹太人中那些试图同化与不试图同化的人之间的界限就是族群内部冲突的来源。作为一项政治计划的犹太复国主义的吸引力并不均衡，这是难以用一种历史作为类比或寓言来考察其他历史的又一个原因。但是，注意到黑人思想家和犹太思想家之间公开或隐秘的对话的持久性并关注这些对话对黑色大西洋知识分子的影响，仍是一项虽困难但有价值的计划。这里需要小心，因为犹太性对卢卡奇、阿多诺、本雅明、卡夫卡等人物（他们的作品影响了本书）的意义是个复杂且被激烈讨论的话题，它缠绕着20世纪的激进运动。弗雷德里克·詹姆逊敏锐地指出：这些特殊群体遭受的压迫经历之间的关联，不是来自对痛苦和灾难、失调和消极的形式上和美学上的强调——这是他们共有的最明显的文化主题，而是来自

> 一种更基本的体验，即对恐惧和脆弱的体验——对阿多诺和霍克海默而言，这是人类历史与"启蒙辩证法"的基本事实、科学统治自然和自我的基本事实，它构成了西方文明

的邪恶机器。这种极端恐怖体验超越了阶级和性别的区分，以至于触动了住在联排别墅或豪华公寓里的资产阶级，但它们无疑是贫民窟生活的"真实时刻"，如犹太人和许多其他族裔群体必须面对的：村落共同体在持续不断且不可预期的私刑、大屠杀、种族暴动的危险面前的无助感[47]。

黑人神学家詹姆斯·孔恩（James Cone）陈述了一个明显的事实，他注意到"大量黑人深信以色列的上帝参与了黑人的历史，把他们从奴隶制和压迫中解放出来"[48]。这种源自《旧约》的意识，因其他有关黑人和犹太人合作的《圣经》故事以及对这两个群体在某些阶段历史经历的相似性的认识而增强。所罗门王和示巴女王的故事不断被黑人奴隶及其后代评论，并且由于把黑人和犹太人群体联系起来的民族性和历史性资料的出现，其影响变得复杂。虽然其他许多《圣经》故事都可以证明这个观点，但提供了阐发奴隶身份、奴隶历史性和独特时间感的基本语义学资源的是《出埃及记》[1]。非裔美国宗教历史学家阿尔伯特·拉伯托（Albert Raboteau）这样描述："对奴隶而言，对《出埃及记》故事的挪用是表达他们作为一个民族的历史身份感的方式……信仰基督教的奴隶将《出埃及记》的故事用于描述他们自身对奴隶制的体验，前者的结局他们已经知道但后者还没有终结……《出埃及记》对奴隶来说是一个原型事件。"[49]摩西的英雄形象极能引起

---

[1]《旧约》的第二书，主要讲述以色列人如何在埃及受到迫害，然后由摩西带领他们离开埃及的故事。

奴隶及其后代的共鸣[50]。马丁·路德·金和马库斯·加维只是从《旧约》的父权制中攫取力量来加强自身政治权威的两个现代领袖而已。但是这种对《出埃及记》的故事、上帝选民和他们离开埃及的历史的认同，现在似乎在消退。今天的黑人似乎更认同迷人的法老，而不是那些被法老奴役的人的悲惨困境，这体现了黑色大西洋政治文化的道德基础的深刻变化。最近，迈克尔·杰克逊多次问起的问题"你还记得（尼罗河文明的）那段时光吗？"[1]，取代了博宁·斯比尔（Burning Spear）对奴隶制时期是否被铭记的质疑。

在这些决定性变化的影响下，我想指出离散的概念自身作为一种未被充分利用的工具，能够被用来研究黑人和犹太人之间破碎的关系及其带来的复杂政治问题：族群身份的地位、文化民族主义的力量以及被仔细保存的种族社会苦难史如何能够支持族群和政治合法性[51]。这些问题既内在于以色列的政治形势中，也内在于非洲中心主义运动的实践中。本书第一章对德拉尼的讨论呈现了一个可以与犹太复国主义相提并论的政治追求的例子，这些追求是18世纪和19世纪黑人政治意识形态的常见特征。回到非洲的实际目标不仅被讨论，而且在几个不同的场合实现了。在世界某处建立独立黑人民族国家的计划也得到了广泛讨论。这些事件对20世纪五六十年代研究非洲和新世界种族奴隶制的历史学家挪用"离散"的概念是有帮助的。

此外，还有其他更隐蔽和神秘的观念使得这些散布在不同地方的

---

[1]"你还记得那段时光吗"来自迈克尔·杰克逊的歌曲《记住那段时光》(*Remember the Time*)。

人群具备相似的心态。第一是回到起源地的观念。奴隶想要在死亡时回到非洲的梦想出现在任何以此为目标的正式组织成立之前,并且符合我在第二章结尾描述的死亡转向。第二是流亡、被迫离开故乡的处境,尽管黑人政治文化不试图区分不同形式的流亡——自愿的还是不自愿的,也不试图区分强迫奴役和在古老的家园外发展起来的稳定共同体——尤其是当移居的人们失去了返回故乡的渴望后。在这些情况下,对奴隶制的记忆成了一个公开的秘密,并主导了被阐释为其秘密延续的后奴隶制时期的经历。以下这一点是重要的:对黑人而言,朝非洲家园转向(可能也是朝死亡转向)最生动地体现在奴隶自杀的故事中,自威廉·威尔斯·布朗把死亡和自由联系在一起后,这类故事在黑人文学中不断出现[52]。理顺并阐释这些主题是一个重要的过程,它可以被用来描绘区分传统和风俗、不变的重复和合理的改变的界限。第三是黑人和犹太人的苦难有一种特殊救赎性力量的观念——救赎不仅是为他们自身,而且是为整个人类。这在现代黑人政治思想中产生了有趣的影响。

出于许多原因,爱德华·威尔莫特·布莱登在黑色大西洋及其异议知识分子的历史中是个非常重要的人物。他在阐明黑人和犹太人之间的联系和差异中起到的作用,使得我有必要在这里介绍他。布莱登1832年出生在加勒比地区的圣托马斯岛(当时归属丹麦),是少有的"对19世纪英语文学和学术世界有重要影响"[53]的黑人思想家。例如,他是最早对非洲早期历史作出权威性解读的一位美洲黑人。布莱登在1866年去了埃及,他坚持文明开始于非洲以及仍有争议的尼罗河文明由黑人创造的观点。由于布莱登无法在美国获得教育,他在1850年移民到利比里亚,并在接下来五十五年中密切参与到利比里亚政府特别是其教育机构的发展中。他对看到金字塔时的感受的著名描述,体现了他信念的某些部分,这些信念为后来的泛非主义提供了强大的基础:

> 我感到我有特殊的"金字塔的遗产",因为金字塔是在人们分散开来之前、也就是在人们具备不同的地理特征之前建的,是被诺亚的后代、含姆有进取心的儿子们建的,我正是这个分支的后代。血液似乎在我的静脉中流得更快。我似乎听到那些杰出的非洲人的回声。我似乎感受到那些把文明带到希腊的人的脉搏——他们是诗歌之父荷马、历史之父希罗多德、数学之父欧几里得的老师……我感到超越了现代的平凡的伟大……[54]

如今布莱登更为人所知的是他对种族个性理论的兴趣和作为泛非意识形态重要先驱的地位,而不是他把自己的名字和利比里亚一词刻在胡夫金字塔上的行为[1]。布莱登也对非洲内部的民族主义思想产生了重要影响[55]。布莱登对他口中的"问题中的问题"[56],即犹太人问题特别是"所谓的犹太复国主义的卓越运动"[57]的严肃、同情性和完

---

[1] 布莱登1866年前往埃及期间,在胡夫金字塔上刻上了自己的名字以及利比里亚一词。

备的兴趣,在此处可以被用来指明这些历史对19世纪黑人民族主义发展的影响[58]。我不是在暗示布莱登对犹太历史、宗教、语言和文化的兴趣与他自己的民族主义观点之间存在简单的因果关系,但他的传记作者霍利斯·林奇(Hollis Lynch)指出了二者之间许多可能的联系,而且有必要考察源自犹太思想的类比如何影响了布莱登对自己所说的"种族个性"(racial personality)的形成和传播的思考。布莱登的思想兴趣是广博且世界主义的,他被赫尔德和费希特的文化民族主义影响,还被朱塞佩·马志尼和陀思妥耶夫斯基这样同时代人的政治民族主义影响[59]。就目前的讨论而言,布莱登在非洲建立国家的计划中特别关注种族纯洁性的问题似乎是值得关切的。比如,他认为使得移居者能够忍受殖民化过程的"未受损害的种族直觉"在混血儿身上是没有的,他质疑最初把这些软弱、不道德、堕落和混杂的人归到黑人种族的逻辑[60]。这表达的不仅是利比里亚政治中"黑人"(Negroes)和"黑白混血儿"(Mulattoes)的冲突,它还表明了布莱登的种族身份模式的内在模糊性,这种模式是他通过《圣经》中上帝选民的历史的类比构建出来的,并因他发现这种类比对他新形成的泛非主义十分有用而得到进一步发展。

布莱登出生于圣托马斯岛的首府夏洛特阿马利亚的一个犹太人占主导地位的社区,当时这个社区产生了许多国际知名的人物,如画家卡米耶·毕沙罗(Camille Pissarro)。自布莱登年幼时,犹太文化和习俗就对他特别有吸引力:

> 多年以来,我父母的隔壁邻居是犹太人。我和犹太男孩一起玩耍,像他们一样热切地期待犹太教会每年的节日和斋戒。我总是在赎罪日去犹太教堂,但不进去。我在外面看他们举行仪式,听祈祷者诵读、吟唱祷文,听拉比布道。犹太教堂在山边上,我们这些对赎罪日感兴趣的信基督教的男孩在它上方的草坪上俯视那座神秘的教堂。我们屏息安静,带有一种伴随我终生的敬畏和尊敬[61]。

布莱登成了大卫·卡多佐的密友,卡多佐是一位年轻的犹太知识分子,他后来成为当地社区的拉比。布莱登在卡多佐的指导下开始学习希伯来文。从这种学习中,布莱登开始认识到犹太人和黑人之间基于苦难和奴役的密切关系:

> 世界各地都有黑人。他穿越阿拉伯、波斯、印度到达中国,他穿越大西洋到达西半球,在美洲新的和旧的殖民地劳作……黑人在各个地方都是人们熟悉的对象,在非洲之外的任何地方都是他人的仆人……非洲的不同之处在于它曾经为其他地方服务并遭受苦难。就这一点而言,非洲的命运与上帝古老的子民希伯来人的命运是相似的。希伯来人被埃及人认为是所有人的仆人;不久希伯来人被罗马人西塞罗称作"生来受奴役"的民族,在罗马人这个傲慢的群体中只"因为他们唤起的蔑视"而得到保护[62]。

对布莱登而言，黑人和犹太人因为两点原因联系在一起：一是二者拥有的共同历史——其中非洲促进了犹太人文明的发展，二是双方作为"人类精神的拯救者或改革者"的共同当代使命[63]。

离散概念在黑人文化史中的准确系谱不甚清晰，但最接近提出这一系谱的乔治·席柏森（George Shepperson）[64]指出了布莱登的泛非主义对合理化这一术语的引入的基本影响，以及对使之可信的《非洲存在》杂志的意义。黑人性运动揭示了现代黑色大西洋政治文化不同阶段的联系，它的创始人之一利奥波德·塞达尔·桑戈尔也把它和布莱登的影响联系在一起：

> 20世纪30年代我们在巴黎发起黑人性运动时，我们特别、同时也是矛盾地从"美国黑人"这个词的一般意义——来自哈莱姆文艺复兴运动，也来自海地的"本土化"运动——获得灵感……黑人性运动要发展的所有主题，布莱登在19世纪中叶都已经研究过了，这包括黑人性的优点和说明这些优点的正确模式[65]。

承认离散概念的跨文化历史和它被研究散居黑人的历史学家转译进入西半球的历史，不仅在北美有政治上的重要性——在那里挪用这个概念的故事能揭示激进政治中黑人和犹太人之间漫长、复杂的关系；而且在欧洲也是重要的，那里的埃塞俄比亚主义和非洲中心主义展现出犹太复国主义和反犹主义两方面的特征。我已经提及旅行和流亡的隐喻在黑人和犹太人政治文化中的核心地位。各种形式的埃塞俄比亚主义中突出的末世论特征，凸显了二者相似之处的重要性。当然，那些期望救赎发生在今生的人与那些满足于期待救赎在来世到来的人，对黑人受难及其世俗对应形态——处于痛苦的情形中——有着不同的精神性评价[66]。这里时间性的问题也很突出。

现代犹太复国主义为 20 世纪泛非主义提供组织和哲学模式的方式，同样被过于拘谨的文化和政治史家忽视了。在 20 世纪泛非主义的形成中发挥重要作用的杜波依斯，在德雷福斯事件发生时正在欧洲，并透露追踪这件事促进了他自身的发展[67]。杜波依斯在自传中暗示了这个事件的影响，并困惑于在东欧旅行时被错当成犹太人的意义，"一天晚上我到了斯洛文尼亚北部的一个城镇，一辆要散架的出租车的司机在我耳边低语道：'你是犹太人吗？'（原文为德语）我盯着他看，然后说是的。我住在一家犹太小旅馆里。在暮色中我独自徒步行走在塔特拉山中，我有点害怕"[68]。黑人和犹太人之间的简单类比被以下因素削弱：新世界黑人的宗教不统一，不同群体以不同方式想象性、仪式性地回应奴隶制及其恐怖。西方黑人缺少来自共同祖先的观念，而且最近还有一些政治因素——黑人认同巴勒斯坦人追求正义和民主的斗争、以色列和南非之间的密切关系——影响了任何就这些相似之处的重要性展开对话的尝试。不过尽管有这些明显的问题和差异，进一步推进这种联系似乎仍然是值得的，这既因为现代和精神（由传统所建构）间的不均衡关系，更实际的是因为把黑人和犹太人的历史以某种相互关系置于现代性中的益处。传统和记忆的问题是把黑人和犹太人联系在一起的关键,这种联系方式不会带来哪个群体经历了最不可言喻的灾难这种无意义、完全不道德的争论。

本雅明曾指出社会记忆创造了"族群"传统的链条,我想从他的这种立场出发,提出一些有关黑人表现性文化的传统的问题。黑人表现性文化如何实践记忆?黑人表现性文化的记忆如何被社会性地组织?这种活跃的记忆如何与被征服者独特和分离的时间性相关?这种时间性和历史性如何被构造和公开表达?我们还可以通过阿多诺有关记忆能够"赋予乌托邦的概念实质性内容,而不把它留给经验生活"[69]的评论,继续发展这些质疑。禧年的概念[70]出现在黑色大西洋文化中,标志着由支持奴隶制的机制定义并施行的时间概念中存在一种特殊的断裂。本章现在转向这样的质问:被遗忘的有关恐怖和奴役的记忆,在确保由共同情感和阐释活动(由黑人文化帮助再生产的)构成的共同体的统一中起到了什么作用?这些恐怖被唤起的方式发生变化,如何阐明了黑人政治文化不断变化的特征?

黑人文化和不可言喻的恐怖

有必要强调这一点:在犹太人大屠杀之后,任何在黑人和犹太人历史中能找到的相似性都有了极其不同的意义。我不认为犹太人大屠杀只是种族灭绝的又一个例子,我认为它是独特的。但是,我不希望这种观点阻碍本书更好地理解理性和种族灭绝的恐怖之间的共谋关系。这里很难平衡,但把这些历史放在一起讨论应当是有可能的和有价值的。这一点可以被实现，而无须发展出一种荒谬且危险的竞争，也无须陷入一种不可避免被贴上侮辱标签的相对化模式[71]。犹太人大屠杀的文献提出的许多问题，有助于我对黑人在现代性中不自在的位置展开研究。但是，此处似乎可以发问：为什么许多黑人和犹太人不愿意开启这样的对话。我认为这种对话的缺失减弱了我们对什么是现代种族主义的理解，削弱了对种族主义作为现代世界中一个社会区分因素的论证。美洲的科学种族主义和优生学在德国种族科学的发展中施加的影响被忽视是这种缺失的惊人证明[72]。黑人和犹太作家错过了无数次发展这种批判性对话的机会。比如，尽管齐格蒙特·鲍曼在作品中提出了大量灼见——有关理性和现代恐怖的共谋关系以及边缘性作为一种阐释立场的优势，但他在讨论种族主义和反犹主义的关系时完全没有提及美洲，更不用说研究他口中造园国家（gardening state）、种植园国家和殖民国家之间的重要联系。无论是出于无知还是忽视，鲍曼把犹太人看作"**唯一'非国家的民族'**"[73]，以及"困在最激烈的历史冲突中，即处在前现代的世界和进步的现代性之间"[74]的唯一群体的观点，典型地体现了一种欧洲中心主义，这减损了他智识遗产的丰富性。伊曼努尔·列维纳斯对大屠杀本质上的独特性的评论，显示出他存在类似的认知盲点[75]，也显示出他对这些过程的理性基础的理解不能经受与奴隶制或殖民统治的历史的严肃对抗。考虑到斯坦利·埃尔金（Stanley Elkin）将大屠杀作为比较性的例子引入有关奴隶个性的文献中这一错误但极其有影响力的尝试也被彻底遗忘，这些疏忽或许不那么令人惊讶。

欧洲中心的现代性概念多大程度上阻碍了对奴隶制以来反黑人种族主义与欧洲反犹主义之间关系的思考？鲍曼对此问题的漠视或忽视，与同样漠然的"非洲中心"思想的无用和陈腐构成了令人沮丧的对照——其中像犹太人在奴隶贸易中的参与这样的主题被当成简单、无须阐释的援引事实。鲍曼在《现代性与大屠杀》(*Modernity and the Holocaust*)中对种族主义相当粗略的讨论，与他在其他著作中将现代性和族群特殊性之间的动态关系嵌入朋友、敌人和陌生人的超负荷相遇的尝试，嵌入源自他们互动的文化政治同化模式的尝试非常符合。如我在第二章中试图说明的，奴隶与男主人和女主人的对立关系不是简单的敌人或陌生人的关系。主导奴隶与奴隶主之间关系的是矛盾和反感、亲密和厌恶的变化模式，鲍曼在其他背景下对这些模式极有兴趣，但他的分析完全没有涉及男主人—女主人—奴隶之间关系的复杂动态。齐美尔的一些继承者对他曾参加1911年在伦敦举办的第一届国际种族大会的事实所提示的考察现代性的方法，似乎缺乏应有的兴趣[76]。

在有关现代性概念的范围和地位的讨论中，科学是一个关键的问题，这不仅是因为它对理性的最终结论有深刻的影响。罗伯特·普罗克特（Robert Proctor）、理查德·M. 勒纳（Richard M. Lerner）、本诺·穆勒·希尔（Benno Muller Hill）[77]是少数几个准备好探究不同历史之间联系的学者——这些历史被分配到不同学术专业、由不同的政治选民所要求。他们的著作可以强有力地说明欧洲优生学不仅和美洲种族科学密切地同步发展，而且极大地被殖民社会关系的发展所促进。

值得重申的是,探讨这些关系不需要在任何方面减弱大屠杀的独特性。因此,不必用独特性的话语去否认以下可能性:就理解种族主义而言,针对现代种族主义的恐怖和合法模式的结合式(即便不是比较性的)讨论是有意义的。这在欧洲可能是个极其紧迫的任务,人们很难忽视把当代种族主义和纳粹主义运动联系起来的系谱,它向反种族主义政治组织提出了一系列不能解决的问题。在欧洲法西斯主义的复兴带来的族群和种族威胁论中,我们或许可以问犹太人大屠杀的独特性是否能够得到更仔细的说明。普里莫·莱维对灰色地带("基于恐怖和谄媚的政权产生的模糊地带"[78])的深刻研究加深了我们对种族奴隶制含义的理解,它在此处也是有所助益的。莱维从一种体现了对大屠杀独特性的非既定性理解的立场出发,这种立场与对类似事件的普遍性和常态性的意识处于一种辩证关系中。例如,他让我们注意到这样的事实——奴隶劳动体系是集中营的三个核心目标之一,另外两个目标是"根除政治对手和消灭所谓的低等种族"。莱维把奴隶制的问题与他所说的集中营经历中无用的暴力,他认为的集中营被模糊地嵌入德国社会正常经济结构中的观点联系起来[79]。莱维的作品还对集中营经历的其他方面进行了说明,后者可以被用来初步确定一种新的方法,来研究超出语言表达的现代恐怖的历史。莱维有关犹太人去往集中营的旅程的本质以及集中营的新囚犯被迫适应的无名状态的观点,在新世界种族奴隶制的文献和历史中可以找到最现成的对应。将这些历史结合起来或至少是将它们相对性地置于同一个概念图式下的价值，即在于更有力地控诉资产阶级人道主义意识形态，它是黑人、犹太人两个群体的苦难清晰指涉的祸端[80]。这不是微不足道的，因为正如马丁·贝尔纳最近阐明的，反犹主义和种族主义在19世纪的历史编纂学中是密切联系的，并且在人文科学的历史中也是很大程度上未被承认的因素。

黑人文化和思想史的小世界也被那些担心黑人特殊性的完整性会因为和其他群体的复杂对话而受到影响的人占据。抛开政治上的紧迫性不谈，以下这些关键主题可以让两个群体展开对话：理性和种族主义之间的关系，被压迫的种族群体对进步意识形态的否定（前者用自己不自由的劳动润滑了后者的车轮），在犹太人和黑人中可以找到的类似的社会记忆模式，因熟悉不可言说的、崇高的恐怖而对政治（反）美学发展产生的影响。黑人和犹太人在接受自身和崇高性之间历史上既有的联系时都可能会遇上问题。只要回忆一下尼采在《曙光》中试图把人类重生的希望放在犹太人身上，就能认识到这种遗产的内在模糊性。

这种苦难产生特殊救赎力量的观念在黑人思想家的著作中有其对应，不同时期的黑人作者在近现代种族奴隶制的历史与非洲和美洲的救赎之间确定了相似的关系。黑人通过从他们的痛苦中产生的真理和清晰认识来救赎和改变现代世界的能力，是马丁·路德·金的神学中一个为人熟知的部分[81]——它不仅认为黑人的苦难有意义，而且认为这种意义可以被外在化和扩大化以提升整个世界的道德状态。同样需要解释的是一些黑人思想家运用的文化斗争模式，它们源自对犹太知识分子在发展他们群体的政治利益中所起作用的解读。黑人思想家试图遵循犹太思想家建立的先例，后者能够把犹太人的受难变为整个西方伦理议程的一部分：

> 犹太人的受难被认作是整个世界的道德历史的一部分，犹太人被认为是世界历史的贡献者，黑人却不是这样。无论我们是否能说犹太历史是光荣的，它无疑是为人所知的；但黑人历史被诅咒、诽谤和轻视。犹太人是白人，当白人反对压迫时，他们是英雄；当黑人反抗时，他们就是回归了原始的野蛮人。在华沙犹太人区的反叛不被描述为暴动，参与者也不被诽谤为暴徒。美国沃茨和哈莱姆街区的黑人对此非常清楚，这无疑影响到了他们对犹太人的态度[82]。

这些是詹姆斯·鲍德温的话。就黑色大西洋政治文化的这一方面而言，鲍德温的地位是重要的，因为他被哈罗德·克鲁斯（Harold Cruse）[83]和斯坦利·克劳奇（Stanley Crouch）视为黑人某种表达策略的先驱，即受害者先是被神圣化，然后被要求在改变世界的任务中扮演重要角色。克鲁斯对鲍德温的分析很粗略，但二人都对犹太知识分子通过系统性的文化行动巩固犹太群体的利益和自觉意识十分感兴趣。克鲁斯把犹太知识分子这个群体看作能够为犹太复国主义事业提供"内在力量"的"宣传家"，他认为他们的活动指向了与犹太复国主义——使得犹太知识分子在美国成为一股被承认的力量——相当的黑人"文化民族主义"。而鲍德温认为"美国黑人和美国犹太人之间真正坦诚的对照"有"不可估量的价值"[84]，它是美国黑人解放的前提条件。鲍德温的重要性在这里是双重的，因为他也被克劳奇视为某种黑人文化政治理论的源头，这一政治理论在"种族文学"的发展中起到了独特的破坏性作用。克劳奇认为托妮·莫里森的小说《宠儿》受到这种艺术理论的影响，对他而言这种艺术理论只是黑人殉难（martyrdom）的理论，其中被压迫者在他们悲惨经历的特殊道德力量体现出来之前就已经被封为圣徒了。克劳奇攻击《宠儿》是对暴行的展现，而不是对"人类动机和行为的秘密"的解释[85]。他无情地控诉《宠儿》首先是一部黑人的大屠杀小说"，这是一本"似乎为了让美国奴隶制进入暴行排名榜而写"的书。我不认为这是莫里森的目的，也不认为这是她所做的感人考察的不可避免的后果——其考察的对象是恐怖与记忆、崇高性与忘记不可忘却的这一难以实现的渴望之间的关系。但是，我在本章试图发展的论点促使我对克劳奇刻薄的观点提出一个克制的反问题，我结尾的这几页会聚焦于这个反问题。如果《宠儿》试图将欧洲犹太人大屠杀与西半球的种族奴隶制和恐怖的近现代历史置于一种激起争端的关系中，会有什么后果？克劳奇没有考虑这种可能性：将这些历史放在一起不是为了比较，而是作为珍贵的资源。我们可以从中学到现代性运作的方式、人类理性行为的范围和地位、科学的诉求以及可能是最重要的——这些残酷的历史参与建构的人道主义意识形态。

相较美国，这些问题与欧洲的直接关联更大。在欧洲，关注肤色和表型[1]的种族主义最积极和最暴力的支持者,公开从法西斯主义意识形态中获得启示。我不想忽视反法西斯主义和反种族主义之间的重要差异,但考察它们的实际联系也很关键。这种联系被证明是20世纪70年代的大规模反种族主义运动中的重要问题,并在德国重新统一和"现存的社会主义"瓦解之后的阶段——此时形形色色的种族民族主义者和族群纯洁论者可以结成真正的联盟——伴随着好战的法西斯主义的复苏产生了新的问题。

在结论部分,我想试图分析《宠儿》以及其他同样以实验性和公开政治性的精神对历史和社会记忆产生兴趣的一些类似文本。一些黑人作者已经开始了研究恐怖的重要工作,我想请读者注意其展开的方式——在既禁止他们的艺术存在又要求艺术存续的灾难碎片中,语言的资源被耗尽。我想重复并扩展上文频繁提及的论点:即便这些作者是美国黑人,他们的作品也不应当被认为仅是建立族群特殊性的计划或民族主义的文化正典的一部分,因为这些文本所处的和有助于形成的宏大政治运动的逻辑并不在划分国界的层面发挥作用。这些文本也属于有关离散群体认同和关注的网络,我称之为黑色大西洋。

在远离反文本和通俗的形式并转向文学的过程中,有必要认识到不同体裁的黑人表现性文化以不同方式回应了后奴隶制时期黑人艺术难以定位的问题。对试图重访想象中不可言说的恐怖的价值的怀疑,可能在小说中表现得最明显。小说如果可以被算在黑人通俗文化中的

---

[1] 表型(phenotype),指生物体的外显特征。

话,也是其中不稳定的后来者。在考察自废奴主义以来黑色大西洋的读者对小说不间断的兴趣时,应当记住本雅明的警告——"把读者吸引到小说的是用读到的死亡温暖他寒冷的生活的希望"[86]。但是,这个警告首先是有关小说形式,以及它从读者那里获得的不同形式的记忆的。最近与黑人历史、历史书写、奴隶制和记忆明显相关的非裔美国小说,都展示出对小说形式既强烈又矛盾的争议,这和黑人作家对现代性和启蒙运动的批判是有关的。查尔斯·约翰逊的《中间通道》(*Middle Passage*)通过一艘奴隶船上的非裔美国船员卢瑟福·卡尔霍恩的经历正面处理了这些问题,这部小说与德拉尼的《布莱克》有直接的互文关系,但不同之处在于前者是以航海日志的形式呈现。雪莉·安妮·威廉斯的《德莎·罗斯》(*Dessa Rose*)和大卫·布莱德利的《夏尼斯威尔事件》(*The Chaneysville Incident*)的结构中都直接包括了不同形式书写类型间的对立,而托妮·莫里森将《宠儿》描述为"在小说的大多数形式约束之外"[87]。这些评论体现出对小说形式共同的不适,以及对小说作为一种方法在创造和保存历史记忆的社会过程中所起作用的焦虑。这些忧虑的源头同样可以在口头和书写文化之间的转变、对自传性写作在黑人文学创作通俗模式中的主导地位的回应中找到。莫里森清楚地描述了这些问题:

> 我对小说的理解是它总是为写小说的阶级或群体服务的。小说作为一种形式的历史开始于一个新的中产阶级对它的阅读,这是一种他们需要的艺术形式。那时下层阶级并不

需要小说，因为他们已经有自己的艺术形式：他们有歌曲、舞蹈、仪式、闲聊和庆祝活动。贵族不需要小说，因为他们有赞助型的艺术，有为他们而画的画作、为他们而建的房屋，这种艺术确保能将他们和世界的其他部分分离……很长时间以来，对黑人而言治愈性的艺术形式是音乐。现在这种音乐不再只是我们的，我们不再独占它。其他人也演唱和演奏这种音乐，它成了到处都有的当代音乐模式。因此另一种形式要取代它，对我而言小说现在似乎是被需要的……它从前不被需要[88]。

《宠儿》就写于莫里森说这些话的时期，这本小说和本书的整体论点特别相关，因为它部分是对第二章讨论的玛格丽特·加纳的故事的重新讲述。黑人女性的经历（特别是她们赋予母职的意义）是该书的核心主题，这说明了种族群体的完整性与女性成员的状态之间的一致性。对莫里森而言，这些问题不能与由种族自我和种族群体之间的张力构成的一种特殊矛盾分离。莫里森在谈到加纳的故事时解释道："我认为群体和个体性的问题无疑是内在于这个事件中的。这里群体、孩子、个体性之间没有区别……玛格丽特·加纳不像美狄亚那样因为其他人杀死她的孩子。对我而言这是一个决心要负责任的人的经典例子。"[89]加纳的故事不仅体现了奴隶在极其受限的环境下维持他们能动性的不屈力量，在莫里森看来它还体现了两种对立但相互依赖的文化和意识形态体系及随之而来的理性、历史、所有权和血缘关系概念的对抗。一种是受到非洲影响的产物,另一种是西方现代性的唯信仰论的表达,二者的交合点是种植园奴隶制。因此主人和奴隶之间的关系是理解黑人在现代世界的位置的关键。回到奴隶制的渴望以及在想象性的写作中探究它的渴望,为莫里森和许多其他当代黑人作家提供了一种方式,来重新展现理性、科学和启蒙的欧美思想与非洲奴隶所谓史前、未开化和野蛮的原始面貌之间的对抗。

当前的情形让这些文化体系彼此对立,这出于两点原因。第一,人们有必要控诉理性形式,因为它们的种族排他性使其无法让人信服。第二,人们有必要研究理性形式与种族恐怖的共谋历史,种族恐怖作为一种政治和经济管理方式,被按部就班、没有感情地付诸实践。雪莉·安妮·威廉斯在她的小说《德莎·罗斯》中对这些主题做了引人注意的表述,故事中面临反叛的指控、等待孩子出生后赴死的怀孕女奴德莎,被一个白人男性采访——他准备撰写驯化奴隶的科学手册《奴隶反叛的根源及教育他们的方式》[90]。威廉斯主要关注的是白人尼希米用笔在纸上记下的德莎的特征,与奴隶制的烙印和锁链在德莎身体上铭写的特征之间的差异。二者分别对应两种独特的意义体系,它们均带有自身记忆、规则和种族化符号的特征,这两种体系在德莎身上交汇。作为一个黑人作家,威廉斯回顾奴隶制、使之可理解和可辨认,并通过叙述的方式介入恐怖,她是两种意义体系的继承人。

这些重访奴隶经历并用它来支持当代政治追求的想象性尝试,并不指向一种简单的非洲中心主义式或其他形式的分离,脱离的对象包括西方以及西方对存在、思考、对存在和思考的思考的独特理解。无疑，奴隶制和古代、前资本主义的生产和统治体系的错误联系已经断裂，但这种断裂也指明了一种可能性，即重新概念化以使得资本主义种族奴隶制成为现代性内在的、本质上是现代的一部分。莫里森在《宠儿》中介绍一位学校老师时强调了同样的断裂，这位老师同时也是一位奴隶主，他用理性和科学的种族主义替代他的前任在"甜蜜之家"实行的传统和情绪化的种族统治实践："这位学校老师正在指导他们中的一个（他的侄子），他一只手放在背后……我听到他说'不不，那不是正确的方式。我告诉过你要把她的人性特征放在左边，动物性特征放在右边，并且不要忘记把它们联系在一起'。"[91]

在查尔斯·约翰逊的小说中，将非洲和欧洲这两种纯粹本质推向两极化的趋势，因为非裔美国主人公"克里奥尔化"双重意识[92]的存在而被复杂化，这种双重意识违背了约翰逊担心会成为"心灵的血腥结构"[93]的基本双重性的力量。《牧牛人的故事》(Oxherding Tale)的流浪汉男主角安德鲁·霍金斯，是另一个可以冒充白人的有色人。他受到一位超验主义者在形而上学方面的训练。在《中间通道》中，安德鲁的继承人卡尔霍恩在道德上是妥协的，不仅因为他是奴隶船上的一位船员，而且因为他与亲戚的疏远以及他对"阿穆瑟里"（Allmuseri）部落[1]成员——他们在两本书中都是不能与现代世界兼容的非洲的有力象征——明显的不认同。

---

[1] 该部落擅长巫术。

这些文学作品对西方黑人（在奴隶制之中及之后的）经历中明显的现代性的肯定，让人想起 C. L. R. 詹姆斯在《黑人雅各宾派》[94]（*The Black Jacobins*）和 W. E. B. 杜波依斯在《美国的黑人重建》[95]中的观点。我认为，高强度的奴隶体验标志着黑人成为最早和真正的现代人，黑人在19世纪面对的困境和问题在一个世纪之后才成为欧洲日常生活的实质部分。莫里森极有力地陈述了这个观点：

> 现代生活开始于奴隶制……以女性的视角来看，在面对这个世界所处位置的问题方面，黑人女性在19世纪甚至更早就要处理后现代的问题。黑人在很久以前就必须面对下列问题：某些类型的消解、对某些稳定性的丧失和重建它们的需要；某些类型的疯狂、故意在清醒时发疯"以不失去理智"（如书中一位人物说的）。这些生存策略造就了真正现代的人，它们是对掠夺性的西方现象的回应。你可以称之为一种意识形态和一种经济，但它实际上是一种精神异常。奴隶制把这个世界分为两半，在每个方面都将它分裂了。奴隶制分裂了欧洲。奴隶制使得欧洲人告别自我，成为奴隶主，使得他们疯狂。你不可能那样做几百年而不付出代价。奴隶主必须去人性化，去人性化的不仅是奴隶还有他们自己。他们不得不重构一切以使得那个体系看上去是真实的。奴隶制使得二战中的一切可能发生，使得一战必然发生。种族主义是我们用来涵盖所有这些的词[96]。

所有这些书（特别是《宠儿》），在几个层面上处理了历史的力量——不同的时间概念，它们使得对时间的记录成为可能[97]；社会化的历史记忆的必要性；渴望遗忘奴隶制的恐怖但又同时不可能遗忘。莫里森再一次敏锐地阐明："为了活下去而去遗忘那些重要内容的尝试是不成功的，我想要让它不成功。"[98] 大卫·布莱德利的《夏尼斯威尔事件》有力地处理了这些相互关联的主题[99]，这本小说探寻了被奴隶主逼入绝境的奴隶大量自杀的意义，提出了有必要找到能够解释现代奴隶形而上学选择的阐释性资源。该书的男主人公约翰·华盛顿是一位学院派历史学家，他先是接受了正规的学术训练，然后抛开这些以理解奴隶偏好死亡而非继续接受奴役的意义。

在试图解释为什么和其他非裔美国小说家一起坚定地转向历史时，莫里森提出了一个有趣的动机，它强调这种渴望源自轻视历史和历史性的当下：

> 必须得这样，因为我们是有责任感的。我对黑人作家正往这个领域发展的事实感到非常高兴。我们抛弃了许多珍贵的材料。我们生活在一个过去总是被抹去的地方，而美国是一种天真的未来，是移民可以过来并重新开始一切的清白国家。过去是缺席的或被浪漫化的。美国的文化并不鼓励沉溺于过去的真相，更不用说面对过去的真相。现在奴隶制记忆的处境比三十年前更加危险[100]。

莫里森强调想象性地运用历史，关注有独特现代体验的文化创作，使得她严厉对待那些认为黑人作家要依附于正统的叙事结构和现实主义写作模式的人。她的作品说明并赞扬了黑人作家构想出的唤起过去的一些策略，这些黑人作家少数派的现代主义可以通过与恐怖的想象性接近而被定义，这种恐怖超越了理解并通过私刑从当代种族暴力中返回，从而指向中间通道的时间性和本体论的断裂。这里莫里森和其他人依赖并重构了前几代黑人作家为其提供的资源，这些先辈允许种族主义、理性和系统性恐怖汇合，形成他们对现代性的祛魅与对现代性实现的渴望[101]。

这些黑人作家的作品接受这一点：现代世界代表了与过去的断裂，这不是因为前现代、"传统的"非洲主义的体制没能留存下来，而是因为这些留存下来的部分的重要性和意义与它们的起源不可逆转地分裂了。奴隶制及其通过表现性、通俗文化想象性地恢复的历史，要求我们研究这种分裂的特定动力。

本书的结论是这种研究不应当是为了恢复封闭的、文化绝对式的种族传统——它永远满足于把前现代调用为反现代，而首要的是作为一种方式，对途中变化、混杂、融合的不可避免性和合理价值进行刻画，以完善种族主义和黑人政治文化的理论，使得它优于各种各样的文化绝对主义者提出的观点。形成这种义务的极端情形只增加了这项工作的紧迫性和重要性。西方黑人的历史与确认并重写了这段历史的社会运动，可以提供不仅限于黑人的教益。它们提出了更一般性意的问题，这些问题在较为早期的黑人政治中就已经被提出。比如，这里可能出现对新世纪政治的重要贡献，此时冲突的核心不再是肤色，而是正义、可持续发展的挑战以及把（国家范围内的和全球范围内的）发达地区和其周边既有的贫穷地区区分开来的界限。在这些背景下，承认一种不具体化的种族概念对回应种族主义的效用，并赞扬源自对族群绝对主义力量的一系列回应的智慧——它们试图不去绝对化地固定族群划分，而将其视为身份建构的无限过程——或许会更加容易。值得重申的是，因其自身和它显示的一般策略，这种工作是有价值的。而最有价值的是，对试图让黑人政治文化的变动和世俗的范畴保持开放而言，相互竞争的种族身份的历史提供了对其中一般经验的具体说明。同样重要的是，它可以体现把这种开放性问题的处理方式纳入政治实践的积极价值。

注 释

第一章 作为一种现代性的反文化的黑色大西洋

1 Werner Sollors, *Beyond Ethnicity* (New York and Oxford: Oxford University Press, 1986).
2 "根据呈现出的时间和空间范畴的比例和特征研究文本的分析单位……时空体是像X光一样考察文本产生的文化系统中起作用的力量的光学仪器"。M. M. Bakhtin, *The Dialogic Imagination*, ed. and trans. Michael Holquist (Austin: University of Texas Press, 1981), p.426.
3 种族化的概念由弗朗兹·法农在《论民族文化》一文中提出,参见 Frantz Fanon, *The Wretched of the Earth* (Harmondsworth: Penguin, 1967), pp.170—171。亦可参见 Robert Miles, *Racism* (New York and London: Routledge, 1989), pp.73—77。
4 Mary Louise Pratt, *Imperial Eyes* (London and New York: Routledge, 1992).
5 Nancy Stepan, *The Idea of Race in Science: Great Britain, 1800—1960* (Basingstoke, Hampshire, and London: Macmillan, 1982); Michael Banton, *Racial Theories* (Cambridge: Cambridge University Press, 1987).
6 George Mosse, *Nationalism and Sexuality: Middle-Class Morality and Sexual Norms in Modern Europe* (Madison and London: University of Wisconsin Press, 1985). Reinhold Grimm and Jost Hermand, eds., *Blacks and German Culture* (Madison and London: University of Wisconsin Press, 1986).
7 Sander Gilman, *On Blackness without Blacks* (Boston: G. K. Hall, 1982).
8 参见 Henry Louis Gates, Jr., "The History and Theory of Afro-American Literary Criticism, 1773—1831: The Arts, Aesthetic Theory and the Nature of the African" (doctoral thesis, Clare College, Cambridge University, 1978); David Brion Davis, *The Problem of Slavery in Western Culture* (Ithaca, N.Y.: Cornell University Press, 1970); David Brion Davis, *The Problem of Slavery in the Age of Revolution* (Ithaca, N.Y.: Cornell University Press, 1975); Eva Beatrice Dykes, *The Negro in English Romantic Thought; or, A Study of Sympathy for the Oppressed* (Washington, D.C.:

Associated Publishers, 1942）。

9 Leon Poliakov, *The Aryan Myth*（London: Sussex University Press, 1974）, ch.8, and "Racism from the Enlightenment to the Age of Imperialism," in Robert Ross, ed., *Racism and Colonialism: Essays on Ideology and Social Structure*（The Hague: Martinus Nijhoff, 1982）; Richard Popkin, "The Philosophical Basis of Eighteenth Century Racism," in *Studies in Eighteenth Century Culture*, vol.3: *Racism in the Eighteenth Century*（Cleveland and London: Case Western Reserve University Press, 1973）; Harry Bracken, "Philosophy and Racism," *Philosophia* 8, nos. 2—3, November 1978. 在某些方面这篇开创性的文章预示了有关海德格尔的法西斯主义的讨论。

10 Hugh Honour 对 DeMenil Foundation Project 的贡献，是这种健忘症的令人愉快的例外。*The Representation of the Black in Western Art*（London and Cambridge, Mass.: Harvard University Press, 1989）.

11 W. Pietz, "The Problem of the Fetish, I," *Res*, 9（Spring 1985）.

12 Robin Blackburn, *The Overthrow of Colonial Slavery, 1776—1848*（London and New York: Verso, 1988）.

13 Winthrop D. Jordan, *White over Black*（New York: W.W. Norton, 1977）.

14 Edmund Burke, *A Philosophical Enquiry into the Origin of Our Ideas of the Sublime and the Beautiful*, ed. James T. Boulton（Oxford: Basil Blackwell, 1987）.

15 Catherine Hall, *White, Male and Middle Class*（Cambridge: Polity Press, 1992）.

16 Jenny Sharpe, "The Unspeakable Limits of Rape: Colonial Violence and Counter-Insurgency," *Genders*, no.10（Spring 1991）: 25—46, 和 "Figures of Colonial Resistance," *Modern Fiction Studies* 35, no.1（Spring 1989）。

17 Peter Linebaugh, "All the Atlantic Mountains Shook," *Labour/Le Travailleur* 10（Autumn 1982）: 87—121.

18 Peter Fryer, *Staying Power*（London: Pluto Press, 1980）, p.219.

19 *The Horrors of Slavery and Other Writings by Robert Wedderburn*, ed., Iain McCalman（Edinburgh: Edinburgh University Press, 1992）.

20 Iain McCalman, "Anti-slavery and Ultra Radicalism in Early Nineteenth-Century England: The Case of Robert Wedderburn," *Slavery and Abolition* 7（1986）.

21 Fryer, *Staying Power*, p.216. Public Records Office, London: PRO Ho 44/ 5/202, PRO Ho 42/199.

22 他们的文章《九头蛇》预示了这些论点。"The Many Headed Hydra," *Journal of Historical Sociology* 3, no.3（September 1990）: 225—253.

23 John Adams quoted by Linebaugh in "Atlantic Mountains," p.112.

24 Alfred N. Hunt, *Haiti's Influence on Antebellum America*（Baton Rouge and London: Louisiana State University Press, 1988）, p.119.

25 道格拉斯对此的最佳描述，见 Frederick Douglass, *Life and Times of Frederick Douglass*（New York: Macmillan, 1962）, p.199。亦可参见 Philip M. Hamer,

"Great Britain, the United States and the Negro Seamen's Acts" 和 "British Consuls and the Negro Seamen's Acts, 1850—1860," *Journal of Southern History* 1 (1935): 3—28, 138—168。在丹麦·维西领导的叛乱发生之后，法律要求自由黑人水手的船只停泊在码头时，把黑人关进监狱，以最小化黑人在港口必定会带来的政治问题。

26 Linebaugh, "Atlantic Mountains," p.119.

27 Paul Gilroy, "Art of Darkness, Black Art and the Problem of Belonging to England," *Third Text* 10 (1990). 对特纳画作非常不同的阐释见 Albert Boime, *The Art of Exclusion: Representing Blacks in the Nineteenth Century* (London: Thames and Hudson, 1990)。

28 Patrick Wright, *On Living in an Old Country* (London: Verso, 1985).

29 Bernard Semmel, *Jamaican Blood and the Victorian Conscience* (Westport, Conn.: Greenwood Press, 1976). 亦可参见 Gillian Workman, "Thomas Carlyle and the Governor Eyre Controversy," *Victorian Studies* 18, no.1 (1974): 77—102。

30 Vol.1, sec.5, ch.3, sec.39. W. E. B. 杜波依斯担任《危机》(*The Crisis*)的编辑时，重印了这个脚注。见 vol.15 (1918): 239。

31 Eric Hobsbawm, "The Historians' Group of the Communist Party," in M. Cornforth, ed., *Essays in Honour of A. L. Morton* (Atlantic Highlands, N.J.: Humanities Press, 1979).

32 Linebaugh, "Atlantic Mountains." 这也是马库斯·雷迪克在他卓越的书中采取的策略。见 Marcus Rediker, *Between the Devil and the Deep Blue Sea* (Cambridge: Cambridge University Press, 1987)。

33 "当一个人把方向、速度和时间变量的向量纳入考虑时，一个空间就存在了。因此空间是由动态元素的交集构成的。在某种意义上它是由其中运动的整体构成的。" Michel de Certeau, *The Practice of Everyday Life* (Berkeley and London: University of California Press, 1984), p.117.

34 见 Michael Cohn and Michael K. Platzer, *Black Men of the Sea* (New York: Dodd, Mead, 1978)。我高度依赖于 George Francis Dow 的选集 *Slave Ships and Slaving*, publication no.15 of the Marine Research Society (1927; rpt. Cambridge, Md.: Cornell Maritime Press, 1968)，其中包括有价值的 18 和 19 世纪材料的选段。在英国，我发现匿名出版的研究 *Liverpool and Slavery* (Liverpool: A. Bowker and Sons, 1884) 很有价值。黑人船长出版的回忆录也指向了许多新的文化间和跨文化的研究问题。船长哈里·迪恩的书包括了其他地方未记录的关于泛非主义实际政治的有趣材料。Harry Dean, *The Pedro Gorino: The Adventures of a Negro Sea Captain in Africa and on the Seven Seas in His attempts to Found an Ethiopian Empire* (Boston and New York: Houghton Mifflin, 1929). 船长休·穆扎克的自传包含了对船只在加维运动中起到的作用的有价值观察。Hugh Mulzac, *A Star to Steer By* (New York: International Publishers, 1963). 罗伯塔·希尔突出后奴隶制时期牙买加和非洲之间复杂关系的重要文章，指

向了对拉斯塔法里教历史的黑色大西洋重读。Robert A. Hill, "Dread History: Leonard P. Howell and Millenarian Visions in Early Rastafari Religions in Jamaica," *Epoché: Journal of the History of Religions* at *UCLA* 9（1981）: 30—71.

35　Stephen Greenblatt, *Marvellous Possessions*（Oxford: Oxford University Press, 1992）. 亦可参见 Pratt, *Imperial Eyes*。

36　James T. Clifford, "Travelling Cultures," in *Cultural Studies*, ed. Lawrence Grossberg et al.（New York and London: Routledge, 1992）, and "Notes on Theory and Travel," *Inscriptions* 5（1989）.

37　*Manchester Weekly Advertiser*, July 21, 1860; *Punch*, July 28, 1860; *The Morning Star*, July 18, 1860; and F. A. Rollin, *Life and Public Services of Martin R. Delany*（Lee and Shepard: Boston, 1868）, p.102.

38　Peter Winzen, "Treitschke's Influence on the Rise of Imperialist and Anti-British Nationalism in Germany," in P.Kennedy and A. Nicholls, eds., *Nationalist and Racialist Movements in Britain and Germany before 1914*（Basingstoke: Macmillan, 1981）.

39　Ida B. Wells quoted in Vron Ware, *Beyond the Pale: White Women, Racism, and History*（London and New York: Verso, 1992）, p.177.

40　Carolyn Ashbaugh, *Lucy Parsons: American Revolutionary*（Chicago: Charles H. Kerr, 1976）. 我要感谢托米·洛特（Tommy Lott）对这条脚注的帮助。

41　Frank Hooker, *Black Revolutionary: George Padmore's Path from Communism to Pan-Africanism*（London: Pall Mall Library of African Affairs, 1967）.

42　William S. McFeely, *Fredrick Douglass*（New York: W.W. Norton. 1991）, p.329.

43　Michel Fabre, *Black American Writers in France, 1840—1980*（Urbana and Chicago: University of Illinois Press, 1991）.

44　Ursula Broschke Davis, *Paris without Regret*（Iowa City: University of Iowa Press, 1986）, p.102.

45　我会在第五章中挑战这个观点。

46　这一策略相关的一些问题已经被康奈尔·韦斯特讨论过了。见 Cornel West, "Minority Discourse and the Pitfalls of Canon Formation," *Yale Journal of Criticism* 1, no.1（Fall 1987）: 193—201。

47　Molefi Kete Asante, *Kemet, Afrocentricity and Knowledge*（Trenton, N.J.: Africa World Press, 1990）, p.112.

48　Martin R. Delany, *Principia of Ethnology: The Races and Color, with an Archeological Compendium of Ethiopian and Egyptian Civilisation from Years of Careful Examination and Enquiry*（Philadelphia: Harper and Brother, 1879）, p.95.

49　德拉尼反对提名一位黑人副总统候选人的提议，见 *New York Tribune*, August 6, 1867, p.1。

50　R. Blackett, "In Search of International Support for African Colonisation: Martin R. Delany's Visit to England, 1860," *Canadian Journal of History* 10, no.3（1975）.

51 德拉尼的这一方面可参见其作品"Comets," *Anglo-African Magazine* 1, no.2（February 1859）: 59—60。
52 Thomas Szasz, "The Sane Slave: An Historical Note on the Use of Medical Diagnosis as Justificatory Rhetoric," *American Journal of Psychotherapy* 25（1971）: 228—239; J. D. Guillory, "The Pro-slavery Arguments of S. A. Cartwright," *Louisiana History* 9（1968）: 209—227.
53 Ann Dally, *Women under the Knife*（London: Radius, 1991）.
54 Dorothy Sterling, *The Making of an Afro-American: Martin Robison Delany, 1812—1885*（New York: Doubleday, 1971）, p.139.
55 Nell Irvin Painter, "Martin R. Delany," in L. Litwak and A. Meier, eds., *Black Leaders of the Nineteenth Century*（Urbana and London: University of Illinois Press, 1988）.
56 W. Montague Cobb, "Martin Robison Delany," *Journal of the National Medical Association* 44（May 1952）.
57 参见哈佛医学院的 Countway 图书馆有关德拉尼的资料。Records of the Medical Faculty of Harvard University, vol.2, minutes of meetings on November 4 and 23, 1850. 学生们在 12 月 10 日和 11 日提交了反对黑人学生的存在的请愿书。德拉尼在哈佛的经历与威廉斯·威尔斯·布朗 1851 年在爱丁堡的医学院观察到的三个有色人种年轻人的愉快处境相反。William Wells Brown, *Places and People Abroad*（New York: Sheldon, Lamport and Blakeman, 1855）, p.265.
58 *The Condition, Elevation, Emigration and Destiny of the Colored People of the United States Politically Considered*（Philadelphia: Published by the Author, 1852）, pp.12—13.
59 "美洲的中部和南部，无疑是这块大陆上有色人种的最终目的地和未来的家"。*The Condition, Elevation, Emigration and Destiny of the Colored People of the United States Politically Considered*, 第 21 和 22 章各处。
60 *The Condition, Elevation, Emigration and Destiny of the Colored People of the United States Politically Considered*, pp.168—169.
61 C. Peter Ripley, ed., *The Black Abolitionist Papers*, vol.2: *Canada, 1830—1865*（Chapel Hill and London: University of North Carolina Press, 1986）.
62 *Official Report of the Niger Valley Exploring Party*, 重版 为 *Search for a Place: Black Separatism and Africa, 1860*, intro. by Howard H. Bell（Ann Arbor: University of Michigan Press, 1969）。
63 *Search for a Place: Black Separatism and Africa, 1860*, p.64.
64 *Search for a Place: Black Separatism and Africa, 1860*, pp.101—106.
65 Delany, *The Condition*, p.215.
66 Delany, *The Condition*, p.196.
67 Delany, *Report of the Niger Valley Exploring Party*, pp.110—111.
68 William W. Austin, " *Susanna*, " " *Jeanie*" and " *The Old Folks at Home*": The

Songs of Stephen C. Foster from His Time to Ours (Urbana and Chicago: University of Illinois Press, 1987).

69 Giles Deleuze and Felix Guattari, "Rhizome," *Ideology and Consciousness* 8 (1980), and *A Thousand Plateaus* (London: Athlone Press, 1988), pp.3—25.

70 Martin Delany, *Blake; or, The Huts of America*, pt.II, ch.61 (Boston: Beacon Press, 1970).

71 这个短语来自赖特的小说《局外人》。*The Outsider* (New York: Harper and Row, 1953), p.129. 赖特在文集《白人听着!》中,用"双重存在"的短语来描述同样的意思。见本书第五章的论述。*White Man Listen!* (Garden City, N.Y.: Anchor Books, 1964).

72 Edouard Glissant, *Le discours antillais* (Paris: Editions du Seuil, 1981).

73 Stuart Hall, "New Ethnicities," in K. Mercer, ed., *Black Film: British Cinema* (London: lCA Documents 7, 1988), p.28.

74 *Ten.82*, no.3 (1992). 这一期名为《关键的十年》。

75 Etienne Balibar and Immanuel Wallerstein, *Race, Nation, Class* (London and New York: Verso, 1991).

76 Nelson George, *The Death of Rhythm and Blues* (London: Omnibus, 1988).

77 我要强调这里我的批判对象是这些文化形式合并形成的一种未经思考的民族概念。无疑,长期以来某些文化形式与社会和政治力量接合在了一起。这些形式被人们经历、体验,就好像它们是种族和族群特殊性的自然化身。这可能甚至是共同的阐释活动形成的群体的本质属性。但是,民族观念不能被借用来作为理解这一过程的特殊动态的现成方式。

78 W. E. B. Du Bois, *Dusk of Dawn*, in *Dubois Writings* (New York: Library of America, 1986), p.577.

79 Zygmunt Bauman, "The Left As the Counterculture of Modernity," *Telos* 70 (Winter 1986—87): 81—93.

80 在我看来,安东尼·杰克逊对詹姆斯·詹姆森贝斯风格的阐释,说明了需要对黑人音乐创造性的形式和动态进行的详细批判性工作的类型。他关于詹姆森对和声、旋律模糊性的运用与对不和谐音的选择性使用的评论是极其有用的。收录了杰克逊文章的书被用于满足表演音乐家而不是文化史学家的需求,这指涉的是文化史的现状而不是杰克逊及其合作者工作的意义。"An Appreciation of the Style," in Dr. Licks, ed., *Standing in the Shadows of Motown* (Detroit: Hal Leonard, 1989).

81 此处我想到的是赖特在《白人听着!》中的《美国黑人的文学传统》一文中对"斗嘴"的讨论以及列维纳斯在另一个语境中对无用的苦难的评论:"无用且不公正的苦难被暴露和展示……在没有任何安慰的神正论的庇护下"。参见 "Useless Suffering," in R. Bernasconi and D. Wood, eds., *The Provocation of Levinas* (London: Routledge, 1988). 乔恩·斯宾塞对他所称的布鲁斯神正论的有深度但过于基督教的讨论也与之相关。Jon Michael Spencer, *The*

Theology of American Popular Music, a special issue of *Black Sacred Music* 3, no.2 (Durham, N.C.: Duke University Press, Fall 1989). 由于篇幅所限，这里我不能展开对斯宾塞的批判。
82 *There Ain't No Black in the Union Jack: The Cultural Politics of Race and Nation* (London: Hutchinson, 1987), ch.5.
83 Cedric Robinson, *Black Marxism* (London: Zed Press, 1982).
84 这个概念及其平行概念"变形的政治"，源自塞拉·本哈比有启发性的书《批判、规范和乌托邦》。Seyla Benhabib, *Critique, Norm and Utopia* (New York: Columbia University Press, 1987).
85 T. W. Adorno, *Aesthetic Theory* (London: Routledge, 1984), p.196.
86 Salman Rushdie, *Is Nothing Sacred?* The Herbert Read Memorial Lecture 1990 (Cambridge: Granta, 1990), p.16.

第二章　男主人、女主人、奴隶和现代性的二律背反

1 Edward Said, "Representing the Colonised," *Critical Inquiry* 15, no.2 (Winter 1989): 222.
2 Jean-Francois Lyotard, "Defining the Postmodern," in L. Appignanesi, ed., *Postmodernism* (London: ICA documents 4, 1986).
3 爱德华·萨义德开创性的著作《东方学》与沿着其他方向发展福柯思路的批评家、文化史家的作品标记出其他可能性。Edward Said, *Orientalism* (Harmondsworth: Penguin, 1985); Peter Hulme, *Colonial Encounters* (London: Methuen, 1986); V. Y. Mudimbe, *The Invention of Africa* (Bloomington and Indianapolis: Indiana University Press, 1988).
4 Jurgen Habermas, "Modernity: An Incomplete Project," in Hal Foster, ed., *Postmodern Culture* (London: Pluto Press, 1983).
5 Marshall Berman, *All That Is Solid Melts into Air* (London: Verso, 1983); Peter Dews, ed., *Habermas: Autonomy and Solidarity* (London: Verso, 1986); Zygmunt Bauman, *Legislators and Interpreters* (Cambridge: Polity Press, 1987); Andreas Huyssen, *After the Great Divide* (Bloomington and Indianapolis: Indiana University Press, 1986); David White, *The Recent Work of Jurgen Habermas: Reason, Justice and Modernity* (Cambridge: Cambridge University Press, 1988); David Ingram, *Habermas and the Dialectic of Reason* (New Haven and London: Yale University Press, 1987); Cornel West, "Fredric Jameson's Marxist Hermeneutic," in Jonathan Arac, ed., *Postmodernism and Politics* (Manchester: Manchester University Press, 1986); Alice A. Jardine, *Gynesis: Configurations of Women and Modernity* (Ithaca and London: Cornell University Press, 1985); David Kolb, *The Critique of Pure Modernity* (Chicago and London: Chicago University Press, 1986); John McGowan, *Postmodernism and Its Critics* (Ithaca and London:

Cornell University Press, 1991); William E. Connolly, *Political Theory and Modernity* (Oxford: Basil Blackwell, 1988).

6 Bauman, *Legislators and Interpreters*. 最近贝尔·胡克斯和康奈尔·韦斯特合作的书《掰碎面包》对黑人知识分子（他们很少是学院派）的特殊特征和定位进行了有意义的讨论。bell hooks and Cornel West, *Breaking Bread* (Boston: South End Press, 1991).

7 Montesquieu, *Persian Letters* (Harmondsworth: Penguin, 1986), p.83.

8 *Patterns of Dissonance* (Cambridge: Polity Press, 1991), p.193.

9 Berman, *All That is Solid Melts into Air*, p.132.

10 Berman, *All That is Solid Melts into Air*, p.15.

11 *The Politics of Authenticity: Radical Individualism and the Emergence of Modern Society* (London: George Allen and Unwin, 1971), p.317.

12 *The Politics of Authenticity: Radical Individualism and the Emergence of Modern Society* (London: George Allen and Unwin, 1971), p.317.

13 "The Signs in the Street: A Response to Perry Anderson," *New Left Review* 144 (1984).

14 "Urbicide," *Village Voice* 29 no.36 (September 4, 1984).

15 Manuel Moreno Fraginals, *The Sugar Mill: The Socioeconomic Complex of Sugar in Cuba* (New York: Monthly Review Press, 1976).

16 Berman, "Urbicide," p.25.

17 Berman, "Urbicide," p.17.

18 有关日常经历的文化融合的研究现在开始出现。麦坎·索贝尔一书在我看来是这方面的范例，见 Mechal Sobel, *The World They Made Together: Black and White Values in Eighteenth-Century Virginia* (Princeton, N.J.: Princeton University Press, 1987)。

19 大卫·布里恩·戴维斯的作品是个重要的例外，但他是位美国人，并且是位历史学家。

20 Habermas, *The Philosophical Discourse of Modernity*, 1987, p.28.

21 Habermas, *The Philosophical Discourse of Modernity*, 1987, p.43.

22 David Brion Davis, *The Problem of Slavery in the Age of Revolution, 1770—1823* (Ithaca and London: Cornell University Press, 1975).

23 A. Kojève, *Introduction to the Reading of Hegel* (New York: Basic Books, 1969); Hussein A. Bulhan, *Frantz Fanon and the Psychology of Oppression* (New York: Plenum Press, 1985). 那些认为黑格尔的意思是未来属于奴隶的人与那些认为黑格尔的话指向了一个超越主奴关系的世界的人，他们的分歧是严重的，前者的支持者有德勒兹。见 Deleuze, *Nietzsche and Philosophy* (London: Athlone Press, 1983)。

24 Sandra Harding, *The Science Question in Feminism* (Milton Keynes: Open University Press, 1986), p.158; Nancy Hartsock, *Money, Sex and Power*

(Boston: Northeastern University Press, 1983), p.240.
25 比如，希尔·柯林斯对内部的局外人的强调，可以被轻易地包括在"双重意识""双重视角"和在本书其他地方讨论的"令人不快的客观性"的概念中。有意思的是，她没有试图把作品中的这个主题与非裔美国政治文化中的这类观念联系起来。Patricia Hill Collins, "Learning from the Outsider Within: The Sociological Significance of Black Feminist Thought," *Social Problems* 33, no.6 (1986): 14—32.
26 Patricia Hill Collins, *Black Feminist Thought: Knowledge, Consciousness and the Politics of Empowerment* (New York and London: Routledge, 1991), p.27. 希尔·柯林斯敦促她的读者将传统认识论的假设相互分离的解构狂热，在处理关键词"女性"和"知识分子"之后耗尽了。这早在她处理关键词"黑人"和"非洲中心"（二者似乎并未受到这种批判性操作的影响）之前就耗尽了（见第 17 页）。
27 Patricia Hill Collins, *Black Feminist Thought*, p.40.
28 Patricia Hill Collins, *Black Feminist Thought*, pp.32—33.
29 Patricia Hill Collins, *Black Feminist Thought*, p.23.
30 Jane Flax, *Thinking Fragments* (Berkeley and Oxford: University of California Press, 1990).
31 Trans. J. B. Baillie (New York: Harper and Row, 1967), ch.4.
32 Cornel West, "The Religious Foundations of the Thought of Martin Luther King, Jr.," in *We Shall Overcome: Martin Luther King and the Black Freedom Struggle*, ed. Peter J. Albert and Ronald Hoffman (New York: Pantheon, 1990).
33 Quoted by Kimberley Benston in *Baraka* (New Haven: Yale University Press, 1976), p.90. 对巴拉卡和黑格尔关系的讨论，见 Esther M. Jackson, "LeRoi Jones (Imamu Amiri Baraka): Form and the Progression of Consciousness," in Kimberly W. Benston, ed., *Imamu Amiri Baraka (LeRoi Jones): Twentieth Century Views* (Englewood Cliffs, N.J.: Prentice Hall, 1978)。
34 *Being and Nothingness* (London: Methuen 1969), bk. 1, pp.157—158.
35 Eric Foner, *Nothing but Freedom* (Baton Rouge and London: Louisiana State University Press, 1983), p.1.
36 Walter Benjamin, "Paris: The Capital of the Nineteenth Century," in *Charles Baudelaire: A Lyric Poet in the Era of High Capitalism* (London: Verso, 1976), p.159. 亦可参见 Richard Wolin, *Walter Benjamin: An Aesthetic of Redemption* (New York: Columbia University Press, 1982)。
37 Andrew Benjamin, "Tradition and Experience," in Andrew Benjamin, ed., *The Problems of Modernity* (London: Routledge, 1989).
38 见奥兰多·帕特森对黑格尔的讨论。Orlando Patterson, *Slavery and Social Death* (Cambridge, Mass.: Harvard University Press, 1982), pp.97—101.
39 Dominique Lecourt, "On Marxism as a Critique of Sociological Theories," in M. O'Callaghan, ed., *Sociological Theories: Race and Colonialism* (Paris:

UNESCO, 1980), p.267.
40. "在人和牲畜之间，上帝创造了一个第三物，并称它为黑人———一种小丑般的、简单的生物，有时在其界限内是令人喜爱的，但是注定只能在遮蔽下行走。" *The Souls of Black Folk* (1903; New York: Bantam, 1989), p.63.
41. 对这些呼求的批判，见 Joan Wallach Scott, "The Evidence of Experience," *Critical Inquiry* 17 (Summer 1991): 773—797。
42. Michel Foucault, "What Is Enlightenment?" in *The Foucault Reader*, ed. Paul Rabinow (Harmondsworth: Peregrine, 1986), p.50.
43. George Shepperson, "Frederick Douglass and Scotland," *Journal of Negro History* 38, no.3 (1953): 307—321.
44. Waldo E. Martin, *The Mind of Frederick Douglass* (Durham and London: University of North Carolina Press, 1984); L. Litwack and A. Meier, *Black Leaders of the Nineteenth Century* (Urbana and Chicago: University of Illinois Press, 1988); William S. McFeely, *Frederick Douglass* (New York: W. W. Norton, 1991).
45. *The Life and Times of Frederick Douglass* (New York: Macmillan, 1962); *My Bondage and My Freedom* (New York and Auburn: Miller, Orton and Mulligan, 1855); and *Narrative of the Life of Frederick Douglass, An American Slave, Written by Himself* (Cambridge, Mass.: Harvard University Press, 1960). 以下引文均来自这些版本的著作。
46. Douglass, *My Bondage and My Freedom*, p.49.
47. Douglass, *My Bondage and My Freedom*, p.50.
48. Douglass, *My Bondage and My Freedom*, p.198. 反宗教的主题也体现在许多其他叙述中，比如亨利·比伯对基督教和奴隶制的共谋的尖刻评论。同样参见利斯特维对道格拉斯的小说《英雄奴隶》的评论，见 Ronald Takaki, ed., *Violence in the Black Imagination: Essays and Documents* (New York: G. P. Putnam's Sons, 1972); and Robert B. Stepto, "Sharing the Thunder: The Literary Exchanges of Harriet Beecher Stowe, Henry Bibb and Frederick Douglass," in Eric Sundquist, ed., *New Essays on Uncle Tom's Cabin* (Cambridge: Cambridge University Press, 1986)。
49. *The Life and Writings of Frederick Douglass*, ed. Philip S. Foner, vol.2 (New York: International Publishers, 1950), pp.289—309.
50. Stephen Jay Gould, *The Mismeasure of Man* (Harmondsworth: Pelican, 1984), ch.2.
51. *Black Athena: The Afroasiatic Roots of Classical Civilization*, vol.1: *The Fabrication of Ancient Greece, 1785—1985* (London: Free Association Books, 1987).
52. Martin, *The Mind of Frederick Douglass*, ch.9.
53. George James, *Stolen Legacy: The Greeks Were Not the Authors of Greek*

Philosophy, but the People of North Africa, Commonly Called the Egyptians (San Francisco: Julian Richardson, 1976).

54 McFeely, *Frederick Douglass*, p.263.
55 Douglass, *My Bondage*, p.170.
56 Douglass, *My Bondage*, p.184.
57 Douglass, *My Bondage*, p.185.
58 Douglass, *My Bondage*, p.185. 在道格拉斯的三本自传中，他和科维的对抗都是一个重要的时刻。
59 Douglass, *My Bondage*, p.187.
60 Douglass, *My Bondage*, p.190.
61 Jacques Lacan, *Écrits: A Selection* (London: Tavistock, 1977), p.308.
62 Patterson, *Slavery and Social Death*.
63 这里我想到的是威廉·威尔斯·布朗的小说《克劳特尔还是总统的女儿：美国奴隶生活的叙事》和《克劳特尔：南方州的一个故事》中克劳特尔/伊莎贝拉（托马斯·杰斐逊不幸的奴隶女儿）在波托马克河冰水中的自杀。William Wells Brown, *Clotel; or, The President's Daughter, A Narrative of Slave Life in the United States* (1853; rpt. New York: Collier Books, 1970) and *Clotelle: A Tale of the Southern States* (Boston: Redpath, 1864).《克劳特尔》一书的第16章名为《死亡就是自由》。
64 亦可参见罗纳德·高木在《黑人想象中的暴力》中对威廉·威尔斯·布朗和马丁·德拉尼作品中这一主题的讨论，以及 L. F. Goldstein, "Violence as an Instrument of Social Change: The Views of Frederick Douglass (1817—1895)," *Journal of Negro History* 61, pt. 1 (1976)。
65 *Darkwater Voices from within the Veil* (New York: Harcourt Brace and Co., 1921), p.176.
66 托妮·莫里森的小说似乎受到了当时哈里斯·米德莱顿的描述的影响。Harris Middleton et al., eds., *The Black Book* (New York: Random House, 1974), p.10. 莫里森在兰登书屋工作时曾负责编辑这一卷书。
67 *Annual Report Presented to the American Anti-Slavery Society*, New York, May 1856, pp.44—47. Levi Coffin, *Reminiscences of Levi Coffin, the Reputed President of the Underground Railroad* (Cincinnati, 1876, rpt. New York: Augustus Kelley, 1968), p.560. 对报纸报道的大多数引用都出自这篇文章，见 Julius Yanuck, "The Garner Fugitive Slave Case," *Mississippi Valley Historical Review* 40 (June 1953): 47—66。亦可参见 Herbert Aptheker, "The Negro Woman," *Masses and Mainstream* 2 (February 1949): 10—17。
68 *Reminiscences of Levi Coffin*, p.562.
69 Stanley W. Campbell, *The Slave Catchers: Enforcement of the Fugitive Slave Law, 1850—1860* (Chapel Hill: University of North Carolina Press, 1968).
70 *Reminiscences of Levi Coffin*, p.560.

71 *New York Daily Times*, February 16, 1856.
72 它被重印在《黑人之书》(The *Black Book*)中。
73 *Annual Report Presented to the American Anti-Slavery Society*, p.45.
74 *New York Daily Times*, February 2, 1856; *Cincinnati Commercial*, January 30, 1856.
75 *Cincinnati Daily Gazette*, January 29, 1856.
76 Alice Stone Blackwell, *Lucy Stone: Pioneer of Women's Rights* (Boston: Little, Brown, 1930), pp.183—184.
77 考芬称她在法庭上听到了这些话。这一报道来自她的描述。对此的进一步描述来自《露西·斯通》中的爱丽丝·斯通·布莱克维尔:"斯通拜访狱中的玛格丽特·加纳时,曾问加纳是否有小刀,以防她要被送回种植园当奴隶。在法庭上,斯通女士被问到她是否为玛格丽特提供了小刀。她回答道:'我的确问过她。如果我像她一样是个奴隶,法律不站在我这边,教会不站在我这边,手头没有死亡的武器,我会用自己的牙齿咬开血管,把我的灵魂送到上帝那里去。'"见 *Lucy Stone*, p.184。
78 *Reminiscences of Levi Coffin*, p.565; *Cincinnati Daily Gazette*, February 14, 1856.
79 "A Coloured Lady Lecturer," *Englishwoman's Review* 7 (June 1861): 269—275; Mathew Davenport Hill, ed., *Our Exemplars, Poor and Rich* (London: Peter Cassell and Co., 1861), pp.276—286 (我要感谢克莱尔·麦基莱对这条注释的帮助); Ruth Bogin, "Sarah Parker Remond: Black Abolitionist from Salem," *Essex Institute Historical Collections* 110 (April 1974): 120—150; Dorothy Porter, "Sarah Parker Remond, Abolitionist and Physician," *Journal of Negro History* 20 (July 1935): 287—293。
80 *Journals of Charlotte Forten Grimké*, ed. B. Stephenson (New York and Oxford: Oxford University Press, 1988), pp.116—117 (entry for December 17, 1854). 部分是因为他们作为医生的共同职业,雷蒙德从新英格兰到罗马的旅程与第一章讨论的马丁·德拉尼的经历形成了有趣的对照。
81 *Warrington Times*, January 29, 1859; C. Peter Ripley, ed., *The Black Abolitionist Papers*, vol.1 (Chapel Hill and London: University of North Carolina Press, 1985), pp.437—438.
82 Douglass, *Narrative*, p.49.
83 William L. Andrews, *To Tell a Free Story* (Urbana and Chicago: University of Illinois Press, 1986).
84 H. L. Gates, Jr., *Figures in Black: Words, Signs, and the "Racial" Self* (Oxford and New York: Oxford University Press, 1986).
85 Andrews, *To Tell a Free Story*, p.103.
86 Douglass, *Narrative*, p.56.
87 W. E. B. Du Bois, *Black Reconstruction in America* (New York: Atheneum,

1977), p.703.

第三章 "奴役中诞生的珍珠":黑人音乐和本真性的政治

1　Andrew Bowie, *Aesthetics and Subjectivity* (Manchester: Manchester University Press, 1990), p.68.
2　理查德·赖特坚持认为布鲁斯音乐仅仅是对苦难的感性表现,呼应了这些观点。
3　"古典和现代之间的门槛……在词不能够再现并为知识提供自发的网格时无疑被跨越了"。Michel Foucault, *The Order of Things* (London: Tavistock, 1974), p.304.
4　Frederick Douglass, *Narrative of the Life of Frederick Douglass, An American Slave, Written by Himself* (Cambridge, Mass.: Harvard University Press, 1960), p.46.
5　St. Clair Drake, *Black Folks Here and There*, Afro-American Culture and Society Monograph Series no.7 (Los Angeles: University of California, 1987).
6　Edouard Glissant, *Caribbean Discourse*, trans. J. Michael Dash (Charlottesville: University of Virginia Press, 1989), p.248; John Baugh, *Black Street Speech* (Austin: University of Texas Press, 1983).
7　Robert Farris Thompson, *Flash of the Spirit* (New York: Vantage Press, 1983) and "Kongo Influences on African-American Artistic Culture," in J. E. Holloway, ed., *Africanisms in American Culture* (Bloomington and Indianapolis: Indiana University Press, 1990).
8　bell hooks and Cornel West, *Breaking Bread* (Boston: South End Press, 1991).
9　我们还能够遵循克里斯蒂娃的观点,认为部分定义了这些艺术家经历的流亡处境也复杂化了他们对异议的体验。"A New Type of Intellectual: The Dissident," in Toril Moi, ed., *The Kristeva Reader* (Oxford: Basil Blackwell, 1986).
10　Robert Proctor, *Value-Free Science? Purity and Power in Modern Knowledge* (Cambridge, Mass.: Harvard University Press, 1991); Donna Haraway, "Manifesto For Cyborgs," in Linda Nicholson, ed., *Feminism/ Postmodernism* (New York and London: Routledge, 1990).
11　Paul Gilroy, "Living Memory: An Interview with Toni Morrison," in Paul Gilroy, *Small Acts* (London: Serpent's Tail, forthcoming).
12　Ralph Ellison, *Shadow and Act* (New York: Random House, 1964), p.234.
13　C. L. R. James, *Notes on Dialectics* (London: Allison and Busby, 1980).
14　C. L. R. James, "The Mighty Sparrow," in *The Future in the Present* (London: Allison and Busby, 1978); Kathy Ogren, "'Jazz Isn't Just Me': Jazz Autobiographies as Performance Personas," in Reginald T. Buckner et al., eds., *Jazz in Mind: Essays on the History and Meanings of Jazz* (Detroit: Wayne State University Press, 1991).
15　Kobena Mercer, "Black Art and the Burden of Representation," *Third Text* 10

（Spring 1990），and "Looking for Trouble," *Transition* 51（1991）.
16 格里桑在《加勒比话语》(*Caribbean Discourse*) 和圣·克莱尔·德雷克在其两卷本的研究《这儿和那儿的黑人》(*Black Folk Here and There*) 中暗示性地探讨了离散概念。
17 Judith Butler, *Gender Trouble* (New York and London: Routledge, 1990); Jane Flax, *Thinking Fragments* (Berkeley and Oxford: University of California Press, 1990); E. Spelman, *Inessential Woman* (Boston: Beacon Press, 1988); Sandra Harding, "The Instability of Analytical Categories in Feminist Theory," in S. Harding and J. O'Barr, eds., *Sex and Scientific Enquiry* (Chicago: University of Chicago Press, 1988).
18 这些过程在古丽·查夏的电影《我是英国人但……》(*I am British But ...*) 中得到考察。
19 有关阿帕奇·印第安，见 John Masouri, "Wild Apache," *Echoes*, February 1, 1992, p.11; Laura Connelly, "Big Bhangra Theory," *Time Out*, February 19—26, 1992, p.18; Vaughan Allen, "Bhangramuffin," *The Face* 44 (May 1992): 104—107。
20 Malkit Singh, *Golden Star* (U.K.), "Ragga Muffin Mix 1991," remixed by Bally Sagoo, Star Cassette SC 5120. 我要感谢琪拉·库马里·伯曼（Chila Kumari Burman）对这条注释的帮助。
21 这里我想到的是洛杉矶战争乐队的街头放克音乐实验如何为现代主义雷鬼乐的实验做好了准备。连续播放战争乐队的《跌入黑暗》和哭泣者乐队的《起来，站起来》，你就会明白我的意思。
22 Dennis Wepman et al., *The Life: The Lore and Folk Poetry of the Black Hustler* (Philadelphia: University of Pennsylvania Press, 1976).
23 Henry Louis Gates, Jr., "Rap Music: Don't Knock It If You're Not onto Its 'Lies'," *New York Herald Tribune*, June 20, 1990.
24 Eric Berman, "A Few Words with Eric B. and Rakim," *Crossroads Magazine* 1, no.4 (December 1990): 10.
25 Cornel West, "Black Culture and Postmodernism," in B. Kruger and P. Mariani, eds., *Re-Making History* (Seattle: Bay Press, 1989).
26 特雷·埃利斯的文章《新黑人美学》，说明了随便、"一切都行"的后现代主义对黑人文化创作的危险。比如，黑人群体**内部**阶级对立这一深刻问题的消失就令人十分吃惊。埃利斯合并了不仅不同而且相反的形式，也没有严肃思考新黑人美学在黑人中产阶级——这个阶级试图反抗对黑人贫民文化命脉的依赖——单独一小部分中可能会有一种非常特殊、高度阶级化的表达的可能。Trey Ellis, "The New Black Aesthetic (N. B. A.)," *Callaloo* 12, no.1 (Winter 1989): 233—247.
27 Edward Said, "Travelling Theory," in *The World, the Text and the Critic* (London: Faber, 1983).

28 这里我想到的类比是分形几何,因为它使得如下的情况成为可能,即一条无限长的线能封闭一个有限的领域。它对总体性和无限性之间对立的呈现,突出体现了在有限的条件下能动性的可能大小。

29 彼得·莱尼博最近讨论了"禧年"这个词的词源以及与此相关的一些政治话语。Peter Linebaugh, "Jubilating," *Midnight Notes*, Fall 1990. 对欢庆歌咏队在英格兰演出的评论,见 *East Anglian Daily Times*, November 21, 1874; *Surrey Advertiser*, December 5, 1874。

30 John M. MacKenzie, ed., *Imperialism and Popular Culture* (Manchester: Manchester University Press, 1986).

31 Joel Boskin, *Sambo: The Rise and Demise of an American Jester* (New York and Oxford: Oxford University Press, 1986); R. C. Toll, *Blacking Up: The Minstrel Show in Nineteenth-Century America* (New York and Oxford: Oxford University Press, 1974).

32 L. D. Silveri, "The Singing Tours of the Fisk Jubilee Singers: 1871—1874," in G. R. Keck and S. V. Martin, eds., *Feel the Spirit: Studies in Nineteenth-Century Afro-American Music* (Westport, Conn.: Greenwood Press, 1989).

33 D. Seroff, "The Original Fisk Jubilee Singers and the Spiritual Tradition," pt. 1, *Keskidee* 2 (1990): 4.

34 J. B. T. Marsh, *The Story of the Jubilee Singers with Their Songs* (London: Hodder and Staughton, 1875), p.69.

35 Sam Dennison, *Scandalize My Name: Black Imagery in American Popular Music* (New York and London: Garland Press, 1982). William Wells Brown, comp., *The Anti-Slavery Harp: A Collection of Songs for Anti-Slavery Meetings, Compiled by William W. Brown, a Fugitive Slave* (Boston: Bela Marsh, 1848).

36 Marsh, *The Jubilee Singers*, p.36.

37 司柔福的研究中列举了 1871 年和 1878 年之间超过 20 个合唱团。

38 Gareth Stedman Jones, "Working-Class Culture and Working-Class Politics in London, 1870—1900: Notes on the Remaking of a Working Class," in Gareth Stedman Jones, *Languages of Class* (Cambridge: Cambridge University Press, 1983).

39 《汤姆叔叔的小屋》"伊娃变好"的版本,1878 年在伦敦的舞台上大受欢迎。Toll, *Blacking Up*; Barry Anthony, "Early Nigger Minstrel Acts in Britain," *Music Hall* 12 (April 1980); and Josephine Wright, "Orpheus Myron McAdoo," *Black Perspective in Music* 4, no.3 (Fall 1976).

40 这些活动被记录在格莱斯顿 1873 年 7 月 14 日和 7 月 29 日的日记中。除了歌手自身的文本外,对这些活动的详细描述见纽约 1873 年 8 月 21 日的《独立报》。亦可参见 Ella Sheppard Moore, "Historical Sketch of the Jubilee Singers," *Fisk University News* (October 1911): 42。

41 W. E. B. Du Bois, *The Souls of Black Folk* (New York: Bantam, 1989), p.179.

42 道格·司柔福在他有关费斯克歌咏队在英国期间的文章中，讨论了东伦敦的哈尼克少年团欢庆歌咏队的例子，它是费斯克歌咏队1973年6月到访哈尼克之后成立的"贫民儿童免费学校"。少年团的经理约翰·纽斯曼"感到这种从灵魂发出的歌唱不应当被忘记，并加快速度教少年团的孩子们唱歌咏队唱过的歌"。R. Lotz and I. Pegg, eds., *Under the Imperial Carpet: Essays in Black History, 1780—1950* (Crawley: Rabbit Press, 1986).

43 H. L. Gates, Jr., "The Trope of the New Negro and the Reconstruction of the Image of the Black," *Representations* 24 (1988): 129—156.

44 Alain Locke, ed. *The New Negro* (1925; rpt. New York: Atheneum, 1968), p.199.

45 Hazel Carby, "The Politics of Fiction, Anthropology and the Folk: Zora Neale Hurston," in Michael Awkward, ed., *New Essays on Their Eyes Were Watching God* (Cambridge: Cambridge University Press, 1990).

46 Zora Neale Hurston, "Spirituals and Neo-Spirituals," in Nancy Cunard, ed., *Negro* (1933; rpt. New York: Ungar Press, 1970), p.224.

47 Zora Neale Hurston, "The Characteristics of Negro Expression," in Cunard, *Negro*, p.31.

48 这份未出版剧本的几份手稿以及艾米莉·布朗（1944年拒绝了这份剧本的好莱坞剧本编辑）对此的评价，保存在耶鲁大学拜克档案馆的詹姆斯·威尔逊·约翰逊收藏中。布朗觉得这个剧本缺少它的主题应有的简单和高贵的特征。见"Jubilee" JWJ Wright 219。

49 "诺尔和米奇有时在谈话时会用种族蔑称。他们会在开玩笑时用'nigger'和'coon'（对黑人的蔑称）"。David Henderson, *'Scuse Me While I Kiss the Sky: The Life of Jimi Hendrix* (New York: Bantam, 1981), p.92. 有关开玩笑的人对这些聊天的陈述，见 Noel Redding and Carol Appleby, *Are you Experienced: The Inside Story of the Jimi Hendrix Experience* (London: Fourth Estate, 1990); Mitch Mitchell with John Platt, *Jimi Hendrix: Inside the Experience* (New York: Harmony, 1990); Harry Shapiro and Caesar Glebbeek, *Jimi Hendrix: Electric Gypsy* (London: Heinemann, 1990)。

50 Charles Shaar Murray, *Crosstown Traffic* (London: Faber, 1989), p.68.

51 马歇尔·伯曼在《本真性的政治》中讨论了性征和本真性的关系在启蒙运动中的形式。Marshall Berman, *The Politics of Authenticity* (London: George Allen and Unwin, 1971).

52 Nelson George, *The Death of Rhythm and Blues* (London: Omnibus Press, 1988), p.109.

53 Henderson, *'Scuse Me*, p.92.

54 兰德尔·格拉斯讨论了牙买加男性三重唱乐队的现象。见 Randall Grass, "Iron Sharpen Iron: The Great Jamaican Harmony Trios," in P. Simon, ed., *Reggae International* (London: Thames and Hudson, 1983)。这样的乐队有 the Heptones,

the Paragons, the Gaylads, the Meditations, the Itals, Carlton and the Shoes, Justin Hines and the Dominoes, Toots and the Maytals, Yabby Yu and the Prophets, the Gladiators, the Melodians, the Ethiopians, the Cables, the Tamlins, the Congoes, the Mighty Diamonds, the Abyssinians, Black Uhuru, Israel Vibration。当然还有哭泣者乐队,其成员内维尔·奥莱里(又名邦尼·利文斯通、邦尼·维勒)是这群人中最像印象合唱团的柯提斯·梅菲尔德的。

55 Nelson Mandela, speech in Detroit, June 29, 1990. 我要感谢耶鲁大学的苏西·史密斯对这条注释的帮助。
56 George, *The Death of Rhythm and Blues*. 书封。
57 Nick Kent, "Miles Davis Interview," *The Face* 78 (1986): 22—23. "他们让温顿演奏一些旧的欧洲音乐……温顿在演奏消逝了的音乐,这事任何人都能做,你要做的就是不断练习。我告诉他我不会屈服于那种音乐,他们应该高兴温顿这么有才华的人在演奏那些旧的东西。" Miles Davis with Quincy Troupe, *Miles: The Autobiography* (New York: Simon and Schuster, 1989), pp.360—361.
58 约翰·哈钦森在不同的背景下讨论了这些问题。John Hutchinson, *The Dynamics of Cultural Nationalism: The Gaelic Revival and the Creation of the Irish Nation State* (London: Allen and Unwin, 1987).
59 Alexander Crummell, *Africa and America* (Springfield, Mass.: Willey and Co. 1891), p.46.
60 Du Bois, *The Souls of Black Folk*, p.139.
61 Houston A. Baker, Jr., *Modernism and the Harlem Renaissance* (Chicago: University of Chicago Press, 1987), pp.105—106.
62 Kobena Mercer, "Monster Metaphors: Notes on Michael Jackson's 'Thriller'," *Screen* 27, no.1 (1986).
63 在女权主义政治理论的背景下,朱迪斯·巴特勒在《性别麻烦》中提出了相似的观点。Judith Butler, *Gender Trouble* (New York and London: Routledge, 1990).
64 Michel Foucault, *Discipline and Punish* (London: Penguin, 1979), p.29.
65 Michel de Certeau, *The Practice of Everyday Life* (Berkeley and London: University of California Press, 1988), p.xvii.
66 T. W. Adorno, "On the Fetish Character in Music and the Regression of Listening," in A. Arato and E. Gebhardt, eds., *The Essential Frankfurt School Reader* (Oxford: Basil Blackwell, 1978).
67 Ronnie Laws, *Identity* (Hype Mix), A. T. A. Records LSNCD 30011, 1990.
68 "……我们必须不把对一首歌的表演看作是确定的,而看作是一种情绪的产物。下周的表演就是不一样的东西了"。Hurston, "Spirituals and Neo Spirituals," p.224.
69 Jean Baudrillard, *Fatal Strategies* (New York and London: Semiotext(e), 1990), p.118.
70 LL Cool J, *Round the Way Girl*, Def Jam 4473610 12″.

71　Raymond Horricks, *Quincy Jones*（London：Spellmount Ltd./Hippocrene Books Inc.），1985.
72　Quincy Jones, *Listen Up*, Qwest 926322-2 compact disc.
73　琼斯在接受英国第四台的电视媒体秀《黑人黄金时间》的采访时做出了这一评论，这个节目由曼迪·罗斯制作，在 1990 年 10 月播放。
74　Quincy Jones, *Back on The Block*, Qwest LP 26020-1.
75　Quincy Jones, *Listen Up: The Many Lives of Quincy Jones*（New York：Warner Books, 1990），p.167.

第四章　"鼓舞疲惫的旅客"：W.E.B. 杜波依斯、德国和（非）定居的政治

1　Immanuel Geiss, *The Pan-African Movement*（London：Methuen, 1974）.
2　W. E. B. Du Bois, *The Souls of Black Folk*（New York：Bantam, 1989），p.154.
3　W. E. B. Du Bois, *Dusk of Dawn*（New York：Library of America, 1986），p.590.
4　Frederick Douglass, "The Negro Exodus from the Gulf States," *Journal of Social Science* 11（May 1880）：1—21.
5　Arnold Rampersad, *The Art and Imagination of W. E. B. Du Bois*（New York：Schocken Books, 1990）.
6　W. E. B. Du Bois, *The Autobiography of W. E. B. Du Bois*（New York：International Publishers, 1968），p.122.
7　W. E. B. Du Bois, *The Autobiography of W. E. B. Du Bois*（New York：International Publishers, 1968），p.108.
8　Du Bois, *Dusk of Dawn*, p.627.
9　兰珀萨德在杜波依斯的思想中找到了"安德鲁·杰克逊思想的痕迹"。见 Arnold Rampersad, *The Art and Imagination of W. E. B. Dubois*, p.217. 曼宁·马拉布林在他所写的传记中，将杜波依斯的思想理解得更为激进。Manning Marable, *W. E. B. Dubois：Black Radical Democrat*（Boston：G. K. Hall, 1986）.
10　Du Bois, *The Souls*, p.114.
11　Du Bois, *The Souls*, pp.62—63.
12　有关这一时期反对私刑的政治斗争，见 Ida B. Wells, "Southern Horrors：Lynch Law in All Its Phases," in Trudier Harris, ed., *The Selected Works of Ida B. Wells Barnett*（New York and Oxford：Oxford University Press, 1991）. 更一般性的概述，见 Herbert Shapiro, *White Violence and Black Response：From Reconstruction to Montgomery*（Amherst：University of Massachusetts Press, 1988）. 对这个事件对杜波依斯的影响最有趣（尽管细节不准确）的讨论来自艾利森·戴维斯的心理学研究，见 Allison Davis, *Leadership, Love and Aggression*（New York：Harcourt Brace Jovanovich, 1983）. 杜波依斯对此的描述见《自传》的第 222 页和《黎明前的黑暗》的第 602—603 页。杜波依斯曾告诉他全集的编辑赫伯特·阿普特克"那天我体内的某部分死去了"。见阿普特克给《黑公主》的重

印版写的导言, *Dark Princess* (Millwood, N.Y.: Kraus Thomson, 1974), p.17。
13 Du Bois, *Dusk of Dawn*, p.738.
14 Du Bois, *The Souls*, p.79.
15 Du Bois, *The Souls*, p.76.
16 Du Bois, *The Souls*, p.59.
17 Cedric Robinson, *Black Marxism* (London: Zed Press, 1981).
18 Du Bois, *The Souls*, p.145.
19 说到底,这就是年轻人在脖子上戴着非洲形状的坠饰的原因。
20 Houston A. Baker, Jr., *Modernism and the Harlem Renaissance* (Chicago: University of Chicago Press, 1987).
21 有一处引用来自《圣经》。最后一篇关于"悲歌"的文章引用了《圣经》中讨论的一首歌的片段。
22 亨利·路易斯·盖茨在缩略版《黑人的灵魂》有价值的导论中提出了这一点。休斯顿·贝克在《漫长的黑人之歌》中也这样认为,见 Houston Baker, *Long Black Song* (Charlottesville: University Press of Virginia, 1990)。罗伯特·斯坦普多在《帷幕之后》中认为《黑人的灵魂》的三部分是停滞、沉浸和上升,见 Robert Stepto, *From Behind the Veil* (Urbana and Chicago: University of Illinois Press, 1979)。阿诺德·兰珀萨德认为《黑人的灵魂》的最后一部分因其对黑人精神性的关注而被界定和统一,我对该书结构的理解与兰珀萨德最接近。
23 Du Bois, *Dusk of Dawn*, pp.639—670.
24 *The Negro* (New York: Henry Holt, 1915); *Black Folk: Then and Now* (New York: Henry Holt, 1939); *The World and Africa* (New York: International Publishers, 1965).
25 Du Bois, *The Souls*, p.29.
26 Du Bois, *The Souls*, p.21.
27 Du Bois, *The Souls*, p.47.
28 Du Bois, *The Souls*, p.57.
29 Du Bois, *The Souls*, p.136.
30 Du Bois, *The Souls*, p.134.
31 Du Bois, *The Souls*, p.52.
32 Du Bois, *The Souls*, p.186.
33 James Weldon Johnson, *Along This Way: The Autobiography of James Weldon Johnson* (Harmondsworth: Penguin, 1990), p.203.
34 *The Autobiography of an Ex-Coloured Man* (New York: Vintage Press, 1989), p.168.
35 Stepto, *From Behind the Veil*, pp.52—127.
36 Johnson, *Ex-Coloured Man*, p.153.
37 Johnson, *Ex-Coloured Man*, p.181.
38 Johnson, *Ex-Coloured Man*, p.186.关于这些残酷仪式的重要性,见 Mick

Taussig, *Shamanism, Colonialism and The Wildman: A Study in Terror and Healing* (Chicago: University of Chicago Press, 1987), pt. 1, "Terror"。

39　Johnson, *Ex-Coloured Man*, pp.189—190.
40　Johnson, *Ex-Coloured Man*, p.142.
41　Adrienne Rich, "Notes towards a Politics of Location," in *Bread, Blood, and Poetry* (London: Virago, 1987); James Clifford, "Travelling Cultures," in Lawrence Grossberg et al., eds., *Cultural Studies* (New York and London: Routledge, 1992), and "Notes on Theory and Travel," *Inscriptions* 5 (1989): 177—185; bell hooks, "Whiteness in the Black Imagination," also in *Cultural Studies* and rpt. in *Black Looks* (Boston: South End Press, 1992); Dennis Porter, *Haunted Journeys: Desire and Transgression in European Travel Writing* (Princeton, N.J.: Princeton University Press, 1991); Mary Louise Pratt, *Imperial Eyes* (London and New York: Routledge, 1992).
42　Brailsford R. Brazeal, *The Brotherhood of Sleeping Car Porters* (New York: Harper and Brothers, 1946). 第一章包括了对乔治·普尔曼（George Pullman）雇佣黑人为搬运工的背景的讨论。
43　André Gorz, *The Critique of Economic Reason* (London: Verso, 1990), ch.11.
44　Joel Williamson, *The Crucible of Race* (New York and Oxford: Oxford University Press, 1984), pp.399—409; Francis Broderick, "German Influence on the Scholarship of W. E. B. Dubois," *Phylon* 11 (Winter 1958): 367—371.
45　Du Bois, *Dusk of Dawn*, p.626.
46　Du Bois, *The Souls*, p.3.
47　G. W. F. Hegel, *The Philosophy of History* (London: Dover Publications, 1956), p.99.
48　*The Autobiography of W. E. B. Du Bois*, pp.108—109.
49　*The Crisis* 27, no.6 (April 1924): 273.
50　W. E. B. Du Bois, *Black Reconstruction in America* (1938; New York: Atheneum, 1977), pp.124—125.
51　Cornel West, *The American Evasion of Philosophy* (London: Macmillan, 1989), p.147.
52　理查德·罗蒂在对韦斯特的书有洞察力的评论中，指出了这个与韦斯特对杜波依斯的讨论密切相关的要点，罗蒂称韦斯特是"爱国、虔诚和浪漫的"。*Transition* 52 (1991): 70—80.
53　Stepto, *From Behind the Veil*.
54　对这种立场的批判性回应，或许开始于玛丽莲·史翠珊在另一个不同的历史背景下发展出来的分析。Marilyn Strathern, *After Nature: English Kinship in the Late Twentieth Century* (Cambridge: Cambridge University Press, 1992).
55　Victor Turner, *Dramas, Fields and Metaphors: Symbolic Action in Human Society* (Ithaca: Cornell University Press, 1974).

56　Du Bois, *The Souls*, p.150.
57　Wilson J. Moses, *Alexander Crummell: A Study of Civilization and Discontent* (New York and Oxford: Oxford University Press, 1989); Gregory Rigsby, *Alexander Crummell: Pioneer in Nineteenth Century Pan-African Thought* (Westport, Conn.: Greenwood Press, 1987).
58　Du Bois, *The Souls*, p.188.
59　Wyndham Lewis, *Paleface*; or, *The Philosophy of the Melting Pot* (London: Chatto and Windus, 1929), pp.28—51. 这种观点在关于路易斯的学术和批判性写作中被完全忽视了，萨哈·马哈拉吉在他的文章中简要讨论了这一问题，见 Sarat Maharaj, "The Congo Is Flooding the Acropolis," *Third Text* 15 (Summer 1991)。
60　Francis L. Broderick, *W. E. B. Du Bois: Negro Leader in a Time of Crisis* (Stanford: Stanford University Press, 1959), p.154.
61　Arnold Rampersad, *The Art and Imagination of W. E. B. Du Bois*, p.204.
62　Du Bois, *Dark Princess*, p.19.
63　Du Bois, *Dark Princess*, p.26.
64　Du Bois, *Dark Princess*, p.46.
65　Du Bois, *Dark Princess*, p.147.
66　Du Bois, *Dark Princess*, p.220.
67　Du Bois, *Dark Princess*, p.307.
68　*Chicago Bee*, August 4, 1928.

第五章　"没有眼泪的慰藉"：理查德·赖特、法国以及共同体的矛盾

1　赖特的一位传记作者指出，赖特拥有他著作的盲文、希伯来文、日文、孟加拉文以及其他许多欧洲语言译本的皮面版本。Constance Webb, *Richard Wright: A Biography* (New York: G. P. Putnam's Sons, 1968), p.386.
2　《汤姆大叔的孩子》被以49美分的低价出售。
3　Richard Wright, "The American Problem: Its Negro Phase," in D. Ray, R. M. Farnsworth, and C. T. Davis, eds., *Richard Wright: Impressions and Perspectives* (Ann Arbor: University of Michigan Press, 1974), pp.11—12.
4　"在《汤姆大叔的孩子》《土生子》以及首要的在《黑孩子》中，我第一次发现侵蚀我和周围人生命的悲伤、愤怒和残忍的痛苦情绪得到表达"。James Baldwin, "Alas Poor Richard," in *Nobody Knows My Name* (London: Corgi, 1969), p.152.
5　肯特引人入胜的著作在1972年出版，在此后有关非裔美国文化的讨论中他的书一直被窃用。George Kent, *Blackness and the Adventure of Western Culture* (Chicago: Third World Press, 1972).
6　赖特在《异教徒西班牙》和《肤色的帷幕》中都用到了这个词。Richard Wright, *Pagan Spain* (New York: Harper and Brothers, 1957); *The Colour Curtain*

（London: Dobson, 1956）.
7　*The Outsider* (New York: Harper and Row, 1965), p.27.
8　Michel Fabre, *The Unfinished Quest of Richard Wright* (New York: Morrow, 1973), p.387.
9　Wright, *Colour Curtain*, p.150.
10　Richard Wright, *White Man Listen!* (New York: Anchor Books, 1964), p.72.
11　Richard Wright, *White Man Listen!* (New York: Anchor Books, 1964), p.80.
12　Richard Wright, *Twelve Million Black Voices* (London: Lindsay Drummond Ltd., 1947), p.30.
13　Fabre, *Unfinished Quest*, p.415.
14　Kent, *The Adventure*, p.83.
15　Ralph Ellison, *Going to the Territory* (New York: Random House, 1986), p.198.
16　在《土生子》第一版的护封上,《大西洋月刊》的编辑爱德华·威克斯这样描述该书的影响:"它让我们全神贯注。它无疑是才华横溢——强有力、令人不安且无可质疑的本真性的才华——的展现。"
17　Allison Davis, *Leadership, Love and Aggression* (New York: Harcourt Brace Jovanovich, 1983), p.155.
18　St. Clair Drake and Horace Cayton, *Black Metropolis: A Study of Negro Life in a Northern City*, with an introduction by Richard Wright (New York: Harcourt, Brace, 1945).
19　H. L. Gates, Jr., "Writing, 'Race,' and the Difference It Makes," in *Loose Canons* (New York and Oxford: Oxford University Press, 1992), pp.51—55.
20　《比格是如何诞生的》("How Bigger Was Born")是作为企鹅版《土生子》的导论出版的。*Native Son* (Harmondsworth, 1979), p.31.
21　Addison Gayle, *Ordeal of a Native Son* (Garden City, N.Y.: Anchor Press, 1980).
22　当时芝加哥俱乐部的其他成员有尼尔森·阿尔格伦、杰克逊·波洛克和本·沙恩。赖特成了俱乐部在美国中西部的期刊《左翼前线》的编辑。
23　赖特自己对这些事件的描述出现在他自传的第二部分,出版者将这部分和第一部分《黑孩子》分开,并在几年后以《美国饥饿》为名出版。*American Hunger* (London: Gollancz, 1978). 对此的描述还出现在收入安东尼·克罗斯兰 (Anthony Crosland) 编辑的选集《失败的上帝》中的《我曾试着做一个共产主义者》一文中。*The God That Failed* (New York: Harper, 1949).
24　休斯顿·贝克在《精神的运作》中对此书的讨论是个值得提及的例外。Houston Baker, *Workings of the Spirit* (Chicago: University of Chicago Press, 1991).
25　Arnold Rampersad, Foreword to *Lawd Today* (Boston: Northeastern University Press, 1986).
26　"世俗形式的黑人沙文主义讽刺性地源自欧洲种族理论。如同文明的概念一样,种族沙文主义可以追溯到黑格尔、基佐、戈比诺和其他19世纪的欧洲种族理论家的作品。实际上，德国人赫尔德在 18 世纪发展出有机集体主义的理论，在此基础上布莱登和克鲁梅尔建立了他们自己的族群沙文主义理论"。Wilson Moses, *The Golden Age of Black Nationalism, 1850—1925*（New York and Oxford: Oxford University Press, 1988）, p.25.

27　Bernard W. Bell, *The Folk Roots of Contemporary Afro-American Poetry*（Detroit: Broadside Press, 1974）.

28　Ellison, *Going to the Territory*, p.208.

29　赖特和兰斯顿·修斯合作的《红粘土布鲁斯》（"Red Clay Blues"）刊登在 1939 年 8 月 1 日的《新群众》上。赖特与约翰·罗伯逊、贝西伯爵合作的歌曲录制于 1941 年，被收录在 Okeh（6475）。见 Fabre, *Unfinished Quest*, p.236。

30　London: Collier Books, 1963, pp.7—12.

31　*White Man Listen!*, pp.90—91.

32　Paul Oliver, *The Meaning of the Blues*（New York: Collier Books, 1963）, p.9.

33　Wright, "How Bigger Was Born," p.15.

34　Wright, *The Outsider*, p.140.

35　Wright, *The Outsider*, p.88.

36　Wright, *The Outsider*, p.140.

37　"The Man Who Lived Underground," in *Eight Men*（New York: Pyramid Books, 1969）, pp.54—55.

38　C. L. R. James, "Black Studies and the Contemporary Student," in *At the Rendezvous of Victory*（London: Allison and Busby, 1984）, p.196.

39　Fabre, *Unfinished Quest*, p.333; Webb, *A Biography*, p.326.

40　Richard Wright, Foreword to George Padmore, *Pan-Africanism or Communism*（London: Dobson, 1956）, pp.11—14.

41　Wright, *White Man Listen!*, p.6.

42　参见 Wright, *The Outsider*, p.129。"随着黑人进入我们的文化，他们也会继承我们的问题，但和我们有所不同。他们是局外人，他们会**知道**他们有这些问题。他们会是自觉的；他们会有一种双重视角，因为作为黑人，他们同时存在于我们文化的**内部**和**外部**。每一种曾经震动西方心灵和灵魂的情感和文化事件也会使黑人震动。黑人会发展出独特和特殊的心理类型。他们会成为心理学专家，就像犹太人一样……他们不会是美国人或黑人；可以这么说，他们会是**知识**的中心……"

43　*White Man Listen!*, p.2.

44　*White Man Listen!*, p.53.

45　*Pagan Spain*, p.192.

46　Wright, Foreword to Drake and Cayton, *Black Metropolis*, p.xx.

47　*The Outsider*, p.423.

48　*The Outsider*, p.384.

49　*The Outsider*, p.377.

50 Wright interviewed by William Gardner Smith, *Ebony* 8 (July 1953): 40.
51 *The Outsider*, p.366.
52 *The Outsider*, p.364.
53 Wright, "Blueprint for Negro Writing," *New Challenge* (Fall 1937), rpt. In *Race and Class* 21, no.4 (Spring 1980): 403—412.
54 Wright, "Blueprint for Negro Writing," *New Challenge* (Fall 1937), rpt. In *Race and Class* 21, no.4 (Spring 1980): 404—405.
55 Wright, "Blueprint for Negro Writing," *New Challenge* (Fall 1937), rpt. In *Race and Class* 21, no.4 (Spring 1980): 405.
56 Wright, "Blueprint for Negro Writing," *New Challenge* (Fall 1937), rpt. In *Race and Class* 21, no.4 (Spring 1980): 409.
57 "Psychiatry Comes to Harlem," *Freeworld*, no.12 (September 1946): 49—51.
58 Octave Mannoni, *Prospero and Caliban: The Psychology of Colonization* (Ann Arbor: Ann Arbor Paperbacks, 1990); Jock McCulloch, *Black Soul, White Artifact: Fanon's Clinical Psychology and Social Theory* (Cambridge: Cambridge University Press, 1983), p.17. 麦卡洛奇正确地强调了这一点：法农和马诺尼的关系在他早期和晚期的作品中是复杂且变化的。法农在《黑皮肤，白面具》中对马诺尼的批判是错误的 [*Black Skin, White Masks* (London: Pluto, 1986), pp.83—108]，在《全世界受苦的人》中法农接近了马诺尼的原义 [*Wretched of the Earth* (Harmondsworth: Penguin, 1977), pp.200—250]。有关赖特和法农的关系，参见法农在 1953 年给赖特写的信，它被重印在 Ray, Farnsworth, and Davis, *Richard Wright: Impressions and Perspectives*, p.150。
59 *The Outsider*, p.135.
60 *The Outsider*, p.425.
61 "你的尼采，你的黑格尔，你的雅斯贝尔斯，你的海德格尔，你的胡塞尔，你的克尔凯郭尔，你的陀思妥耶夫斯基就是线索……我对自己说我们正在面对一个沉湎于犯罪思想的男人"。*The Outsider*, p.421.
62 *The Outsider*, p.140.
63 *The Outsider*, p.372.
64 *The Outsider*, p.422.
65 Fabre, *Unfinished Quest*; Amiri Baraka, *Daggers and Javelins* (New York: Quill, 1984), pp.145—147 and p.181; Charles T. Davis, *Black Is the Color of the Cosmos* (New York and London: Garland, 1982), p.275.
66 《异教徒西班牙》中对斗牛的描述似乎受到了巴塔耶的影响。
67 Baldwin, "Alas Poor Richard," p.148.
68 Miriam DeCosta-Willis, "Avenging Angels and Mute Mothers: Black Southern Women in Wright's Fictional World," *Callaloo* 28, vol.9, no.3 (Summer 1986): 540—551; Maria K. Mootry, "Bitches, Whores and Woman Haters: Archetypes and Topologies in the Art of Richard Wright," in R. Macksey and F. E. Moorer,

eds., *Richard Wright: A Collection of Critical Essays* (Englewood Cliffs, N.J.: Prentice Hall, 1984); Sylvia H. Keady, "Richard Wright's Women Characters and Inequality," *Black American Literature Forum* (Winter 1976): 124—128; Diane Long Hoeveler, "Oedipus Agonistes: Mothers and Sons in Richard Wright's Fiction," *Black American Literature Forum* (Summer 1978): 65—68.

69 Ellison, *Shadow and Act*, pp.85—86.
70 Baldwin, "Alas Poor Richard," p.151.
71 Margaret Walker, *Richard Wright: Daemonic Genius* (New York: Warner Books, 1988).
72 比如,《异教徒西班牙》对法西斯主义下女性经历的突出描写,似乎是个需要某些解释的异常现象。
73 *Présence Africaine*, no.8—9—10 (June-November 1956): 348.
74 Henry Louis Gates, Jr., "A Negro Way of Saying," *New Tork Times Book Review*, April 21, 1985; Barbara Johnson, *A World of Difference* (Baltimore: Johns Hopkins University Press, 1987). 琼·乔丹在她的经典文章《朝向一种黑人对爱和恨的平衡》中避免了这种两极分化。June Jordan, "Towards a Black Balancing of Love and Hate," in *Civil Wars* (Boston: Beacon Press, 1981).
75 Richard Wright, "Between Laughter and Tears," *New Masses*, October 5, 1937.
76 David Bradley, Foreword to the American reissue of *Eight Men* (New York: Thunder's Mouth Press, 1987).
77 *Eight Men*, p.189.
78 *Eight Men*, p.194.
79 *Eight Men*, p.198.
80 赖特最后一部未出版的小说《幻觉之岛》,收藏在耶鲁大学的拜内克图书馆中。
81 Wright, *The Long Dream* (New York: Harper, 1987), p.36; pp.204—205.
82 Wright, *The Long Dream*, p.131.
83 Wright, *The Long Dream*, p.264.
84 Wright, *The Long Dream*, pp.264—265.
85 Wright, *The Long Dream*, pp.78—79.
86 Deidre Bair, *Simone de Beauvoir* (London: Cape, 1990), pp.388—389; A. Madsen, *Hearts and Minds* (New York: Morrow, 1977), p.134.

第六章 "不是一个能传下去的故事":鲜活记忆与奴隶崇高

1 "非洲学因而被定义为对非洲的现象、事件、观念和个性展开的以非洲为中心的研究。仅仅对非洲现象的研究不是非洲学,而是其他的智识工作。那些以非洲为中心提出研究问题的学者,与那些把西方标准强加在非洲现象上的学者相比做的是非常不同的研究……以上对非洲学的定义中最重要的词或许是非洲中心,不然的话人们可能会认为任何对非洲现象或人进行的研究都是非洲学"。Molefi

Kete Asante, *Kemet, Afrocentricity and Knowledge* (Trenton, N.J.: Africa World Press, 1990), p.14.

2 Asante, *Afrocentricity*, rev. ed. (Trenton, N.J.: Africa World Press, 1989), p.viii. 阿桑特认为非洲中心的心理学理论与荣格的作品有密切联系。参见 *Kemet*, pp.180—183。

3 Rebel MC, "Soul Rebel," Desire Records, London, 1991.

4 Asante, *Kemet*, p.15.

5 Frances Cress Welsing, *The Isis Papers: The Keys to the Colors* (Chicago: Third World Press, 1990); Richard King, *African Origin of Biological Psychiatry* (New York: Seymour Smith, 1990); Michael Eric Dyson, "A Struggle for the Black Mind: Melanin Madness," *Emerge* 3, no.4 (February 1992).

6 Asante, *Afrocentricity*, pp.106—107.

7 Asante, *Afrocentricity*, p.104.

8 我发现茱莉亚·克里斯蒂娃在《女性的时间》中对不同时间性的评论在发展这个论点时非常有帮助,参见 "Women's Time," *Feminist Theory: A Critique of Ideology*, ed. Nannerl O. Keohane et al. (Brighton: Harvester Press, 1981), pp.31—54. 亦可参见霍米·巴巴在《国族与叙事》中将克里斯蒂娃的作品应用于后殖民的困境的论述。Homi K. Bhabha, *Nation and Narration* (London: Routledge, 1990).

9 阿森特认为法农在"加维和杜波依斯创造的传统"下写作,这是一个例子。*Kemet*, p.179. 阿森特还对美国黑人只构成了新世界黑人的 47% 感到疑惑。他关于非洲中心主义的理论的所有"本质基础"都是源自非裔美国历史。见 *Afrocentricity*, pp.1—30。

10 Kwame Anthony Appiah, *In My Father's House* (London: Methuen, 1992).

11 我在《这是家庭事务》一文中尝试这么做。"It's a Family Affair," in Gina C. Dent, ed., *Black Popular Culture* (Seattle: Bay Press, 1992).

12 Richard Wright, *Black Power: A Record of Reactions in a Land of Pathos* (New York: Harper and Brothers, 1954), pp.346—347.

13 "A Dialogue with Karenga," *Emerge* 3, no.3 (January 1992), p.11.

14 Shahrazad Ali, *The Blackman's Guide to Understanding the Blackwoman* (Philadelphia: Civilized Publications, 1989), p.40.

15 这种可能性最近体现为它在有关克拉伦斯·托马斯(Clarence Thomas)、安妮塔·希尔(Anita Hill)、迈克·泰森(Mike Tyson)、德西蕾·华盛顿(Desiree Washington)的叙述中的缺席。

16 "How Black Men Are Responding to the Black Male Crisis," *Ebony Man* (September 1991): 36.

17 "20 世纪 80 年代的美国根本上是要夺走黑人的工作、生命和灵魂。事实上,它真的是一场有关金钱及如何使用金钱的战争,一场有关谎言及这些谎言是如何被用来掩盖战争制造者的战略和策略的战争"。William Strickland, "Taking Our

Souls," *Essence* 22, no.7, 10th Annual Men's Issue (November 1991): 48.
18 第一次大会 1956 年在巴黎索邦大学的笛卡尔大会堂举行。
19 *Présence Africaine*, no.24—25 (February—May 1959).
20 *Présence Africaine*, no.24—25 (February—May 1959), pp.45—54.
21 Jurgen Habermas, *The Philosophical Discourse of Modernity* (Cambridge: Polity Press, 1987), pp.1—22.
22 *Postmodernism; or, The Cultural Logic of Late Capitalism* (Durham: Duke University Press, 1991), p.154.
23 弗洛伊德在《文明及其不满》中讨论唱片对记忆的影响时说明了这一点,"摄像机是人创造的维持易逝的视觉印象的工具,就像唱片维持了同样易逝的听觉印象。二者实际上都是对人拥有回忆、记忆的力量的物质化"。*Civilization and Its Discontents* (London: Hogarth Press, 1975), p.28.
24 James Brown with Bruce Tucker, *James Brown: The Godfather of Soul* (New York: Macmillan, 1986), p.221.
25 Fred Zindi, *Roots: Rocking in Zimbabwe* (Gweru: Mambo Press, 1985).
26 Veit Erlmann, *African Stars: Studies in Black South African Performance* (Chicago: University of Chicago Press, 1991), ch.2.
27 P.D. Cole, "Lagos Society in the Nineteenth Century," in A. B. Aderibigbe, ed., *Lagos: The Development of an African City* (Lagos: Longman, 1975); M. Echeruo, *Victorian Lagos* (London: Macmillan, 1976).
28 这里我想到的是斯特林·斯塔基关于戒指仪式的著作《奴隶文化》。Sterling Stuckey, *Slave Culture: Nationalist Theory and the Foundations of Black America* (New York and Oxford: Oxford University Press, 1987), ch.1.
29 Walter Benjamin, "The Storyteller," *Illuminations* (London: Fontana, 1973), p.91.
30 在《大英帝国没有黑人》的第五章,我指出反资本主义的政治立场是由三个可识别的部分构成的:围绕工作及其克服的政治,围绕法律及其和种族统治分离的政治,以及重视恢复历史感性的平民历史主义。*There Ain't No Black in the Union Jack* (London: Hutchinson, 1987), ch.5.
31 Charles Keil, *Urban Blues* (Chicago: University of Chicago Press, 1970), p.152.
32 "我认为布特斯·柯林斯从我这儿学到了很多。当我认识他时,他演奏的是贝斯——各种各样的音符。我让他关注放克音乐中一个音符的重要性——每小节开始的强拍。我让他注意到这个拍子的动态而不是围绕它乱弹。然后他可以在这个拍子*之后*,在正确的地方做所有其他的事。" Brown with Tucker, *Godfather of Soul*, pp.218—219.
33 Ellison, *Invisible Man* (Harmondsworth: Penguin, 1976), p.11.
34 Gilroy, *There Ain't No Black in the Union Jack*, ch.5.
35 比如,我想到了查尔斯·明格斯的自传《弱者之下》。Charles Mingus, *Beneath the Underdog* (Harmondsworth: Penguin, 1975).

36 James Baldwin, "Of the Sorrow Songs: The Cross of Redemption," *Views on Black American Music*, no.2（1984—85）: 12.
37 Wright, *White Man Listen!*（New York: Anchor Books, 1964）, p.79.
38 Ray Charles with David Ritz, *Brother Ray*（New York: Dial Press, 1978）, p.190.
39 Percy Mayfield interviewed by Dick Shurman in *Living Blues*（March 1981）: 24.
40 这么说或许能够阐明梅菲尔德的作品：他是节奏布鲁斯的世界中最接近贾科莫·莱奥帕尔迪（Giacomo Leopardi）的喜剧性悲观主义的人。
41 参见 *Drums and Shadows: Survival Studies among the Georgia Coastal Negroes*, by the Savannah Unit of the Georgia Writers' Project（Athens: University of Georgia Press, 1940）。
42 Percy Mayfield, "The River's Invitation," on *The Incredible Percy Mayfield*, Specialty Records, SNTF 5010, 1972.
43 Deuteronomy 28: 25.
44 A. Hertzberg, *The French Enlightenment and the Jews*（New York: Columbia University Press, 1990）; L. Poliakov, *The History of Anti-Semitism*, vol.1（Oxford: Oxford University Press, 1985）; Zygmunt Bauman, *Modernity and the Holocaust*（Cambridge: Polity, 1988）, and *Intimations of Postmodernity*（London: Routledge, 1991）; Leon Poliakov, *The Aryan Myth*（London: Sussex University Press, 1974）; Gershom Scholem, *From Berlin to Jerusalem: Memories of My Youth*, trans. Harry Zohn（New York: Schocken Books, 1980）, and *The Messianic Idea in Judaism and Other Essays on Jewish Spirituality*（New York: Schocken, 1971）; George Mosse, *Nationalism and Sexuality*（Madison: University of Wisconsin Press, 1985）; Paul Lawrence Rose, *Revolutionary Anti-Semitism in Germany from Kant to Wagner*（Princeton, N.J.: Princeton University Press, 1990）.
45 Robert Alter, *Necessary Angels: Tradition and Modernity in Kafka, Benjamin, and Scholem*（Cambridge, Mass.: Harvard University Press, 1991）, ch.2, "On Not Knowing Hebrew."
46 Ella Shohat, "Sephardim in Israel: Zionism from the Standpoint of Its Jewish Victims," *Social Text* 19/20（Fall 1988）.
47 Fredric Jameson, "History and Class Consciousness as an Unfinished Project," *Rethinking Marxism* 1, no.1（Spring 1988）: 70. 同时参见玛丽安娜·托戈尼克对列维-斯特劳斯《忧郁的热带》的讨论："他被自己作为犹太人的危险意识所刺激，并不断去签证办事处……他把自己看作'集中营的潜在人选'。文本中的这个微小的私人时刻让我感动：它捕捉到了对自我的双重性和二元性（现代性的典型特征）的认识。" Marianna Torgovnick, *Savage Intellects, Modern Lives*（Chicago: University of Chicago Press, 1990）, p.211.
48 James Cone, *The Spirituals and the Blues: An Interpretation*（Westport, Conn.: Greenwood Press, 1980）, p.108.

49 Albert Raboteau, *Slave Religion* (New York and Oxford: Oxford University Press, 1980), p.311.
50 被比作摩西的黑人有"地下铁路"的"站长"哈莉特·塔布曼(Harriet Tubman)和灵魂乐歌手艾萨克·海耶斯(Isaac Hayes),海耶斯在20世纪70年代早期充分使用了摩西的神话。
51 Ben Halpern, "Exile: Abstract Condition and Concrete Community," in "Negating the Diaspora: A Symposium," *Jewish Frontier* 47, no.10 (December 1979): 9; Elliott P.Skinner, "The Dialectic between Diasporas and Homelands," in J. E. Harris, ed., *Global Dimensions of the African Diaspora* (Washington, D.C.: Howard University Press, 1982).
52 比如,参见 Julius Lester, *Long Journey Home* (London: Longman, 1972)。这也是讲故事的仪式作为政治实践的好例子。
53 Hollis R. Lynch, *Edward Wilmot Blyden, 1832—1912: Pan Negro Patriot* (Oxford and New York: Oxford University Press, 1967), p.54.
54 Blyden, *From West Africa to Palestine* (Freetown, 1873), p.112.
55 See V. Y. Mudimbe, *The Invention of Africa* (Bloomington and Indianapolis: University of Indiana Press, 1988), ch.4; and Léopold Senghor, "Edward Wilmot Blyden: Precursor of Negritude," Foreword to Hollis R. Lynch, ed., *Selected Letters of Edward Wilmot Blyden* (Millwood, N.J.: Kraus Thomson International, 1976), pp.xix—xx.
56 Edward Wilmot Blyden, *The Jewish Question* (Liverpool: Lionel Hart, 1989), p.5. "犹太人作为对最高存在的见证者,是精神文化和人性复苏的过程中不可缺少的部分(目前或许是被压制的部分)。我很多年来(实际上是从童年开始)一直热衷于学习上帝的选民的历史。我指的不仅是每个在基督教下成长起来的孩子学习《旧约》历史时接受的一般教育……而且是书本之外的特殊教育,这来自与活生生的犹太人的接触。"
57 Edward Wilmot Blyden, *The Jewish Question* (Liverpool: Lionel Hart, 1989), p.7.
58 Hollis R. Lynch, "A Black Nineteenth-Century Response to Jews and Zionism: The Case of Edward Wilmot Blyden," in Joseph R. Washington, Jr., ed., *Jews in Black Perspectives: A Dialogue* (Lanham, Md. and London: University Press of America, 1989). 布莱登在小册子《犹太人问题》中描述了这种关系。
59 H. Kohn, *Prophets and Peoples: Studies in Nineteenth-Century Nationalism* (London: Macmillan, 1946).
60 E. W. Blyden, "Africa and the Africans," *Fraser's Magazine* 18 (August 1878): 188; "Mixed Races in Liberia," *Annual Report of the Board of Regents of the Smithsonian Institution* (Washington, D.C.: 1871), pp.386—388.
61 *The Jewish Question*, p.5.
62 E. W. Blyden, *Christianity, Islam and the Negro Race* (1887; rpt. Edinburgh:

Edinburgh University Press, 1967), p.120.
63 *The Jewish Question*, p.11.
64 George Shepperson, "African Diaspora: Concept and Context," in Joseph E. Harris, ed., *Global Dimensions of the African Diaspora*, pp.46—53.
65 Senghor, "Blyden: Precursor of Negritude," pp.xix—xx.
66 Paul Gilroy, "Steppin' out of Babylon: Race, Class and Community," in *The Empire Strikes Back* (London: CCCS/Hutchinson, 1982).
67 W. E. B. Du Bois, *The Autobiography of W. E. B. Du Bois* (New York: International Publishers, 1968), p.122.
68 W. E. B. Du Bois, *The Autobiography of W. E. B. Du Bois* (New York: International Publishers, 1968), p.175.
69 T.W. Adorno, *Aesthetic Theory* (London: Routledge, 1984), p.192.
70 Peter Linebaugh, "Jubilating; or, How the Atlantic Working Class Used the Biblical Jubilee against Capitalism with Some Success," *New Enclosures: Midnight Notes* 10 (Fall 1990).
71 迈克尔·博利格和沃尔夫冈·魏柏曼在《种族国家》中做出了这种控诉。Michael Burleigh, Wolfgang Wippermann, *The Racial State: Germany, 1933—1945* (Cambridge: Cambridge University Press, 1991).
72 罗伯特·普罗克特的《种族卫生》是个少有且珍贵的例外。Robert Proctor, *Racial Hygiene: Medicine under the Nazis* (Cambridge, Mass.: Harvard University Press, 1988).
73 Zygmunt Bauman, *Intimations of Postmodernity* (London: Routledge, 1991), p.225.
74 Zygmunt Bauman, *Modernity and the Holocaust* (Cambridge: Polity Press, 1989), p.45.
75 "是的,这不是人的数量的问题,这是方式的问题……数字是很多的,但被谋杀的人的肉体……被用卡车运输……这些被用中性的术语'该死的'指称,它们不是人的身体。这就是特殊性所在。这是因为轻蔑而进行的谋杀,不只是仇恨……" Raoul Mortley, ed., *French Philosophers in Conversation* (London: Routledge, 1991), p.21.
76 Gustav Spiller, ed., *Papers on Inter-Racial Problems: Universal Races Congress* (London: P.S. King and Son, 1911); E. M. Rudwick, "W. E. B. Dubois and the Universal Races Congress of 1911," *PhyIon* 20, no.4 (1959): 372—378; and "Report of the First Universal Races Congress," *African Times and Orient Review* 1, no.1 (July 1912): 27—30.
77 Richard M. Lerner, *Final Solutions: Biology, Prejudice and Genocide* (University Park: Pennsylvania State University Press, 1992); Benno Muller Hill, *Murderous Science: Elimination by Scientific Selection of Jews, Gypsies and Others, Germany, 1933—1945* (Oxford: Oxford University Press, 1988). 鲍曼在《现代性与

矛盾性》的第一章讨论了该书和罗伯特·普罗克特的作品。*Modernity and Ambivalence*（Ithaca: Cornell University Press, 1991）.
78　Primo Levi, *The Drowned and the Saved*（London: Abacus, 1988）, p.4l.
79　Primo Levi, *The Drowned and the Saved*（London: Abacus, 1988）, p.100.
80　Jean-François Lyotard, *The Inhuman*（Cambridge: Polity, 1992）.
81　Keith D. Miller, *Voice of Deliverance: The Language of Martin Luther King and Its Sources*（New York: Free Press, 1992）; Cornel West, "The Religious Foundations of the Thought of Martin Luther King, Jr.," in Peter J. Albert and Ronald Hoffman, eds., *We Shall Overcome: Martin Luther King and the Black Freedom Struggle*（New York: Pantheon, 1990）; James H. Cone, *For My People: Black Theology and the Black Church*（Braamfontein: Skotaville Publishers, 1985）.
82　James Baldwin, "Negroes Are Anti-Semitic Because They Are Anti-White," in *The Price of the Ticket*（London: Michael Joseph, 1985）, p.428.
83　Harold Cruse, "Negroes and Jews: The Two Nationalisms and the Bloc（ked）Plurality," in *The Crisis of the Negro Intellectual*（New York: Quill, 1984）.
84　Baldwin, *The Price*, p.430.
85　Stanley Crouch, "Aunt Medea," in *Notes of a Hanging Judge*（New York: Oxford University Press, 1990）, p.205.
86　Walter Benjamin, *Illuminations*（London: Fontana, 1973）, p.101.
87　"Living Memory: Meeting Toni Morrison," in Paul Gilroy, *Small Acts*（London: Serpent's Tail, 1993）, ch.13.
88　Mari Evans, ed., *Black Women Writers: Arguments and Interviews*（London: Pluto Press, 1983）, p.340.
89　Gilroy, "Living Memory."
90　*Dessa Rose*（London: Futura, 1988）, p.23. 对19世纪有关奴隶管理的美国文学的研究，参见James O. Breeden, ed., *Advice among Masters: The Ideal in Slave Management in the Old South*（Westport, Conn.: Greenwood Press, 1980）。
91　Morrison, *Beloved*（London: Cape, 1988）, p.193.
92　"我所是的'我'，是许多国家的组合，是对或许可以追溯到时间开始时的他者和客体的拼接。我认识到这一点时产生了负债感。我清楚地感觉到与我曾偷窃过的船上的人的连接，好像我只是我的掠夺和'经验'的战利品通过的管道或窗户。" Charles Johnson, *Middle Passage*（New York: Atheneum, 1990）, p.162.
93　"双重性是心灵的血腥结构。主体和客体、接受者和被接受者、自我和他人，这些古老的二元在脑海中被确定，就像一艘商船的船头。" Charles Johnson, *Middle Passage*（New York: Atheneum, 1990）, p.98.
94　"三个世纪前奴隶到西印度群岛时，他们直接进入了蔗糖种植园的大规模农业中，这是一个现代体系。这进一步要求奴隶们生活在一起，处在一种比当时的无产阶级所有的远为密切的社会关系中。收割的甘蔗必须快速运输到工厂中进行加工。即使是奴隶穿的衣服和他们吃的食物也是进口的。因此，黑人从一开始就过着一种本质上是现代的生活。这就是他们的历史,它在我看来是一种独特的历史。"James, *The Black Jacobins*(London: Allison and Busby, 1980), appendix, p.392.

95 "美国的黑人奴隶代表了**现代**劳动者中最差和最低等的情形。有评估表明美国南方奴隶主一年在一个奴隶身上花 19 美元,这意味着黑人奴隶是**现代**世界工资最低的劳动者。"W. E. B. Du Bois, *Black Reconstruction in America*(New York: Atheneum, 1977), p.9.

96 "Living Memory."

97 Homi Bhabha, "Post-colonial Authority and Post-modem Guilt," in ed. L. Grossberg et al., eds., *Cultural Studies*(New York: Routledge, 1992).

98 "Living Memory."

99 David Bradley, *The Chaneysville Incident*(London: Serpent's Tail, 1986).

100 "Living Memory."

101 这里我想到的两本旧书是查尔斯·切斯纳特的《传统的精髓》和阿纳·邦当的《黑人雷电》,前者处理了私刑的问题,后者重构了奴隶反叛。Charles Chesnutt, *The Marrow of Tradition*(Boston and New York: Houghton, Mifflin, 1901); Arna Bontemps, *Black Thunder*(New York: Macmillan, 1936).

致　谢

一种脆弱的共同体可以由意见不同的人组成，由富有成效的意见分歧的模式构成——这种模式与自律和互相尊重相伴发展。在记住这种可能性的同时，我想感谢那些在我撰写此书的数年间与我就书的内容争论过的人。以下这些人对本书的部分内容作出了详细的评论：斯图亚特·霍尔、巴诺尔·黑塞（Barnor Hesse）、海达·埃克瓦尔德（Hedda Ekerwald）、艾萨克·朱利安（Isaac Julien）、迪克·赫伯迪格（Dick Hebdige）、伊恩·钱伯斯（Iain Chambers）、贝尔·胡克斯、罗兰·弗拉索瓦·拉克（Roland François Lack）、安吉拉·麦克罗比（Angela McRobbie）、科拉·卡普兰（Cora Kaplan）、埃迪·格劳德（Eddie Glaude）。由于有这些启人思考的对话，本书比它原本的样子好了不少。尽管科贝纳·默瑟并未阅读本书文稿，我们之间的讨论和分歧也有助于我阐明自己的思想。

本书的部分章节曾在以下机构作为学术论文和演讲呈现：杜克大学、埃塞克斯大学、宾夕法尼亚大学、哈特福德的三一学院、纽约大学、克莱蒙特学院、奥柏林学院、加州大学圣塔芭芭拉分校、加州大学圣克鲁兹分校、加州大学戴维斯分校、斯德哥尔摩大学、伦敦大学学院、伦敦大学伯贝克学院、伦敦大学金史密斯学院、切尔滕纳姆和格洛斯特教育学院、牛津大学圣安东尼学院以及那不勒斯东方大学。我感谢所有安排这些活动的人以及所有来参加讲座并做出回应的人。

我还要感谢以不同方式帮助过我的前同事们：劳伦斯·马洛（Laurence Marlow）、托尼·伍迪维斯（Tony Woodiwiss）、玛丽·格林（Mary Girling）、布伦达·科蒂（Brenda Corti）、彼得·休姆（Peter Hulme）和伊莱恩·乔丹（Elaine Jordan）。

以下这些人在伦敦鼓励并支持了我。我要感谢曼迪·罗斯（Mandy Rose）、大卫·A.贝利（David A. Bailey）、凯伦·亚历山大（Karen Alexander）、辛西娅·罗斯（Cynthia Rose）、布拉蒂哈·帕玛（Pratibha Parmar）、帕特里克·怀特和贝丽尔·吉尔罗伊（Beryl Gilroy）。

美国的朋友也以不同的方式帮助了我。我要感谢黑兹尔·卡比和迈克·丹宁（Mike Denning）帮我寻找书籍和到图书馆找其他难找的资料；感谢艾德·戈登（Ed Gorden）教授让我有机会访问耶鲁大学；感谢詹姆斯·克利福德和我在通勤途中进行的引人思考的讨论及提供的其他帮助；感谢贝尔·胡克斯能看到其他人不能看到的东西；感谢曼西亚·迪亚华拉（Manthia Diawara）怀疑非裔美国人特殊性的观点；感谢休斯顿·阿尔弗雷德·贝克教授促成了芝加哥大学出版社以无酸纸出版《大英帝国没有黑人》(*There Ain't no Black in the Union Jack*)。我感谢米可·陶西格（Mick Taussig）的鼓励以及丹娜·西曼（Dana Seman）不时为我提供住宿。

我要对以下这些人和店表达额外的感谢：纽约曼哈顿的大学书店的比尔·弗伦奇（Bill French）、伦敦卡姆登镇"汇编"书店的皮特·韦布（Pete Webb）、美国康涅狄格州韦瑟斯菲尔德的"完整音乐"唱片店、伦敦波特贝罗路的"诚实的约翰"唱片店。特别要感谢马克·安利（Mark Ainley）向我介绍24克拉黑人乐队，凯利·琼斯（Kellie Jones）愿意分享我对黑胶唱片的热爱。有一天我们会拥有鲁迪·雷·莫尔（Rudy Ray Moore）的所有作品。

我最初了解到费斯克欢庆歌咏队是因为帕特·普雷斯顿（Pat Preston）。现在我想感谢她从已故丈夫的收藏中赠予我的慷慨礼物。它开启的轨迹使得我经由在贝尔街档案书店获得的第一版《欢庆歌咏队及其歌曲》的签名本到达黑色大西洋。我感谢瓦尔·威尔莫（Val Wilmer）借给我她自己收藏的几件罕见的物品。我要感谢她和伊冯·欧坎普（Yvonne Occampo）、彼得·莱尼博、弗莱明·罗基德（Flemming Røgilds）树立的典范与提供的各种实际帮助。

罗伯特·里德·普尔（Robert Reid Pharr）、桑蒂亚·舒克拉（Sandhya Shukla）和安妮-马里·福提尔（Anne-Marie Fortier）在与我的对话中，用他们自己的研究项目挑战了我。

安东尼·杰克逊（Anthony Jackson）是地球上最伟大的贝斯手，他不同寻常、根本性的创造力是我试图模仿的。我感谢他不和谐的音乐在我写作和思考黑人文化时给予我的愉悦。

最后但也是最重要的，我对傅龙·瓦尔（Vron Ware）有无尽的感谢，她是我的伴侣、理想的读者和最严厉、最有建设性的批评者。

索 引

(页码为原书页码,即本书边码)

Above the Law, 85
Adorno, T. W., 72, 104, 206, 212; on art after Auschwitz, 38
Æschylus, 130
Africa, 23—25, 123, 126, 134, 135, 189, 193, 199, 221
African diaspora, 15, 112, 195
African Methodist Episcopal church, 28
African-American exceptionalism, 4, 127—128
Afrocentric feminist thought, 51—53
Ali, Shahrazad: *The Blackman's Guide to Understanding the Blackwoman*, 193
American Colonisation Society, 22
Anderson, Perry, 47
Andrews, William L., 69
Anglo-African, the, 21
Anglo-Africans, 1
anteriority, 74, 190
anti-anti-essentialism, 99—103
anti-essentialism, 109, 149
anti-racism, 4, 148
anti-Semitism, 8, 190, 205, 215
antiphony, 78, 79, 110, 200
Apache Indian, 82
Appiah, Kwame Anthony, 6
Asante, Molefi Kete, 20, 189; *Afrocentricity*, 188, 199
Assing, Ottilia, 60
Atlanta University, 118, 124

Auld, Thomas, 61
authenticity, 94—99, 106, 132, 191, 199
Average White Band: "Pick up the Pieces," 104
axiology, 75

Bad Brains, 100
Baker, Houston A., Jr., 6, 98, 201
Baldwin, James, 146, 173, 175, 203; on Jews, 216
Baltimore, 13, 69
Bandung Conference, 149
Baraka, Amiri, 54, 173
Bataille, Georges, 173
Baudelaire, Charles, 46, 146
Baudrillard, Jean, 105
Bauman, Zygmunt, 36, 213; *Modernity and the Holocaust*, 214
Beaconsfield, Lord, 97
Beauvoir, Simone de, 186
bebop, 100, 108
Beethoven, 143
being in pain, 203, 211
Bell, Bernard, 156
Benhabib, Seyla, 37
Benjamin, Walter, 55, 187, 200, 206, 212, 218
Bennett, Gwendolyn, 18
Benson, George, 108
Berlin, 44, 134
Berman, Marshall, 46—49
Bernal, Martin, 60, 190, 215
Besant, Annie, 18, 144
Bible, 37, 200, 205
Big Daddy Kane, 108
binary thinking, 52
Bismarck, Otto Von, 35, 134
Black Ark, 104
black Britons, 1—4, 81—83
black female standpoint epistemology, 51—53
black femininity, 106
black intellectuals, 6, 34, 47, 53, 73, 76, 139
Black Metropolis, 152, 164

black music, 36, 39, 72
black nationalism, 58, 187—196
blacks and Jews, 210—217
Blake, William, 11
blues, 103, 202, 204
Blyden, Edward Wilmot, 24, 35, 58, 112, 193; and Jews, 208
Boas, Franz, 113
Book-of-the-Month Club, 147
Boston, 14
Bradley, David: *The Chaneysville Incident*, 218
Braidotti, Rosi, 45
Brazil, 189, 199
Brion Davis, David, 51
Britannia, 14
Broderick, Francis, 140
Bronx, 47, 103
Brooklyn, 116
Browder, Earl, 167
Brown, James, 105, 199, 202
Brown, William Wells, 21, 208; *Clotelle*, 132
Burke, Edmund, 8—9
Burning Spear, 207
Byrd, Donald, 18

Calhoun, Lena, 135
Cambell, Luther, 84
Cambridge, 17
Campbell, Robert, 21
Canada, 18, 27; Chatham, Ontario, 20; Windsor, Ontario, 18
Carby, Hazel, 6, 91
Caribbean, 3, 15, 81, 109
Carlyle, Thomas, 11, 46, 115
Cato Street conspiracy, 12
Cayton, Horace, 152
Certeau, Michel de, 103
Chambersburg, Pennsylvania, 21
Charles, Ray, 204
Charlestown, Virginia, 21
Chicago, 107, 152, 196

Chicago Defender, 140
chronotopes, 4, 199
Cicero, 128, 210
Clapton, Eric, 93
Clifford, James, 17
Clinton, George, 202
Coffin, Levi, 65—67
Collins, Bootsy, 199
Colombus, 49
Colonial Seamen's Association, 18
Communist movement, 151
Compton's Most Wanted, 85
Cone, James, 207
consumption, 103—108
Cooper, Anna, 18
Cooper, Craig T., 104
Copernicus, 49
Covey, Edward, 61—62
Croce, Benedetto, 141
Crouch, Stanley, 216—217
Crummell, Alexander, 17, 23, 24, 35, 58, 97, 109, 112, 121, 124, 139, 193
Cruse, Harold, 216
Cuba, 27
Cuffay, William, 12
cultural studies, 3—14
Cunard, Nancy, 92

Danish Caribbean, 208
Davidson, William "Black", 12
Davis, Charles, 173
Davis, Miles, 97, 108, 204; "In a Silent Way," 97
De La Soul, 85
death of God, 50, 64, 129, 157
Delany, Martin Robison, 4, 19, 35, 37, 58, 112, 117, 121, 190, 207, 218; Africentric names for his children, 26; and Frederick Douglass, 21; at International Statistical Congress (1860), 17; *Blake; or, The Huts of America*, 21, 26—29; *Official Report of the Niger Valley Exploring Party*, 23, 26; on education of girls, 26; *Principia of Ethnology*, 20; *The Condition, Elevation, Emigration and Destiny of the Colored People of the United States Politically Considered*, 20; theories of nationality; 22

Deleuze, Gilles, 31
Denmark, 18; Copenhagen, 179
Descartes, René, 49; Cartesian subject, 53; Cartesianism and Africentrism, 188
Detroit, 96
diaspora, 6, 32, 42, 45, 46, 75, 80, 81, 86, 95, 102, 112, 191, 197, 199, 205, 208, 211, 218
Dickens, Charles, 46
digital technology, 77
Diop, Alioune, 195
Diop, Cheik Anta, 190
Dostoevsky, Fyodor, 46, 209
double consciousness, 30, 126, 161, 188
Douglass, Frederick, 13, 35, 58, 112, 115, 132, 197; *My Bondage, My Freedom*, 60; on Gore the overseer, 74; on white women's violence, 67; "The Claims of the Negro Ethnologically Considered, " 59; *The Heroic Slave*, 59, 61; and Scotland, 41; on the slave plantation, 59
dirty dozens, 157, 168
drapetomania, 21
Dread, Mikey, 16
Drummond, Tim, 109
Du Bois, W. E. B., 19, 55, 70, 71, 90, 98, 111, 161, 193, 197, 198, 221; and Hegelian themes, 134; and James Weldon Johnson, 133; and sorrow songs, 125; on the female body, 135; on his great grandmother Violet, 135; *Black Reconstruction*, 136, 221; *Dark Princess*, 126, 140—145; *Darkwater*, 115; *Dusk of Dawn*, 35, 114; on his infant son's death, 138; on being mistaken for a Jew, 211; on Fisk University, 116; on progress, 128; on the colorline, 127; "On the Damnation of Women, " 64; *The Souls of Black Folk*, 89—90, 114, 124—140, 198; theory of modernity, 113
dub, 16, 100
Dublin, 196
Dunn, Donald "Duck, " 109
Dvorak, Anton, 143
dysaesthesia Aetheopis, 21

ecological movement, 7
Egypt, 20, 60, 71, 207, 208, 210
Eli, Bobby, 109
Eliot, T. S., 11
Elkins, Stanley, 213
Ellison, Ralph, 79, 111, 150, 174, 202
Englishness, 5, 9, 11, 14

Enlightenment, 2, 10, 30, 46, 53, 55, 196, 206, 218
Equiano, Oluadah, 12
essentialism, 31, 36, 99, 109
Ethiopia, 20
ethnic absolutism, 2, 3, 5, 30, 108, 223
Euclid, 209
eugenics, 130
Eurocentrism, 190, 213
exile, 111, 211
Exodus, 207
experience-centred knowledge claims, 53
Eyre, Governor Thomas, 11

Fabre, Michel, 173, 179
Fairmount Theological Seminary, 65
Faneuil Hall, 64
Fascism, 162, 163, 164, 165, 166, 215, 217
fatherhood, 139
Fauset, Jessie, 18
Faust, 132
feminist epistemology, 52
Ferney, 132
fetishism, 9
feudal Europe, 59
Feuerbach, Ludwig, 60
Fisher, Julius, 180
Fisk Jubilee Singers, 87, 88, 91, 116, 125, 199
Fisk University, 35, 90, 116
Foster, Steven, 27
Foucault, Michel, 56, 102
fractals, 4, 76, 88
Franklin, Aretha, 109
Freedmen's Bureau, 124
Freud, Sigmund, 157, 170
Fugitive Slave Act, 65
Funki Dreds, 16

Gaines, Archibald K., 65
Gandhi, Mahatma, 144

Garner, Margaret, 64—68, 219
Garnet, Henry Highland, 41
Garvey, Marcus, 13, 114, 207
Gates, Henry Louis, Jr., 6, 8, 84
Gaye, Marvin: "What's Going On?, " 96
Genet, Jean, 186
George, Nelson, 101; *The Death of Rhythm and Blues*, 96
German idealism, 125
German nationalism, 112, 134, 135
Germany, 132
Ghana, 117, 151, 193
Ghetto Boys, 84
Gillespie, Dizzy, 108
Gilman, Sander, 8
Gladstone, William Ewart, 90, 93
Glissant, Edouard, 1, 75; *Le discours antillais*, 31
Goethe, Johann Wolfgang von, 46, 60
Gold, Mike, 167
Graham, Larry, 109
Great Barrington, Massachusetts, 116
Greece, 59, 60, 209
Guattari, Felix, 31
Gwen McCrae: "Funky Sensation, " 106
gynaecological surgery, 21

Habermas, Jurgen, 42, 46, 49, 53, 196
Haiti, 13, 79, 131, 211
Hall, Stuart, 6, 85
Harlem Renaissance, 91
Harvard University, 21, 22, 117
Hathaway, Donny, 204
Hegel, G. W. F., 8, 41, 49, 50, 73, 134, 137, 184; on lord and bondsman, 50; *The Phenomenology of Mind*, 53; on the philosophy of history, 134
Heidegger, Martin, 171
Henderson, David, 94
Hendrix, Jimi, 93; and London, 94
Heraclitus, 150
Herder, Johann Gottfried, 157, 168, 209
Herodotus, 209

Herzen, Alexander, 46
Hibbler, Al, 202
Highlife, 199
Hill Collins, Patricia, 51—53
hip hop, 33, 34, 82, 83, 87; and bebop, 108; and cultural hybridity, 103
historicality (*Geschichtlichkeit*), 135
Hitler, 164
Hobsbawm, Eric, 14
Holiday, Billie: "God Bless the Child," 204
Holmes, Oliver Wendell, 22
Holocaust, the, 213—217
Homer, 209
hooks, bell, 6
Home, Lena, 135
Hose, Sam, 118
Hughes, Langston, 13
Hume, David, 8
Hurston, Zara Neale, 91, 176
Husserl, Edmund, 160, 171

Ice Cube, 84
Ice T, 108
Impressions, the: "I'm So Proud," 95
India, 210
Israel, 212
Italy, 18; Rome, 195

Jackson, Jesse, 107
Jackson, Michael, 101, 187, 207
Jamaica, 11, 189
Jamerson, James, 109
James, C. L. R., 6, 14, 71, 79, 159, 221
James, George, 190
James, William, 137
Jameson, Fredric, 42, 196, 206
jazz, 18, 79, 97, 99, 158, 199
Jazzie B, 15, 86
JBs, the, 16, 105
Jews, 205—216

Johnson, Charles: *Middle Passage*, 218; *Oxherding Tale*, 221
Johnson, James Weldon, 72, 130, 137; *Along This Way*, 130; *The Autobiography of An Ex-Coloured Man*, 130—132
Johnson, Robert, "Hellhound on My Trail, " 111; "When You Got a Good Friend, " 204
Jones, Quincy, 18, 107, 157
Jones, Leroi, 101
Jordan, Louis, 157
Jungle Brothers, 85

Kafka, Franz, 206
Kaiser Wilhelm II, 17
Kant, Immanuel, 8, 49
Karenga, Maulana, 193
Kaye, Carol, 109
"Keep On Moving, " 16, 111
Keil, Charles, 202
Kemet, 188
Kent, George, 147, 150
Kentucky, 64, 66
Kierkegaard, Sören, 159, 171
King, Albert, 109
King, Dr. Martin Luther, Jr., 54, 204, 207, 216
Kingsley, Charles, 11
Kirk, Rahsaan Roland, 94
Kojève, Alexander, 51
Kool DJ Herc, 103
Kool G Rap, 72
Kool Moe D, 108
Kristeva, Julia, 76
Kropotkin, Peter, 18
KRSI, 84
Ku Klux Klan, 142
Kuti, Fela, 199
Kwanzaa, 193

Lacan, Jacques, 63
Lagos, 199
Lake Léman, 132
Larsen, Nella, 18

Laws, Ronnie: "Identity," 104
Lee, Spike, 96
Lerner, Richard M., 214
Levi, Primo, 215
Levin, Rahel, 60
Levinas, Emmanuel, 213
Lewis, Edmonia, 18
Lewis, Wyndham, 140; *Paleface*, 140
Liberia, 15, 22—23, 79, 123, 193, 209; Monrovia, 23
Linebaugh, Peter, 12, 13
LL Cool J, 106
Locke, Alain, 91
Locke, John, 49, 166
Lohengrin, 140
London, 13, 25, 44, 95, 109
Love, Monie, 86
Lovers' Rock, 95
Lukács, Georg, 206; *History and Class Consciousness*, 51
Lynch, Hollis, 209
lynching, 118, 131, 185
Lyotard, Jean François, 42

Macka B, 95
Maillou Jones, Lois, 18
Mandela, Nelson, 95—96
Mannoni, Octave, 170, 173, 184
Marsalis, Wynton, 97
Martinique, 131
Mary Jane Girls, 106
Marylebone Reading Society, 13
Matisse, 141
Mayfield, Percy, 204; "The River's Invitation," 204
McAdoo, Orpheus Myron, 199
McCalman, Iain, 12
McFeely, William, 60
McKay, Claude, 13
melisma, 37
Melle Mel, 108
memory, 219, 222; of slavery, 40, 55, 71, 81, 133

Mercer, Kobena, 101
Mill, J. S., 166
Minstrelsy, 88—89
montage, 104
Montesquieu, 8, 44, 47
Morant Bay Rebellion, 11
Morris, William, 18
Morrison, Toni, 78; *Beloved*, 64, 217—222
Morton, Samuel, 22, 59
Moses, 207
motherhood, 66—68, 219
Muller Hill, Benno, 214
Murray, Charles Shaar, 93
music, 56, 124, 131, 203

Nashville, Tennessee, 116
nation state, 7, 31, 113
Negritude, 211
Negro Worker, 18
Nehru, Pandit, 148
New Haven, Connecticut, 109
New Left, 5, 10, 14
New Masses, 177
New Orleans, 65
New York, 107
Newmark, Andy, 109
Nietzsche, Friedrich, 1, 8, 50, 64, 160, 169, 171, 216
Niger Valley Exploring Party (1859), 21
Nigeria, 199
Nile Valley civilisations, 60, 87, 207, 208
Nino, Pedro, 16
Nkrumah, Kwame, 151, 192
North Star, the, 21
novel, 201, 218, 219

Ohio, 65
Oliver, Paul: *The Meaning of the Blues*, 157

Padmore, George, 13, 18

pan-Africanism, 31, 112, 114, 117, 120, 127, 151, 205, 209—211
Paris, 18, 44, 107, 131, 155, 160, 163, 195, 197; Bois de Boulogne, 60
Parker Remond, Sarah, 18, 21, 67
Parsons, Lucy, 18
Patterson, Orlando, 63
Peterloo massacre, 13
Phillips, Esther, 204
Phillips, Wendell, 64
phrenology, 21
Picasso, 141
Pissarro, Camille, 210
Pitts, Helen, 60
poetics of subordination, 201—205
political correctness, 7
politics of fulfilment, 37
politics of transfiguration, 37, 38
Poor Righteous Teachers, 84
pragmatism, 137
Présence Africaine, 149, 151, 176, 195, 211
Priest, Maxi, 86
Proctor, Robert, 214
progress, 44, 113, 125, 130
Proust, Marcel, 141
Prussia, 134—135
Pullman porters, 133, 138, 140, 141, 174
Pyramids, 209

Queen of Sheba, 207

Raboteau, Albert, 207
racial authenticity, 34, 72—110
racialisation, 5
Raggamuffin, 82
Rainey, Chuck, 109
Rakim, 84
Rampersad, Arnold, 140, 156
rap, 34
Reardon, Catherine Cooper, 180
Rebel MC, 189

reconstruction, 90, 129
Rediker, Marcus, 13
reggae, 82
religious slaveholders, 59
Reynolds, Paul, 178
rhizome, 4, 28, 73
rhythm and blues, 82, 202
Riley, Teddy, 16
Robeson, Paul, 157
Robinson, Cedric, 122
Robinson, John, 109
Rosskam, Edwin, 154
Rousseau, Jean-Jacques, 26, 47, 49
Royal Academy, 14
Royal Navy, 12
Rushdie, Salman, 10, 38
Ruskin, John, 11, 14; *Modern Painters*, 14

Sagoo, Bally, 82
sailors, 12, 13, 179. *See also* ships
St. Thomas, 208
Salem Female Anti-Slavery Society, 67
San Domingo, 13
Sartre, Jean-Paul, 146, 173; *Being and Nothingness*, 54
Schopenhauer, Arthur, 8, 41
scientific racism, 8, 44, 54, 59, 76, 220
Scotland, 41, 58
Scott, Sir Walter, 11; *The Lady of the Lake*, 58
Seattle, 107
Second Congress of Negro Writers and Artists (Rome, 1959), 195
self-creation, 40, 69, 124
self-liberation, 70
Senghor, Léopold Sédar, 126, 211
Seroff, Doug, 88
sexuality, 35, 83, 85, 179, 194, 201, 203
Shaftesbury, Earl of, 20, 88
Sharpe, Jenny, 11
Shepperson, George, 211
ships, 4, 27, 118, 221. *See also* sailors

Shohat, Ella, 206
Sierra Leone, 15
Simmel, Georg, 144, 214
Sims, J. Marion, 21
skull and crossbones, 13
slave songs, 90
slave suicide, 57, 63, 204
Slovenia, 212
Sly, 109
social theory, 41
Solomon, 207
Sombart, Werner, 144
soul, 83
Soul II Soul, 15—16, 86, 111
sound system culture, 82
South Africa, 95, 199, 212
Spain, 151
Spence, Thomas, 12
Spencer, Herbert, 114
Stalin, Joseph, 166
standpoint epistemologies, 51
Stein, Gertrude, 155
Stepto, Robert B., 130, 137
Stone, Lucy, 65—66
story-telling, 200
Stowe, Harriet Beecher, 27
sublime, 9, 203; slave sublime, 37, 131, 187—223
Sweden, 18; Stockholm, 107
Swift, Jonathan, 11
syncopated temporality, 202

Takaki, Ronald, 63, 64
talented tenth, 137
Taylor, Samuel Coleridge, 126
Temperton, Rod, 109
Tennessee, 128
terror, 54, 73, 117, 118, 129, 131, 175, 185, 197, 201, 213, 222; racial terror, 36, 56, 70
textuality, 36, 77
Thompson, E. P., 11, 14

Tim Dog, 84
Tonnies, Ferdinand, 144
tradition, 100, 108, 187, 191, 192, 198, 202
triangular trade, 17
Tribe Called Quest, 85
Truth, Sojourner, 64
turn towards death, 63, 208; and song, 68
Turner, J. M. W., 13, 16; *Slavers Throwing Overboard the Dead and Dying: Typhoon Coming On* (*The Slave Ship*), 14
Turner, Nat, 61
Turner, Victor, 138
2 Live Crew, 84

Uncle Tom's Cabin, 130
Underground Railroad, 65
Universal Races Congress (London, 1911), 144, 214
Unter den Linden, 140
Upsetter, the, 104
utopia, 37, 56, 71, 212

vanguardism, 53
Vaughan, Sarah, 108
Vesey, Denmark, 13
Victoria, Queen, 90
Voltaire, François-Marie Arouet, 8, 132
Von Treitschke, Heinrich, 17, 134
vorticism, 141

Wailers, the, 95, 111
Warrington, England, 67
Warsaw ghetto, 216
Washington, Booker T., 14, 121, 123, 124, 128, 137
Weber, Max, 50
Wedderburn, Robert, 12
Weekly Anglo-African, the, 21
Wells, Ida B., 17, 19
Wertham, Frederic, 170
West, Cornel, 6, 54, 136
Wheatley, Phyllis, 17, 79, 152

Wheeler, Caron, 86
white supremacy, 113
whiteness, 9
Williams, Deniece, 95
Williams, Raymond, 10, 11, 14
Williams, Sherley Anne: *Dessa Rose*, 218—220
Wirth, Louis, 152
Wright, Patrick, 14
Wright, Richard, 18, 30, 51, 69, 70, 92, 115, 192, 195, 203; critique of official communism, 165—170; *Black Boy*, 146, 175; *Black Power*, 150—151, 192; "Blueprint for Negro Writing, " 153, 167; *Eight Men*, 155, 177; "frog's perspective, " 160, 161; "How Bigger Was Born, " 149, 154; *Native Son*, 146, 153, 154, 175; *Lawd Today*, 155, 196; "Melody Limited, " 92; misogyny of, 154, 173; on homophobic violence, 183; on Hurston's *Their Eyes Were Watching God*, 177; on Marxism, 167; on vernacular culture, 168; *Pagan Spain*, 155, 162, 182; *Savage Holiday*, 155, 177; *The Color Curtain*, 155; *The Long Dream*, 155, 163; theory of modernity, 159; "The Man Who Lived Underground, " 164; *The Outsider*, 148—155, 159, 163, 164, 167, 169; *Twelve Million Black Voices*, 154; *Uncle Tom's Children*, 152; *White Man Listen!*, 153, 169

X Clan, 84

Young Disciples, 86

Zawinul, Josef, 108
Zimbabwe, 199
Zionism, 205—211

译者后记

保罗·吉尔罗伊是英国著名的黑人理论家、英国国家学术院院士，现为伦敦大学学院教授、种族与种族主义研究中心创始主任。他于1986年在伯明翰大学当代文化研究中心（CCCS）取得博士学位，是斯图亚特·霍尔的得意门生，也被认为是霍尔之后英国最重要的种族理论家之一。吉尔罗伊的第一本代表作《大英帝国没有黑人》已经成为研究英国种族问题的经典著作，其他作品《阵营之间》(*Between Camps*)、《帝国之后》(*After Empire*)等也对欧美学界影响巨大，而他最著名的作品要属1993年的《黑色大西洋：现代性与双重意识》。对于不了解相关背景的中文读者而言，阅读本书或许会感到有点困难，因此我下面简略介绍一下保罗·吉尔罗伊以及本书的内容。

保罗·吉尔罗伊1956年出生于伦敦东部，来自一个特殊的黑白混血家庭。他的母亲贝丽尔·吉尔罗伊是出生在英属圭亚那的黑人，1951年来到英国，在伦敦大学求学，并在1954年与帕特里克·吉尔罗伊（Patrick Gilroy）结婚，二人的婚姻是英国战后最早的跨种族婚姻之一。尽管是个土生土长的英国人,但由于20世纪50年代英国的种族歧视还很盛行,黑肤色仍让童年的吉尔罗伊饱受歧视之苦,影响到了他的成长。年幼的吉尔罗伊曾多次在街头被一些白人攻击、辱骂,甚至在和白人父亲出去散步时被警察询问二人的关系。这样的切身经历使得吉尔罗伊很小就对种族问题极为关注,在日后的学术工作中他试图通过种族研究理论化自己的经历和感受,并改变现实的种族政治。

吉尔罗伊1975年开始在苏塞克斯大学(University of Sussex)读本科,1978年获得美国研究专业的荣誉学士学位。他之所以选择美国研究专业,是因为这是当时少数能够学习与黑人有关的问题的专业。不过由于吉尔罗伊上大学后不久父亲就去世了,他一度情绪抑郁,不确定是否要继续大学学业。当时他的一位老师是研究加勒比地区的历史学家唐纳德·伍德(Donald Wood, 1923—2002),吉尔罗伊在无助中曾去征求他的意见,伍德建议吉尔罗伊去读读C. L. R. 詹姆斯的《黑人雅各宾派》、弗朗兹·法农的《全世界受苦的人》,正是这些书让吉尔罗伊发现了自己对学术的兴趣,没有中途辍学。吉尔罗伊在苏塞克斯大学曾上过社会学、历史、哲学等方面的课,这些知识为他日后进行跨学科研究奠定了坚实的基础。

在吉尔罗伊即将大学毕业时,他不确定自己接下来要干什么。某天他在一家书店看到了伯明翰大学当代文化研究中心出版的《通过仪式抵抗》(*Resistance Through Rituals*),该书不同于一般的学术作品,体现出极强的现实关怀和政治性,深深地吸引了吉尔罗伊,他决定去伯明翰继续学习。1978年吉尔罗伊正式开始在伯明翰大学当代文化研究中心攻读博士学位，成了斯图亚特·霍尔的学生，并走上了研究种族问题的学术之路。在当代文化研究中心，老师和学生之间的关系十分平等，学生的自主性非常强，他们自发形成研究各种问题的小组，一起阅读文献、讨论问题并集体合作完成作品。从1972年左右开始，中心陆续形成了文化与社会研究小组、媒体研究小组、亚文化研究小组等。但吉尔罗伊进入伯明翰大学学习时，中心尚未成立专门研究种族问题的小组，因此吉尔罗伊与同学鲍勃·芬得利（Bob Findlay）在1978年共同创办了"种族与政治"小组，主要关注现代英国社会种族主义意识形态的特征、功能和表现。小组成员对英国种族问题展开了深入研究，他们受到之前霍尔等人出版的著作《监控危机》（*Policing the Crisis*）的激励，用三年时间集体完成了《帝国反击》（*The Empire Strikes Back*）一书，该书很快成了英国种族研究最有影响力的著作之一。可以说在当代文化研究中心求学的经历在吉尔罗伊的学术生涯和个人生活中有举足轻重的影响。不过吉尔罗伊并不认为当时的英国文化研究是毫无问题的，相反他对中心的研究者总是习惯于在单一国家和种族框架内思考文化问题、忽视黑人在英国文化和历史中所起的作用感到非常不满。这种不满也是促使他写作博士论文（1987年以《大英帝国没有黑人》为名出版）的重要动力。可以说，吉尔罗伊是最早批判英国文化研究中种族中心主义的学者，也是把种族议题引入文化研究的关键人物。

1985年吉尔罗伊开始了作为一名大学老师的职业生涯。有趣的是，尽管他后来成了国际知名的学者和教授，他却多次表示年轻时从未想过能获得大学的教职，因为在找工作的过程中他曾多次被应聘的大学拒绝，这或许是因为他的黑人身份和英国的制度性种族歧视（institutional racism），或许是因为他研究的课题在当时属于冷门，不被重视。总之，这个挫败的过程曾让他十分沮丧，他最终认为自己能在大学里教书的事实本身就代表了英国大学教育体制的衰落，并且和英国黑人进行的反歧视运动不无关系。吉尔罗伊先是在伦敦南岸大学教书，1989年转到埃塞克斯大学。同时他还在1988—1991年间为《新音乐快递》（New Musical Express）和《火线》（Wire）音乐杂志定期写乐评。1991年他加入伦敦大学金史密斯学院，并在1995年成为文化研究和社会学教授。1999年吉尔罗伊到美国耶鲁大学担任非裔美国人研究和社会学教授，2005年又回到英国，在伦敦政治经济学院担任安东尼·吉登斯社会理论讲座教授，也是这个席位的首个持有者。2012年他加入伦敦国王学院英文系担任英美文学教授，2019年他再次转到伦敦大学学院担任人文科学教授，并且是种族与种族主义研究中心创始主任。

尽管从吉尔罗伊的履历来看，他可以说是一位非常成功的学者。时至今日，西方大学中黑人教授的数目依然不多，像吉尔罗伊这样成为名校教授的更是屈指可数。不过吉尔罗伊并非一位循规蹈矩的教授，多年来他都留着辨识度极高的"雷鬼头"，这仿佛是他对自己身份和思想的自信和坚持的一个标志。同时，吉尔罗伊对如今学术专业化、学者职业化的趋势并不满意，认为目前的教育体制培养出了大批知识面狭窄、过度专门化的学者。在他看来学者和知识分子并不是一回事，这两种身份可能是冲突的。吉尔罗伊主张一种开放、活跃的智识参与（intellectual engagement），认为教育在改变公众无知的状态方面能够发挥作用，带来一定的社会变化。

保罗·吉尔罗伊最有影响力的著作就是这本 1993 年出版的《黑色大西洋：现代性与双重意识》，它被认为是种族研究和非洲离散群体研究领域最深刻的尝试之一。在书中，吉尔罗伊通过对 W. E. B. 杜波依斯、理查德·赖特等重要黑人作家的生平和作品的讨论以及对黑格尔的主奴辩证法的重新阐释，展现出西方黑人的独特经验与现代性之间的复杂关系，并从奴隶的视角出发对哈贝马斯等人的现代性理论进行了批判和重构。

"黑色大西洋"这一术语并非由吉尔罗伊首先提出，而是来自其他学者对非洲艺术史的研究。耶鲁大学艺术史教授罗伯特·法里斯·汤普森（Robert Farris Thompson）在 1983 年的《圣灵之光：非洲人和非裔美国人的艺术和哲学》(*Flash of the Spirit: African and Afro-American Art and Philosophy*）一书中首次使用"黑色大西洋"一词。在汤普森等人看来，"黑色大西洋"指的是非洲文化单向旅行到西方的过程，伴随着奴隶制的发生，非洲黑人将他们的文化带到了西方。这些学者在单一种族的框架下审视西方黑人的文化，未能看到它和西方文化之间的关联。相反，吉尔罗伊重新阐发了"黑色大西洋"的概念，用它来指非洲与西方之间文化上的双向互动过程，他认为在西方的黑人同时受到这两种文化的影响，黑色大西洋文化是混杂、矛盾和不稳定的。这无疑极大地挑战了学界以往研究非洲文化的静态范式，让人们注意到非洲文化和西方文化之间交流互渗的动态过程。

众所周知，从16世纪开始大量非洲黑人被迫沦为奴隶并进行从非洲到美洲的跨大西洋旅程，对他们而言这意味着无比悲惨和屈辱的经历。许多黑奴由于船舱内过度拥挤、疾病、营养不良而死在途中，那些幸存下来的黑人则必须接受在美洲终身为奴的命运。对奴隶贩子而言，从非洲到美洲的航线是从欧洲出发前往非洲、运送奴隶到美洲、最后返回欧洲的航程的中间一段，所以他们通常称之为"中间通道"。然而，吉尔罗伊的"黑色大西洋"概念并不是为了再次强调非洲的悲惨历史，相反他想要摆脱欧美学界多年来流行的把非洲人看作受害者、将奴隶看作处于"社会死亡"状态的观念，将黑人理解为有能动性和认知能力甚至是有独立的思想史的人。他认为即便是在奴隶制这样极端的历史时期，非洲黑人和西方白人之间也不是相互隔绝的，黑人同时受到了非洲和西方文化的影响。这种如今看来似乎简单鲜明的观点，在吉尔罗伊提出时却是颠覆性的——因为西方社会长期流行的族群绝对主义将不同种族群体的文化看作是截然不同且毫无关联的。

很明显，吉尔罗伊反对一种本质化的种族、民族身份的概念，关注散居到西半球的黑人变化的思想和身份认同。他认为，文化史学家在对现代世界的讨论中可以把大西洋看作一个独立、复杂的分析单位，并用它来产生一种跨国和跨文化的视角，可以将"黑色大西洋"

的概念作为把不同黑人群体联系起来的去地域化、多元和反民族主义的基础。在吉尔罗伊看来，现代黑人政治文化太过关注身份和固定根源之间的关系，忽视了黑人知识分子的身份形成是个变化、反思的过程，是一种变化的同一，更适合用路径而非根源的概念来研究。

本书主题宏大，结构精巧，内容丰富。在第一章对黑色大西洋理论进行总体阐释之后，吉尔罗伊从多个角度展开分析。第二章围绕黑人作家弗雷德里克·道格拉斯在其自传和小说中的描述与女奴玛格丽特·加纳的真实故事和相关叙事，探讨其中体现出的"奴隶宁可死亡，也不愿继续在种植园当奴隶"，如何提供了另一种思考黑格尔的主奴辩证法和现代性内在的种族暴力的方式。以往对主奴辩证法的解读总是预设奴隶是不愿意牺牲生命来获取承认的，但在奴隶制的历史上，许多黑人奴隶都曾以死反抗奴隶制。第三章在跨国家和跨种族的框架下考察了黑色大西洋的音乐文化，并把对黑人音乐的分析和本真性的政治联系起来。吉尔罗伊通过分析三个例子——19世纪70年代美国费斯克大学的欢庆歌咏队在英国演出的经历、美国黑人歌手吉米·亨德里克斯在英国的成名以及《我如此骄傲》这首融合了多种文化的歌曲的演变，说明黑人音乐传统体现出的混杂性和跨文化的特征，鼓励我们将其看作一种变化的同一，并指向一种反—反本质主义的思考黑人身份的新方式。第四章和第五章分别分析了W.E.B.杜波依斯和理查德·赖特这两位明显体现了黑色大西洋文化特征的人物，对他们的思想和生平做了与众不同的解读。吉尔罗伊批判了那种用本质性的视角看待他们的作品和一生的观点，而从离散、迁移的角度审视他们思想的变化。W. E. B. 杜波依斯是著名的非裔美国社会学家、民权运动家、泛非主义之父,他曾在1892年跨越大西洋从美国前往德国学习。吉尔罗伊指出杜波依斯的政治理论与德国民族主义之间存在复杂的联系,但这种关联却常常被后来的非裔美国评论家忽视。理查德·赖特是美国文坛第一个得到广泛认可的黑人作家,被誉为"非裔美国小说之父",他的早期小说被认为真实反映了同时代美国黑人的现实生活。不过,1947年赖特移居法国后,他的文学创作也相应地发生了改变,不仅小说中体现出明显的哲学转向,有意识地运用存在主义哲学,而且写了不少游记和散文,这种转变被许多批评家认为是灾难性的。然而,吉尔罗伊并不同意这种评价,他认为赖特后期作品的价值被严重低估了,实际上其中表达的某些思想只有通过迁移才能获得。通过这两个例子,吉尔罗伊试图展现出散居到西方的黑人与西方文化之间的双向交流、相互塑造的关系,他们同时受到西方和非洲、白人和黑人的文化的影响,既在西方之内又不完全属于西方。第六章则对非洲中心主义的思想和离散的概念进行了批判性分析,并指出黑人和犹太人历史的相似性及思想交流的重要性。在吉尔罗伊看来,同等看待黑人身份的根源和路径的意义,会减弱非洲中心主义的吸引力,形成对非洲传统和黑人历史的新理解,并影响当下的政治实践,由此也可见黑色大西洋理论的现实意义。

  总体而言,保罗·吉尔罗伊的《黑色大西洋》体大思精,充满精辟的见解。如果考虑到它出版于1993年,它的许多观点的深刻性和预见性就更为突出了。近三十年之后,黑色大西洋理论已经改变了欧美学界对离散黑人的历史、文化和政治的理解方式，并进一步影响了西方对现代性的讨论，它的贡献和意义是无可置疑的。当然，本书也有一些明显的问题。比如，尽管吉尔罗伊关注的是离散黑人的问题，但《黑色大西洋》忽视了"非西方"的存在，书中提到的都是美国黑人知识分子，且他们都是被在欧洲的经历深刻改变，非洲和其他地方在吉尔罗伊的论述中是边缘的。同时，如果说黑色大西洋理论试图修正现代性的种族中心主义，它并没有挑战现代性的西方中心主义，它试图建构的现代性理论仍是西方的。不过，吉尔罗伊自己早已承认不足的存在，"黑色大西洋文化是如此广博，它的历史是如此不为人知，以至于我所做的不过是为未来更详尽的研究做一些初步的标记"。

本人博士论文研究的就是保罗·吉尔罗伊的种族理论，能有机会翻译这本吉尔罗伊最重要的著作，我感到十分荣幸。在西方国家，肤色、文化、习俗等差异巨大的各种族共存，导致种族问题是个十分突出的社会议题。近年来"黑命攸关"（Black Lives Matter）和"停止仇恨亚裔"（Stop Asian Hate）等运动在西方的兴起，更是凸显了种族问题的重要性。然而长期以来，中文世界少有对种族思想和黑人文化的研究，许多人在试图反思种族问题时发现缺少相应的理论资源，从而无法深入有效地思考。即便是一些支持"黑命攸关"运动的进步人士，对黑人思想和文化也是所知甚少，更不了解其在西方世界的影响和传播。希望《黑色大西洋》中译本的面世能够在这方面起到一定的促进作用，鼓励更多人思考、研究种族问题和黑人文化。

翻译本书对我而言既是一个学习的过程,也是一次不小的挑战。感谢吉尔罗伊教授为中文版作序并通过电子邮件耐心地解答我提出的各种问题,感谢上海书店出版社的编辑的辛勤工作。当然,由于本人水平有限,翻译中的错误在所难免,衷心期待各位读者的指正。

沈若然

2022 年 2 月 23 日

The Black Atlantic: Modernity and Double Consciousness

by Paul Gilroy

Copyright © Paul Gilroy

This simplified Chinese edition published in 2022

by Shanghai Bookstore Publishing House, Shanghai

ALL RIGHTS RESERVED

图书在版编目(CIP)数据

黑色大西洋:现代性与双重意识/(英)保罗·吉尔罗伊(Paul Gilroy)著;沈若然译. —上海:上海书店出版社,2022.9
(共域世界史)
书名原文:The Black Atlantic: Modernity and Double Consciousness
ISBN 978-7-5458-2148-2

Ⅰ.①黑… Ⅱ.①保…②沈… Ⅲ.①黑色人种—民族文化—研究—世界 Ⅳ.①G112

中国版本图书馆 CIP 数据核字(2022)第 029561 号

责任编辑 伍繁琪 范 晶
营销编辑 王 慧
装帧设计 郾书径

黑色大西洋:现代性与双重意识

[英]保罗·吉尔罗伊 著 沈若然 译

出	版	上海书店出版社
		(201101 上海市闵行区号景路 159 弄 C 座)
发	行	上海人民出版社发行中心
印	刷	江阴市机关印刷服务有限公司
开	本	889×1194 1/32
印	张	12.5
字	数	250,000
版	次	2022 年 9 月第 1 版
印	次	2022 年 9 月第 1 次印刷

ISBN 978-7-5458-2148-2/G·175
定 价 88.00 元